中文专业教育教学理论与实践研究

孔红霞　温永明　著

北方文艺出版社

哈尔滨

图书在版编目（CIP）数据

中文专业教育教学理论与实践研究/孔红霞，温永
明著.-- 哈尔滨:北方文艺出版社,2024.5

　　ISBN 978-7-5317-6253-9

　　I.①中... Ⅱ.①孔...②温... Ⅲ.①汉语-对外汉
语教学-教学研究 Ⅳ.①H195.3

　　中国国家版本馆CIP数据核字(2024)第108971号

中文专业教育教学理论与实践研究

ZHONGWEN ZHUANYE JIAOYU JIAOXUE LILUN YU SHIJIAN YANJIU

作　　者 / 孔红霞　温永明			
责任编辑 / 邢　也		封面设计 / 郭　婷	
出版发行 / 北方文艺出版社		邮　　编 / 150008	
发行电话 / (0451) 86825533		经　　销 / 新华书店	
地　　址 / 哈尔滨市南岗区宣庆小区 1 号楼		网　　址 / www.bfwy.com	
印　　刷 / 北京四海锦诚印刷技术有限公司		开　　本 / 787mm×1092mm　1/16	
字　　数 / 324千字		印　　张 / 13.5	
版　　次 / 2025 年 1 月第 1 版		印　　次 / 2025 年 1 月第 1 次印刷	
书　　号 / ISBN 978-7-5317-6253-9		定　　价 / 68.00 元	

前言

　　中文专业教育教学理论与实践研究是当前教育领域的重要课题,其涉及了中文专业的教学内容、教学方法、评价体系等方面,对提升中文专业教育质量和培养优秀中文专业人才具有重要意义。随着社会的发展和变革,中文专业教育需要与时俱进,适应社会需求和发展趋势。通过对教学理论的研究,可以不断优化教学内容和教学方法,提高教学效果,培养学生的综合素质和实践能力。教师是中文专业教育的重要组成部分,他们的教学水平直接影响着学生的学习效果和综合素质的培养。通过深入研究教学理论,可以帮助教师更好地理解教学内容和教学方法,提高教学策略和方法的灵活性和适应性,从而提升教学效果。中文专业教育教学理论的研究对促进教学实践创新具有积极意义。教学理论的研究可以为教师提供理论指导,激发其教学创新的动力,鼓励他们探索适合中文专业教育的新型教学方法和教学模式,从而不断丰富和完善中文专业教育的教学内容和教学手段。

　　本书旨在系统探讨中文专业教育教学理论与实践,为中文教育工作者提供全面的指导和参考。中文专业教育作为培养具有扎实语言基础和跨文化交际能力的专业人才的重要领域,其理论与实践研究对于提升教育质量、推动学科发展具有重要意义。本书涵盖中文专业教育的历史沿革、语言学基础与教学原理、中文教学内容与教材设计、中文专业学生语言技能培养、中文文化教育与跨文化交际、中文专业教育教学方法与策略、技术与工具在中文教学中的应用、中文教师素养与教学发展、中文教育国际化与全球视野、面向未来的中文教育发展战略。本书适用于从事中文专业教育教学的教师、教育管理者、教育政策制定者以及相关专业学生等,也可作为中文专业教育相关课程的教材或参考书。本书编写过程中,充分参考了国内外相关领域的经典著作和最新研究成果，也汇集了大量教育实践经验和案例，以期为读者提供最权威、最实用的信息和建议。

作者在写作本书的过程中，借鉴了许多前辈的研究成果，在此表示衷心的感谢。由于本书需要探究的层面比较深，作者对一些相关问题的研究不透彻，加之写作时间仓促，书中难免存在一定的不妥和疏漏之处，恳请前辈、同行以及广大读者斧正。

目 录

第一章 中文专业教育的历史沿革

第一节 中文专业教育的起源

一、传统中文教育的发展历程

（一）古代中国的文学教育

古代中国的文学教育承载着中华民族千百年来的文化传承与智慧积累。在中国古代，文学教育是社会发展和人才培养的重要组成部分，其发展历程深刻地影响了中华文化的演变与传承。

古代中国的文学教育起源于先秦时期的儒家学说。儒家倡导的文学教育注重人的修养和道德品质的培养，强调"以文会友，以友辅仁"的理念。在这一时期，儒家经典如《论语》《孟子》等成为文学教育的主要内容，通过对经典文本的学习，培养学生的道德情操和文学修养。

随着历史的变迁，文学教育逐渐丰富多元。在秦汉时期，文学教育开始扩展到诗歌、散文等文学形式的学习与创作。这一时期涌现出大量的文学家和文学作品，如《楚辞》《汉赋》等，为古代文学教育的多样化奠定了基础。

到了魏晋南北朝时期，文学教育进入了一个繁荣的阶段。在这一时期，文学教育逐渐走向社会化，私塾、书院等文学学府相继兴起，成为培养人才和传播文学知识的重要场所。文学教育内容也逐渐扩展到古代诗歌、典籍注释等多个领域，形成了较为完整的文学教育体系。

唐宋时期是中国文学教育的鼎盛时期。在唐宋时期，文学教育得到了进一步的发展和提升，成为当时社会的重要组成部分。在这一时期，文学教育内容更加丰富多样，除了经典儒家文学外，还包括了诗歌、散文、词曲等不同形式的文学作品。唐宋诗人如杜甫、李白、苏轼等的作品在文学教育中占据了重要地位，成为学生学习和模仿的对象。

明清时期，文学教育进入了一个相对稳定的阶段。在明清时期，文学教育依然延续着以经典为主的传统，但同时也注重实践性和创造性的培养。在这一时期，诗歌、散文、小说等不同形式的文学作品得到了更加广泛的传播和学习，文学教育的内容和形式更加丰富多样。

古代中国的文学教育经历了从儒家经典到诗歌、散文等多种文学形式的丰富发展。在这一历程中，文学教育不仅是知识传承和人才培养的重要途径，更是中华文化的重要载体和传承方式，对中国文学的发展和繁荣起到了至关重要的作用。

（二）科举制度与文学考试

科举制度作为中国古代文学教育的重要组成部分，深刻地影响了中华文化的发展与传承。这一制度的出现不仅改变了中国古代社会的人才选拔方式，也对文学教育的发展产生了深远的影响。

科举制度的萌芽可以追溯到汉代，但真正完善和制度化是在隋唐时期。科举制度将文学教育与官员选拔紧密联系在一起，成为中国古代文学教育的重要渠道之一。通过科举考试，优秀的文学才华得以得到发掘和利用，为中国文学的繁荣与发展注入了新的活力。

随着时间的推移，科举制度逐渐成为中国古代文学教育的主要形式之一。科举考试涵盖了文学、经学、礼学等多个方面的知识，其内容和形式对文学教育的发展产生了重要影响。通过科举考试，中国古代文学教育不仅培养了大量的文学人才，也推动了文学知识的传播和发展。

科举制度也存在一些问题和不足。科举考试的范围相对狭窄，主要考查的是儒家经典和经典注释，对其他形式的文学作品了解和欣赏相对不足。科举考试的选拔标准较为僵化，往往以记忆和死背为主，忽视了学生的创造性和实践能力。

随着社会的变迁和思想的解放，科举制度逐渐走向衰落。近代以来，中国的文学教育经历了一系列的改革与革新，科举制度逐渐废除，取而代之的是更加开放、多元的文学教育体系。在这一过程中，中国的文学教育走向了现代化，注重培养学生的创造性和实践能力，多种形式的文学考试逐渐取代了传统的科举考试。

科举制度与文学考试是中国古代文学教育的重要组成部分，其发展历程不仅反映了中国古代社会的变迁与发展，也对中国文学的繁荣与发展起到了重要作用。随着社会的进步和文化的发展，科举制度逐渐走向衰落，取而代之的是更加开放、多元的文学教育体系，为中国文学的发展注入了新的活力与动力。

（三）文学院校的兴起

文学院校的兴起标志着传统中文教育的发展迈入了一个新的阶段。这一阶段的到来不仅丰富了中文教育的形式和内容，也推动了中国文学的传承与发展。

文学院校的兴起可以追溯到近代中国的改革开放时期。在这一时期，中国社会的经济文化发生了巨大的变革，人才培养的需求也日益增加。为了适应时代的发展需要，一批以文学为主要培养方向的院校应运而生，如北京大学、清华大学等，成为传统中文教育的新兴力量。

文学院校的兴起不仅扩大了中文教育的覆盖面，也丰富了教育内容和形式。在文学院校中，学生可以接受更加系统和专业化的中文教育，学习的内容涵盖了古代文学、现代文学、文学理论等多个领域，为学生的综合素质提升提供了更加广阔的平台和空间。

文学院校的兴起也为中国文学的传承与发展注入了新的活力。在这些院校中，涌现出了一大批文学人才，他们不仅在学术研究方面取得了丰硕的成果，还在文学创作、文学评论等领域做出了重要贡献，推动了中国文学的发展和繁荣。

文学院校的兴起也面临着一些挑战和问题。随着文学院校的增多，竞争日益激烈，如何保证教育质量成为一个亟待解决的问题。文学院校的教育内容和形式相对封闭，往往忽视了与其他学科的交叉融合和综合发展。

为了应对这些挑战，文学院校需要不断进行改革和创新。应该加强与社会的联系，更加紧密地结合社会需求和人才培养目标，推动文学教育与社会实践的深度融合。应该加强教师队伍建设，提高教师的专业水平和教学能力，为学生提供更加优质的教育资源和服务。

文学院校的兴起标志着传统中文教育的发展进入了一个新的阶段，为中文教育的改革与发展提供了新的契机和动力。在未来的发展中，文学院校应不断进行改革和创新，不断提高教育质量和水平，为培养更多优秀的文学人才做出更大的贡献。

二、现代中文专业教育的形成

（一）近代西方教育模式的引入

近代西方教育模式的引入标志着中国现代中文专业教育的形成迈出了重要的一步。这一过程不仅丰富了中国的教育资源和方法，也为中文专业教育的现代化奠定了基础。

西方教育模式的引入始于近代中国的改革开放时期。在这一时期，中国社会面临着巨大的变革和挑战，教育体制亟待改革与革新。为了适应时代的发展需要，中国开始引进西方先进的教育理念和方法，包括教育体制改革、课程改革等方面。

引入西方教育模式为中国现代中文专业教育的形成提供了新的思路和路径。在西方教育模式的影响下，中国的中文专业教育逐渐向多元化、专业化发展，不断丰富和完善教育内容和形式，为学生提供更加丰富的学习资源和机会。

随着对西方教育模式的不断引入和借鉴，中国的中文专业教育逐步走向现代化。在这一过程中，中国的中文专业教育不仅注重学科知识的传授，还注重学生的综合素质培养，强调学生的创新能力和实践能力的培养，培养了一大批优秀的中文专业人才。

西方教育模式的引入也面临着一些挑战和问题。西方教育模式并不完全适用于中国的国情和文化传统，需要在实践中不断进行调整和改进。西方教育模式的引入可能导致文化价值观念的冲突，需要在教育内容和形式上进行有益的探索和创新。

为了应对这些挑战，中国的中文专业教育需要不断进行改革和创新。应该加强对西方教育模式的理解和研究，充分发挥其优势，同时结合中国的国情和文化传统，不断完善和提升教育质量和水平。应该加强教师队伍建设，提高教师的专业水平和教学能力，为学生提供更加优质的教育服务。

近代西方教育模式的引入标志着中国现代中文专业教育的形成迈出了重要的一步，为中文专业教育的现代化奠定了基础。在未来的发展中，中国的中文专业教育应不断进行改革和创新，不断提高教育质量和水平，为培养更多优秀的中文专业人才做出更大的贡献。

（二）中文专业教育体系的建立

中文专业教育体系的建立标志着现代中文专业教育的形成迈出了重要的一步。这一过程不仅丰富了中文教育的内容和形式，也为培养高素质的中文专业人才奠定了基础。

中国的中文专业教育体系的建立始于近现代。在这一时期，中国社会面临着巨大的变革和挑战，中文教育也面临着改革与发展的压力。为了适应时代的需要，中国开始构建起了一套完整的中文专业教育体系，包括教育目标、课程设置、教学方法等方面。

中文专业教育体系的建立丰富了中文教育的内容和形式。在这一体系中，学生不仅可以接受到系统、全面的中文知识教育，还可以接触到各种形式的文学作品和文化传统，培养自己的审美情趣和文学素养，为未来的学术研究和职业发展打下坚实的基础。

中文专业教育体系的建立也为培养高素质的中文专业人才提供了有力保障。在这一体系中，学生可以接受系统的专业知识培训，同时也可以培养自己的批判思维和创新能力，提高自己的综合素质和竞争力，为未来的职业发展奠定了良好的基础。

中文专业教育体系的建立也面临着一些挑战和问题。教育资源的不均衡分配导致了中文专业教育的质量不一。教学方法的单一和教学内容的陈旧也影响了中文专业教育的发展。

为了应对这些挑战，中文专业教育体系需要不断进行改革和创新。应该加强教育资源的统筹和整合，推动中文专业教育的均衡发展。应该加强对教学方法和教学内容的改革，注重培养学生的创新意识和实践能力，提高中文专业教育的质量和水平。

中文专业教育体系的建立标志着现代中文专业教育的形成迈出了重要的一步，为培养高素质的中文专业人才提供了有力保障。在未来的发展中，中文专业教育体系需要不断进行改革和创新，适应时代的发展需要，为中文专业人才的培养和中国文化的传承发展做出更大的贡献。

第二节 中文专业教育的现状分析

一、中文专业教育的概况

(一) 中文专业教育的概念界定

中文专业教育作为一门重要的人文社科学科,其概念界定涉及多个方面,从教学对象到教学内容都有所体现。对于中文专业教育的概念界定,需要从学科属性、教学目标、课程设置等方面进行全面考量。

从学科属性角度来看,中文专业教育可以被理解为以汉语言文字及其应用为主要研究对象的学科。这种学科属性决定了中文专业教育的教学内容涵盖语言文字学、文学、文化等多个方面,旨在培养学生对汉语言文字及其相关领域的理论与实践能力。

在教学目标方面,中文专业教育旨在培养学生的语言文字能力、文学修养以及跨文化交流能力。通过系统的教学安排和实践活动,中文专业教育旨在使学生具备深厚的语言基础、丰富的文化知识,以及扎实的学术研究能力,从而胜任中文教学、研究、传媒等各种领域的工作。

在课程设置方面,中文专业教育通常包括语言文字学、文学、文化、写作等多个方面的课程。其中,语言文字学课程主要涉及汉语语音、汉字、语法等方面的研究;文学课程则涵盖古代文学、现代文学等不同时期和流派的文学作品;文化课程则探讨中国传统文化、现代文化以及与之相关的历史、宗教、哲学等方面的内容。

中文专业教育的概况不仅体现在课程设置上,还体现在教学方法和教学资源的丰富多样性上。为了提高教学效果,中文专业教育通常采用多种教学手段,如讲授、讨论、实验、实践等,以及利用图书馆、实验室、数字资源等多种教学资源,为学生提供全方位的学习支持。

在教育实践中,中文专业教育注重培养学生的实践能力和创新能力。通过课堂教学、实习实训、学术研究等多种形式,中文专业教育致力于培养学生的批判性思维、创造性思维以及解决问题的能力,使他们能够在未来的职业生涯中更加自信地面对各种挑战。

中文专业教育是一门综合性的学科，其概念界定涉及学科属性、教学目标、课程设置以及教学方法等多个方面。通过系统的教学安排和实践活动，中文专业教育旨在培养学生的语言文字能力、文学修养以及跨文化交流能力，为他们的职业发展打下坚实的基础。

（二）中文专业教育的基本特点

1. 课程设置与教学内容

中文专业教育的课程设置与教学内容是塑造学生专业素养的重要环节。在全面推进教育改革的今天，针对中文专业的课程设置和教学内容也在不断调整与完善，以适应时代的需求和发展趋势。

课程设置方面，中文专业教育旨在培养学生的语言表达能力、文化素养和跨文化交际能力。因此，课程设置涵盖了语言学、文学、写作、口语、翻译、文化史等多个方面，旨在全面提升学生的专业素养。

在语言学方面，课程通常包括语音学、词汇学、句法学等基础理论课程，以及实践性强的语言技能课程，如汉语听力、口语、阅读和写作等，通过系统的学习，帮助学生掌握扎实的语言基础。

文学课程则涵盖中国古代文学、现当代文学、文学理论等内容，通过文学鉴赏与分析，培养学生的文学修养和审美情趣，同时拓展他们的文化视野。

在写作和翻译方面，课程设置注重实践操作，通过写作训练和翻译实践，培养学生的文字表达能力和翻译技能，使他们能够胜任各种语言文字相关工作。

除了基础理论和实践技能，中文专业教育还注重跨文化交际能力的培养。因此，课程设置中常包含跨文化交际、国际交流与合作、中国文化概论等内容，帮助学生了解不同文化背景下的沟通规则与礼仪，提升跨文化交际的能力。

教学内容方面，中文专业教育注重理论与实践相结合，注重知识的系统性和实用性。在教学内容的设计上，既要注重传承和发展中国传统文化，又要顺应时代发展的需求，充分结合现代社会的实际情况，使教学内容更具针对性和前瞻性。

教学内容还要与时俱进，紧跟科技发展和社会需求的步伐。例如，在信息技术与新媒体时代，中文专业教育也应该融入数字化教学、网络文化传播等内容，培养学生的网络素养和新媒体应用能力。

教学内容的设计还应强调实践性和项目性，通过案例分析、实地考察、项目研究等方式，加强学生的实践操作能力和解决问题的能力，使他们能够更好地适应职场挑战和社会发展需求。

中文专业教育的课程设置与教学内容旨在全面培养学生的语言能力、文化素养和跨文化交际能力，注重理论与实践相结合，紧跟时代发展潮流，为学生的综合发展提供有力支撑。

2. 师资队伍及教学资源

中文专业教育是中国高等教育中的重要组成部分，其师资队伍及教学资源直接关系到培养优秀的语言文学人才。师资队伍是中文专业教育的重要支撑。一流的教师队伍是保障高质量教学的基础，他们不仅具有扎实的学术功底，还具备丰富的教学经验。许多教师在国内外知名学府深造，拥有丰富的学术背景和研究成果，能够为学生提供专业的知识指导和学术指导。

在教学资源方面，中文专业教育也积极引入先进的教学手段和资源。现代技术的应用使得教学更加生动、形象，比如多媒体教室、网络教学平台等。这些教学资源的引入丰富了教学手段，为学生提供了更广阔的学习空间。丰富的图书馆藏书和期刊资源也为学生的学术研究提供了重要支持，使他们能够在学业上不断深造。

中文专业教育还重视与社会实践相结合。学校与社会各界建立紧密的联系，定期组织学生参加实习、实践活动，让他们在实践中学习、成长。这种与社会接轨的教育模式，既拓展了学生的视野，增强了实践能力，也为他们未来的职业发展奠定了坚实基础。

中文专业教育还注重学科交叉与综合能力培养。语言文学的学科性质决定了其与其他学科的交叉性，在教学中，学校注重将语言学、文学、历史、哲学等学科知识有机结合，培养学生的综合素质。这种综合能力培养旨在培养具有扎实语言文学基础，同时具备广泛知识背景和较强综合素养的复合型人才，以适应社会的发展需求。

中文专业教育在师资队伍及教学资源方面不断完善与创新，以适应社会发展的需求。通过建设一流的师资队伍、引入先进的教学资源、与社会实践相结合以及注重学科交叉与综合能力培养，中文专业教育致力于培养更多具有国际竞争力的优秀人才，为我国语言文学事业的发展做出积极贡献。

二、中文专业教育的现状分析

（一）教育目标与就业情况

中文专业教育的教育目标与就业情况是当前热议的话题之一，对其进行现状分析可以帮助我们更好地了解当前中文专业教育面临的挑战和机遇，指导未来的发展方向。

我们需要分析中文专业教育的教育目标。中文专业教育的主要目标之一是培养学生的语言文字表达能力和文学素养，使其具备扎实的语言基础和文学修养。中文专业教育还应该注重培养学生的批判性思维能力、创新意识和跨文化交流能力，使其具备适应社会发展和跨学科合作的能力。

我们需要分析中文专业毕业生的就业情况。近年来，中文专业毕业生的就业形势面临着一些挑战。一方面，由于社会对中文专业人才需求的减少和职业竞争的加剧，一些中文专业毕业生面临着就业困难的局面。另一方面，一些中文专业毕业生的就业方向单一，主要集中在教育、文化传媒等行业，就业渠道相对狭窄。

针对中文专业教育的现状，我们需要采取一系列措施来推动其发展。中文专业教育应该与社会需求相结合，调整教育内容和教学方法，培养学生适应社会发展和职业需求的能力。中文专业教育应该注重实践教育和实习实训，为学生提供更多的实践机会和就业准备，提高其就业竞争力。中文专业教育应该加强与企业和行业的合作，开展校企合作、产学研结合等活动，为学生提供更多的就业机会和发展平台。

中文专业教育还应该注重学科交叉和创新发展，拓宽学生的就业渠道和发展空间。随着信息技术的发展和全球化的进程，中文专业毕业生在互联网、新媒体、国际交流等领域也能够找到更多的就业机会。因此，中文专业教育应该注重培养学生的跨学科能力和创新意识，为其未来的就业和发展打下坚实的基础。

中文专业教育的教育目标与就业情况是当前需要重视的问题。通过对中文专业教育的现状分析，我们可以更好地了解其面临的挑战和机遇，指导其未来的发展方向，为培养更多优秀的中文专业人才做出更大的贡献。

（二）教学模式与教学质量

1. 中文专业教育的教学模式与方法探讨

中文专业教育的教学模式与方法是促进学生学习、提高教学效果的关键因素之一，其探讨涉及教学理念、教学手段以及教学资源等多个方面。通过对中文专业教育的教学模式与方法进行探讨，可以更好地了解其现状并提出改进建议。

在教学模式方面，当前中文专业教育普遍采用多元化的教学模式，包括传统教学模式、现代化教学模式以及混合式教学模式等。传统教学模式注重教师授课，学生被动接受，适用于基础知识的传授；而现代化教学模式强调学生参与，教师充当指导者，适用于案例分析、项目实践等形式的教学；混合式教学模式则结合了传统教学和现代化教学的优点，通过线上线下相结合的方式实现灵活教学。

在教学方法方面，中文专业教育倾向于多样化的教学方法，如讲授法、讨论法、案例法、实践法等。讲授法主要用于知识的传授和基础概念的讲解；讨论法则注重学生的思辨能力和表达能力，通过小组讨论或课堂讨论引导学生深入思考；案例法则通过实例分析的方式培养学生的解决问题能力；实践法则强调学生的实践操作和实地体验，提升他们的动手能力和实践能力。

在教学资源方面，中文专业教育需要充分利用各种教学资源，包括图书馆、实验室、数字资源、实践基地等。图书馆是学生获取文献资料和学习资源的重要场所；实验室则为学生提供语言文字实践和技能培训的场所；数字资源则丰富了学生的学习渠道，方便了他们的自主学习；实践基地则为学生提供了实践锻炼和社会实践的机会。

在教学评价方面，中文专业教育需要建立科学合理的评价体系，包括学习成绩评价、课程评价、教师评价等。学习成绩评价应该注重考查学生的综合能力和创新能力，避免简单机械的记忆性考核；课程评价应该充分听取学生意见，及时调整教学内容和教学方式；教师评价则应该注重教学水平和教学态度，促进教师教学水平的提升。

中文专业教育的教学模式与方法已经取得了一定的成就，但仍然存在一些问题和挑战。通过不断探索和创新，加强教学改革和教学研究，相信中文专业教育将能够适应时代发展的需要，为培养更多优秀的中文专业人才做出积极贡献。

2. 中文专业教育的教学质量评估与提升措施

对于中文专业教育的教学质量评估与提升措施，需要全面了解其现状，并结合实际情况进行分析。当前，中文专业教育在一些方面取得了显著成就，但也存在一些挑战和问题，因此需要采取有效措施提升教学质量。

在教学质量评估方面，中文专业教育普遍采用多维度、多角度的评估方法。除了传统的考试成绩评定外，还注重学生的综合素质评价、毕业生就业情况、社会认可度等方面。这种综合评估能够更全面地反映教学质量，但也存在评价标准不够明确、评估手段不够科学等问题。

针对教学质量提升的措施，一是加强师资队伍建设。中文专业教育需要具备高水平的教师团队，他们不仅要有扎实的学科知识和教学经验，还需要具备跨学科、跨文化的能力，能够满足学生的多样化需求。

二是优化课程设置和教学内容。随着社会发展和行业需求的变化，中文专业教育需要不断调整和更新课程设置和教学内容，增加实用性和前瞻性，使之更符合学生的实际需求和社会发展的需要。

三是加强实践教学环节。中文专业教育应该注重实践教学，通过实习、实训、项目研究等方式，提升学生的实际操作能力和解决问题的能力，使他们能够更好地适应职场挑战。

四是拓展国际化视野。随着全球化进程的不断深化，中文专业人才需要具备跨文化交流的能力和国际视野。因此，中文专业教育应该加强国际交流与合作，开展双语教学、海外实习等项目，提升学生的国际竞争力。

五是加强教学管理与监督。中文专业教育需要建立科学的教学管理体系，加强对教学过程的监督和评估，及时发现问题并采取有效措施加以解决，确保教学质量的持续提升。

六是注重教育教学科研。中文专业教育需要加强科研工作，推动教学理论与实践的结合，不断探索教育教学的新方法、新技术，促进教学质量的不断提高。

中文专业教育的教学质量评估与提升措施需要从多个方面入手，加强师资队伍建设、优化课程设置和教学内容、加强实践教学环节、拓展国际化视野、加强教学管理与监督以及注重教育教学科研等方面进行综合推进，以提升中文专业教育的整体质量水平。

第三节　中文专业教育的未来趋势展望

一、中文专业教育的未来发展

（一）数字化技术与中文教育

数字化技术的迅速发展给中文专业教育带来了前所未有的挑战与机遇。数字化技术已经深刻改变了教学方式与手段。传统的黑板教学已被多媒体教学所取代，教师可以通过投影仪展示文字、图片、视频等多种形式的教学内容，使得教学更加形象生动，提升了学生的学习兴趣和参与度。

数字化技术还为中文教育提供了丰富多样的教学资源。通过互联网，学生可以轻松获取各种中文学习资料、电子书籍、网络课程等资源，极大地丰富了他们的学习内容和途径。虚拟实验室、在线学习平台等数字化资源也为学生提供了更为便捷、灵活的学习方式，让他们能够随时随地进行学习。

数字化技术给中文专业教育也带来了一些新的问题和挑战。首先是信息安全和网络素养问题。随着教学内容的数字化，学生接触到的信息越来越广泛，但同时也面临着信息安全的风险，需要提高他们的网络素养，增强信息识别和辨别能力。数字化技术的应用也可能导致传统的文学阅读和文字表达能力下降，因此教育者需要思考如何在数字化环境下保持中文专业的传统优势。

尽管如此，数字化技术依然为中文专业教育的未来发展带来了广阔的空间。随着人工智能技术的不断进步，智能化教学系统将逐渐成为现实，为学生提供个性化、定制化的学习服务。虚拟现实技术的应用将进一步丰富教学手段，为学生提供更为身临其境的学习体验，加深对中文文化的理解和体验。数字化技术也将促进中文专业与其他学科的融合，培养更具综合素养的人才，适应社会的发展需求。

数字化技术已经成为中文专业教育的重要趋势，对其未来发展产生了深远影响。通过充分利用数字化技术，可以提高教学效率，丰富教学内容，拓展学生学习渠道，促进中文专业教育的全面发展。教育者也需要认识到数字化技术所带来的挑战，并采取相应的措施加以应对，确保中文专业教育在数字化时代能够持续发展，为培养更多优秀的语言文学人才做出积极贡献。

（二）国际化视野下的中文专业教育

1. 中文国际化教育的兴起与发展

中文国际化教育的兴起与发展标志着中文专业教育的一个重要转变，这一趋势不仅是对传统中文教育的拓展，也是对应对全球化挑战的回应。现在让我们对中文国际化教育的兴起与中文专业教育的未来发展现状进行分析，以便更好地了解其影响和前景。

中文国际化教育的兴起源于中国的经济崛起和国际地位的提升。随着中国在全球舞台上的影响力不断增强，对中文学习的需求也逐渐扩大。越来越多的外国学生选择学习中文，以便更好地了解中国文化、开展商务交流或深入研究中国事务。这促使许多国家和地区的学校、机构开始提供中文国际化教育课程，以满足不同层次、不同需求的学生。

中文国际化教育的兴起不仅带来了学生数量的增加，也推动了中文教育内容和形式的更新。传统的中文教育注重语言文字的学习和文学经典的阅读，而中文国际化教育则更加注重实用性和跨文化交流能力的培养。因此，中文国际化教育课程不仅包括语言课程，还涵盖了文化、商务、国际关系等多个领域的内容，为学生提供了更加丰富的学习体验和更广阔的就业机会。

随着中文国际化教育的兴起，中文专业教育也面临着新的发展机遇和挑战。中文国际化教育的兴起为中文专业教育带来了更多的学生资源和合作机会。许多外国学生选择到中国学习中文，不仅增加了中文专业教育的学生数量，还为学校和机构与国外合作开辟了新的渠道。中文国际化教育的兴起也促使中文专业教育更加关注教学质量和教学效果。随着外国学生的增加，教师们需要更加注重教学方法和教学内容的创新，提高教学水平和教学质量，以满足不同学生的学习需求。

中文国际化教育的兴起也带来了一些挑战和问题。随着中文国际化教育的扩大，教学资源的不足成了一个问题。许多学校和机构缺乏具有国际化教育经验和背景的教师，也缺乏适合国际学生学习的教材和教学资源。中文国际化教育的发展也面临着语言和文化差异的挑战。由于学生的语言水平和文化背景的不同，教学过程中可能会出现交流困难和理解障碍，需要教师们采取相应的教学策略和方法，帮助学生顺利完成学习任务。

中文国际化教育的兴起为中文专业教育带来了新的发展机遇和挑战。作为中文专业教育的一部分，中文国际化教育不仅丰富了教育内容和形式，也拓展了就业领域和发展空间，为培养更多具有国际视野和跨文化能力的中文专业人才做出了积极贡献。

2. 国际中文专业课程标准化的趋势

国际中文专业课程标准化的趋势是当前中文教育领域的一个重要发展方向。随着全球化进程的不断推进，越来越多的非华裔学生希望学习中文，并将其作为第二语言或外语进行学习。在这种背景下，制定和推广国际中文专业课程标准具有重要意义，可以提高中文教育的质量和水平，促进中文教育的国际化发展。

当前，国际中文专业课程标准化的趋势主要体现在两个方面。一方面，各国和地区开始制定或借鉴他国的中文专业课程标准，以提供统一的教学指导和评估标准。这种趋势有助于规范中文教育的教学内容和教学质量，提高学生的学习效果和竞争力。另一方面，一些国际性的教育机构和组织也开始积极推动中文专业课程标准化的工作，如汉语国际推广领导小组办公室（孔子学院总部）等。

在制定中文专业课程标准时，需要充分考虑学生的学习需求和实际情况，注重培养学生的语言能力、文化素养和综合素质。中文专业课程标准应该包括语言文字学、文学、文化等多个方面的内容，既要注重基础知识的传授，又要注重实践能力和创新能力的培养，使学生能够适应不同的语言环境和文化背景。

国际中文专业课程标准化还需要注重教学资源和教学环境的建设。教学资源包括教材、教学设备、教学场所等，应该与课程标准相匹配，为学生提供良好的学习条件和学习环境。教学环境也需要不断改善和完善，包括教学管理、教师队伍建设、教学评价等方面，以保障中文专业教育的高质量和可持续发展。

当前，中文专业教育的未来发展面临着一些挑战和机遇。一方面，随着中国在世界舞台上的影响力不断增强，越来越多的外国学生希望学习中文，这为中文专业教育的发展提供了广阔的市场空间和发展机遇。另一方面，随着国际竞争的加剧和教育水平的不断提高，中文专业教育也面临着提高教学质量、更新教学内容、拓展教学渠道等一系列挑战。

因此，中文专业教育的未来发展需要继续加强国际合作，推动中文专业课程标准化的进程，提高教学质量和水平，满足学生的学习需求和社会的发展需求。只有这样，才能够实现中文专业教育的可持续发展，为中文教育的国际化进程做出更大的贡献。

二、中文专业教育的未来趋势展望

(一) 跨学科融合与创新教学模式

中文专业教育的未来趋势展望充满着跨学科融合与创新教学模式的潜力。随着时代的发展和社会的进步，中文专业教育将更加注重跨学科的融合，创新教学模式，以应对日益多元化和复杂化的学习需求，展望未来，有几个关键趋势值得关注。

中文专业教育将进一步加强与其他学科的融合。随着社会发展的需要，中文专业教育需要与经济、商务、传媒、信息技术等多个学科相结合，开设跨学科课程，培养学生的综合能力和创新思维，以适应多元化的就业市场需求。

未来中文专业教育将更加注重创新教学模式的探索与实践。传统的教学方式已经难以满足学生的学习需求，因此，中文专业教育需要积极探索创新的教学模式，如问题驱动式教学、项目化学习、在线课程等，以提升教学效果和学习体验。

中文专业教育还将加强国际化发展。随着全球化进程的不断深化，中文专业人才需求不仅限于国内，还涉及国际市场。因此，未来中文专业教育将加强国际交流与合作，开设双语教学、海外实习等项目，培养具有国际视野和跨文化交际能力的人才。

未来中文专业教育还将更加注重个性化教学。每个学生都有自己的学习特点和需求，因此，中文专业教育需要根据学生的不同情况，开设个性化的学习计划和课程，提供个性化的教学服务，使每个学生都能够得到最适合自己的教育。

未来中文专业教育还将加强教育科技的应用。随着信息技术的不断发展，教育科技已经成为教育改革和发展的重要推动力量。因此，中文专业教育将积极借助教育科技的力量，开发教育资源，拓展教学渠道，提升教学质量和效率。

中文专业教育的未来趋势展望充满着跨学科融合与创新教学模式的活力。未来，中文专业教育将更加注重与其他学科的融合、创新教学模式的探索与实践、国际化发展、个性化教学以及教育科技的应用，以满足社会发展的需求，培养更多具有国际竞争力和创新能力的中文专业人才。

（二）人才培养模式的转型与优化

1. 强化实践能力培养的重要性

强化实践能力培养在中文专业教育中具有重要的意义。实践能力是学生综合素养的重要组成部分。在实践中，学生可以将所学理论知识应用于实际情境中，提高解决问题的能力和实际操作能力。通过参与实践活动，他们能够更好地理解和掌握所学知识，培养自主学习和创新能力，为未来的职业发展打下坚实基础。

实践能力培养可以增强学生的就业竞争力。在当前社会，雇主更加注重员工的实际操作能力和解决问题的能力，而不仅仅是理论知识的掌握。通过参与实践活动，学生能够积累丰富的实践经验，提高自己在职场上的竞争力，更好地适应社会的需求。

强化实践能力培养也有助于促进中文专业教育的改革与创新。实践活动的开展可以激发学生的学习兴趣和动力，激发他们对中文学科的热爱和探索欲望。教育者也可以通过实践活动了解学生的学习需求和兴趣点，进一步改进教学内容和方式，推动中文专业教育向更加富有实践性、应用性方向发展。

要想有效地强化实践能力培养，需要学校、教师和学生共同努力。学校应该加强实践环节的设置，设计多样化、贴近实际的实践活动，为学生提供丰富的实践机会。教师应该在实践活动中担任引导者和指导者的角色，指导学生进行实践探索，引导他们运用所学知识解决实际问题。学生也需要积极参与实践活动，主动探索和实践，不断提高自己的实践能力和综合素养。

展望未来，随着社会的不断发展和变化，中文专业教育也将面临新的挑战和机遇。随着文化交流的日益频繁，中文专业的国际化需求将越来越迫切，学生需要具备更广泛的视野和跨文化交流能力。因此，未来中文专业教育将更加注重培养学生的国际视野和跨文化沟通能力，加强与国际合作与交流。

随着数字化技术的不断发展，中文专业教育也将向数字化、智能化方向迈进。未来，教育者将更多地利用数字化技术和智能化教学系统，提供个性化、定制化的学习服务，拓展学生的学习空间和方式，提高教学效率和质量。

中文专业教育在未来将继续面临新的挑战和机遇，但强化实践能力培养将始终是中文专业教育的重要任务。通过加强实践环节的设置，引导学生参与实践活动，不断提升实践能力和综合素养，中文专业教育将能够更好地适应社会的发展需求，为培养更多具有国际竞争力的优秀人才做出贡献。

2. 个性化、多元化的人才培养模式的兴起

个性化、多元化的人才培养模式的兴起标志着中文专业教育的一个新时代，这一趋势不仅是对传统教育模式的突破，也是对应对社会变革的积极响应。现在让我们展望中文专业教育的未来趋势，分析其发展方向和可能的变革。

未来中文专业教育将更加注重个性化的人才培养。随着社会的发展和进步，人们对个性化教育的需求日益增加，传统的"一刀切"教育模式已经难以满足学生的多样化需求。因此，未来中文专业教育将更加注重学生个体差异的认识和尊重，采取灵活多样的教学方法和手段，为学生提供个性化的学习路径和发展空间。

未来中文专业教育将更加注重多元化的课程设置和教学内容。随着社会的多元化发展和信息技术的普及应用，人们对知识的需求已经从传统的语言文字学习转变为更加广泛的领域。因此，未来中文专业教育将更加注重跨学科的融合和课程设置的多样化，为学生提供更广阔的学习空间和更丰富的知识储备。

未来中文专业教育将更加注重实践性和创新性的培养。传统的中文专业教育注重理论知识的传授，忽视了学生的实践能力和创新意识。在信息化和全球化的背景下，学生需要具备更多的实践能力和创新意识，才能适应社会的发展和竞争。因此，未来中文专业教育将更加注重实践性教学和项目实践，为学生提供更多的实践机会和创新空间，培养学生的实践能力和创新意识。

未来中文专业教育还将更加注重国际化和全球化的发展。随着全球化的进程不断加快，中文专业人才需要具备更多的国际视野和跨文化能力，才能适应国际社会的发展和竞争。因此，未来中文专业教育将更加注重国际交流与合作，拓展学生的国际视野和就业机会，为他们的国际化发展提供更多的支持和帮助。

未来中文专业教育的发展趋势是个性化、多元化、实践化和国际化的。随着社会的不断变化和进步，中文专业教育将不断创新和改革，为培养更多具有创新精神和国际竞争力的中文专业人才做出更大的贡献。

第二章 语言学基础与教学原理

第一节 语言学基本概念与理论

一、语言学基本概念

(一) 语言的基本概念与定义

语言是人类交流和表达思想、感情的基本工具，是一种复杂而又精妙的符号系统。从最古老的文明到现代社会，语言一直扮演着沟通和理解的关键角色。在深入探讨语言的基本概念和定义之前，我们需要了解语言的起源和发展。语言的形成源于人类对于交流的需求，随着社会的不断发展和进步，语言也在不断演变和丰富。

语言的基本概念涵盖了多个方面，其中之一是语言的符号性质。语言通过符号来表达思想和概念，这些符号可以是口头语言中的词汇、语法结构，也可以是书面语言中的字母、标点符号等。这些符号具有约定俗成的意义，是人们进行沟通和交流的重要工具。例如，在英语中，单词"dog"就代表着一种宠物动物，而在汉语中，"狗"这个词则有着相同的含义。

另一个关键的概念是语言的交流功能。语言不仅是一种思想表达的工具，也是人们之间交流的桥梁。通过语言，人们能够传递信息、分享经验、表达情感，并与他人建立起紧密的联系。这种交流不仅局限于口头语言，还包括书面语言和非语言交流，如手势、表情等。无论是在家庭、学校、工作场所还是社交场合，语言都扮演着连接人与人之间的重要角色。

语言具有社会性和文化性。每种语言都是特定文化的产物，反映了该文化的价值观、传统和习惯。语言不仅仅是一种交流工具，更是文化认同和身份的象征。通过语言，人们能够了解他人的文化背景，增进彼此之间的理解和尊重。例如，不同国家和地区的语言中可能存在着不同的礼貌用语和称谓，这反映了不同文化间的差异和特点。

　　除了上述概念之外，语言还具有发展和变化的特点。随着时间的推移和社会的变迁，语言不断地发展和演变，吸收和融合了来自其他语言的词汇和结构。这种语言变化的过程称为语言演化，是语言生存和发展的必然规律。例如，英语作为一种全球性语言，吸收了来自拉丁语、法语、德语等其他语言的大量词汇，丰富了自身的表达能力。

　　语言是人类思想和文化的载体，是交流和理解的工具。它具有符号性、交流功能、社会性和文化性等多重属性，是人类社会发展和进步的重要支柱之一。通过深入理解语言的基本概念和定义，我们能够更好地认识和运用语言，促进人类社会的和谐发展。

（二）语言学的研究对象

1. 语音学、语法学、语义学、语用学等分支学科

　　语言学是一门综合性学科，涵盖了多个分支学科，如语音学、语法学、语义学和语用学。这些分支学科各自研究着语言的不同方面，共同构成了语言学的研究对象。

　　在语音学这一分支学科中，研究的对象是语音及其相关现象。语音学家关注的内容包括语音的产生、传播和感知。他们研究语音的音位、音素及其组合规律，探究不同语音之间的异同以及语音在不同语境下的变化。通过对语音学的研究，我们可以更深入地了解语音的形成机制和语言的发音规律。

　　语法学则致力于研究语言的结构和组织规律。它关注的是语言中词汇和句子的构成方式，以及它们之间的关系。语法学家通过分析句子的成分、句法结构和句子的语法功能，揭示了语言中的语法规则和句法模式。通过对语法学的研究，我们可以了解不同语言的语法结构及其变化规律。

　　而语义学则是研究语言的意义和含义的学科。语义学家关注的是词语、短语和句子的意义及其在交际中的作用。他们研究词语的词义、句子的语义结构以及语言表达的含蓄意义，探讨语言符号和现实世界之间的关系。通过对语义学的研究，我们可以更好地理解语言的表达方式及其所传达的信息。

　　与语义学相伴而生的是语用学，它研究的是语言的使用和交际的规律。语用学家关注的是语言在特定情境下的使用方式及其所达到的效果。他们研究言语行为的目的、语言交际中的语用策略以及言语行为与社会文化背景的关系。通过对语用学的研

究，我们可以更深入地了解语言在社会交际中的作用和影响。

语音学、语法学、语义学和语用学作为语言学的分支学科，共同构成了语言学的研究对象。它们各自关注语言的不同方面，但又相互联系、相互作用，共同促进了对语言本质和语言现象的深入理解。

2. 语言学研究的跨学科性质

语言学作为一门学科具有明显的跨学科性质，它与心理学、认知科学、人类学、神经科学等多个领域密切相关。这种跨学科性质为语言学的研究提供了广阔的视角和深刻的洞察力。

从心理学的角度来看，语言学研究关注着语言的认知加工过程。心理学家通过实验和观察探索人类语言习得、语言产生和语言理解等过程，揭示了语言与认知之间的紧密联系，为我们理解语言行为提供了重要线索。

与此同时，语言学也深受人类学的影响。人类学家通过对各种语言文化的研究，揭示了语言在不同社会和文化背景下的多样性和动态性。他们关注语言在社会生活中的功能和意义，探讨语言与文化、身份、权力等诸多方面的关系。

神经科学为我们提供了窥视语言本质的一扇窗口。通过神经科学的研究，我们可以了解语言在大脑中是如何表示和加工的，从而揭示语言能力的神经基础。这种跨学科合作为我们深入理解语言习得、语言障碍等问题提供了重要的科学依据。

语言学与计算机科学的交叉也日益频繁。计算机科学家通过自然语言处理和机器翻译等技术的研究，促进了语言学的发展。语言学家也借助计算机技术进行语言数据的分析和处理，推动了语言学研究的数字化和计算化。

跨学科性质赋予了语言学研究更为丰富的内涵和广阔的前景。通过与其他学科的交叉融合，我们可以更全面地理解语言的本质和功能，为人类语言能力的起源、发展和未来提供更深刻的认识。

二、语言学理论

（一）结构主义语言学理论

结构主义语言学理论是 20 世纪中期兴起的一种重要语言学思潮，其核心观点是语言是一种结构系统，其意义和功能是通过内部成分之间的相互关系而产生的。这一理论的发展受到了一系列重要学者的影响，包括索绪尔、布洛德本特、哈里斯等，他们对语言结构和形式的研究为结构主义语言学的形成和发展提供了坚实基础。

在结构主义语言学理论中，语言被视为一种系统，其最基本的单位是语言的结构而不是单词或语音。这种系统性质意味着语言中的每个元素都与其他元素相关联，彼此之间形成了复杂的网络。通过分析这种结构，人们能够揭示语言内在的规律和逻辑，从而更好地理解语言的运作方式和表达形式。

另一个结构主义语言学理论的重要概念是语言的同质性和异质性。同质性指的是语言中存在着共同的结构和模式，这些结构和模式在不同语言中具有相似性，反映了人类对于语言的共同认知和理解。而异质性则强调了不同语言之间的差异和多样性，每种语言都有其独特的特点和规律，反映了不同文化和社会的背景和特征。

结构主义语言学理论还强调了语言符号的双重性质。符号不仅仅是表面上的意义，还具有潜在的符号性质，即符号与其所代表的意义之间的关系是任意的。这种双重性质意味着语言中的符号并非固定不变的，而是随着社会和文化的变化而不断演变和发展的。

在研究方法上，结构主义语言学理论强调了语言的分析和比较。通过对语言结构的系统性分析，人们能够揭示其中的规律和模式，从而更好地理解语言的本质和特点。通过对不同语言之间的比较，人们能够发现它们之间的共同点和差异性，为跨文化交流和理解提供了重要参考。

结构主义语言学理论对于语言学研究和应用具有重要的启示意义。它不仅深化了对语言结构和形式的理解，还促进了语言学与其他学科的交叉融合，如文化学、人类学等。通过结构主义语言学的研究，人们能够更全面地认识和理解语言的本质和功能，为语言教学、翻译、社会交往等方面的实践提供了理论支持。

（二）生成语法理论的基本原理

语法理论作为语言学的重要分支，涵盖了多种不同的理论框架和观点，其基本原理对于理解语言结构和功能至关重要。以下是生成语法理论的基本原理及其在语言学理论中的地位。

在生成语法理论中，基本原理之一是普遍语法的假设。普遍语法假设认为人类语言能力具有固有的生物学基础，即存在一个普遍的语法原则，所有自然语言都遵循这些原则。这一假设强调了语言习得的内在规律和普遍性，为研究语言结构和语言习得提供了理论基础。

生成语法理论还强调了句子结构的层级性和递归性。句子结构的层级性指的是句子可以分解为更小的成分，如短语和词汇，而这些成分又可以进一步分解为更小的单元。递归性则指的是句子结构中可以包含类似结构的重复部分，从而形成复杂的句子结构。这些原理有助于解释句子的生成过程和句子结构的组织方式。

另一个生成语法理论的基本原理是转换规则的应用。转换规则指的是语言中的一种操作，通过改变句子的结构或成分顺序来生成新的句子。这些转换规则可以是语法化的、语义化的或声音化的，它们在句子生成和语言理解过程中起着重要作用。通过转换规则的应用，我们可以理解句子结构的多样性和灵活性。

生成语法理论还关注了语言的符号性和规则性。语言被视为一种符号系统，其中词汇和句子是符号，而语法规则是描述这些符号之间关系的规则。这些规则可以是形式化的规则，如短语结构规则和转换规则，也可以是语义规则和语用规则。生成语法理论通过研究这些规则，揭示了语言结构的组织原则和语言使用的规范性。

生成语法理论强调了语言的创造性和创新性。语言并不是简单地重复已有的句子或短语，而是通过创造新的组合和结构来表达新的意义。生成语法理论认为，语言使用者具有创造和变换语言结构的能力，通过这种能力，他们可以不断地创造出新的表达方式和句子结构。

生成语法理论的基本原理包括普遍语法假设、句子结构的层级性和递归性、转换规则的应用、语言的符号性和规则性，以及语言的创造性和创新性。这些原理为理解语言结构和功能提供了重要的理论基础，对于语言学理论和语言教学都具有重要意义。

第二节　语言教学法及其发展

一、语言教学法概述

（一）语言教学法的概念界定

语言教学法是指在语言教学过程中，为了实现特定教学目标而采取的一系列系统化、组织化的教学活动和方法。它不仅包括教学内容的选择和组织，还涉及教学方法、教学手段以及评价方式等方面，是语言教学实践的理论指导和方法论基础。

在语言教学中，教学法起着至关重要的作用。语言教学法的基本概念不仅包括了教学方法和技巧，还包括了教学原则和理论。这些基本概念的理解和应用，直接影响着语言教学的效果和质量。

语言教学法的基本概念之一是教学目标。教学目标是教学活动的核心，决定了教学过程中所采取的方法和手段。通过明确教学目标，教师能够有针对性地设计教学内容和活动，使学生达到预期的语言水平和能力。

语言教学法强调教学方法的选择和运用。教学方法是实现教学目标的途径和手段，包括了各种教学活动和技巧。教师需要根据学生的特点和教学环境的实际情况，灵活运用不同的教学方法，以促进学生语言能力的全面发展。

语言教学法还涉及教学材料的选择和开发。教学材料是教学的载体，直接影响着教学效果和学习体验。教师需要根据教学目标和学生的需求，选择适合的教材，并对其进行必要的调整和加工，以提高教学的针对性和实效性。

语言教学法强调教学评价的重要性。教学评价是对教学过程和教学成果的反馈和评价，可以帮助教师及时调整教学策略和方法，促进学生的学习动力和兴趣。因此，教学评价应该是全面、客观和及时的，能够真实反映学生的语言水平和能力。

语言教学法的基本概念包括教学目标、教学方法、教学材料和教学评价等方面。这些基本概念相互联系、相互作用，共同构成了语言教学的理论体系和实践指南，为语言教学的有效实施提供了理论依据和方法支持。

（二）经典语言教学法

1. 语法－翻译法

经典语言教学法中的一种重要方法是语法－翻译法，它是一种传统而又广泛应用的教学方法。这种方法的核心思想是通过深入学习语言的语法规则，并通过翻译来实践和应用这些规则，从而达到掌握语言的目的。语法－翻译法的应用可以追溯到古代希腊和罗马时期，它在欧洲语言学教学中占据着重要地位，并且在一定程度上影响了后来的语言教学方法。

在语法－翻译法中，语法规则被视为学习语言的基础，学生需要深入理解并掌握这些规则。通过系统地学习语言的语法结构、词汇和句型，学生能够逐步建立起对语言的整体认识和掌握能力。语法规则的学习不仅包括对于语言结构的掌握，还包括对于语言用法和语境的理解，这为学生后续的语言运用打下了坚实的基础。

与语法规则的学习相结合，翻译在语法－翻译法中扮演着重要的角色。通过翻译，学生能够将语法规则应用到实际语言交流中，从而加深对于语法规则的理解和掌握。翻译活动不仅能够帮助学生提高语言的应用能力，还能够培养学生的语言感知和语境理解能力，使他们能够更好地理解和运用所学语言。

在实际教学中，语法－翻译法通常采用传统的教学方式，包括课堂讲授、习题练习和翻译实践等。教师通过系统地讲解语法规则，引导学生进行相关的习题练习，并组织翻译活动来巩固学生的语言能力。通过这些教学活动，学生能够逐步掌握语言的基本知识和技能，提高语言的运用能力。

尽管语法－翻译法在语言教学中具有一定的优势，但也存在一些局限性。这种方法过于注重语法规则的学习，忽视了语言的实际运用和交流能力的培养。翻译活动可能会造成学生对于目标语言的依赖性，影响他们的语言表达能力。因此，在教学实践中，教师需要灵活运用语法－翻译法，并结合其他教学方法，如沟通法、任务型教学等，以提高语言教学的效果。

语法－翻译法作为一种经典的语言教学方法，在一定程度上仍然具有重要意义。通过深入学习语法规则并结合翻译实践，学生能够掌握语言的基本知识和技能，为进一步的语言学习和应用奠定坚实的基础。在实际教学中，教师需要根据学生的实际情况和学习目标，灵活运用语法－翻译法，并结合其他教学方法，以提高语言教学的效果和学生的语言表达能力。

2. 听力－说话法

听力－说话法是一种经典的语言教学法，强调通过模仿和重复来培养学生的听力和口语能力。下面将介绍听力－说话法的基本原理以及其在语言教学中的应用。

听力－说话法的基本原理之一是语言习得的自然顺序。该方法认为，学习语言应当按照自然语言习得的顺序，即先听后说，再读后写。这意味着学生在学习语言时首先应该通过大量的听力练习来熟悉语言的音素、词汇和句子结构，然后才能逐渐进行口语输出和语言表达。

听力－说话法强调了语言的模仿和反复训练。学生通过模仿教师或录音中的语音和语调，反复练习以提高听力和口语能力。这种反复训练的过程有助于学生熟悉语言的语音特点和语法结构，提高他们的语感和语言运用能力。

另一个听力－说话法的基本原理是语言的语境化教学。该方法认为语言应该在真实的语境中学习和运用，因此教学内容通常以日常生活场景和情境为基础。通过情境化的教学，学生可以更好地理解语言的使用方式和语言背后的文化内涵，从而提高他们的语言交际能力。

听力－说话法还注重了语言结构的重复和操练。在教学过程中，教师会反复引导学生练习特定的语言结构和表达方式，以确保他们能够熟练掌握并正确运用这些结构。通过反复操练，学生可以逐渐将语言结构内化为自己的语言能力，并在实际交际中准确地运用这些结构。

听力－说话法还强调了语言教学的渐进性和系统性。教学内容应该按照一定的难易程度和教学顺序组织，从简单到复杂，从易到难地进行渐进式教学。教学活动应该具有系统性，确保每个教学环节都能够顺利地衔接和延伸，形成完整的语言学习体系。

听力－说话法作为一种经典的语言教学法，强调了通过听力练习和口语训练来培养学生的语言能力。它的基本原理包括语言习得的自然顺序、模仿和反复训练、语境化教学、语言结构的重复和操练，以及教学的渐进性和系统性。这些原理为语言教学提供了重要的理论支持，对于帮助学生有效地掌握语言技能和提高语言水平具有重要意义。

二、语言教学法的发展历程

（一）提倡交际教学法的兴起与影响

交际教学法的兴起标志着语言教学领域的重要转变，它强调语言应该被视为交际工具，而非仅仅是知识的传递。这一教学法的兴起不仅深刻影响了语言教学的理论和实践，也对教学方法和教学材料提出了新的要求。

交际教学法的兴起是对传统语言教学方法的一种反思和挑战。传统语言教学方法往往偏重语法和词汇的教学，忽视了语言的实际运用能力。而交际教学法强调学习者应该通过实际的语言交际活动来掌握语言，重视语言运用的真实性和交际的目的性。

交际教学法的兴起也受到了语言学习理论的启发。根据社会交往理论和交际能力理论，语言学者开始意识到语言学习应该是一种交际过程，学习者需要通过与他人的交流互动来获得语言能力。这种理论观念的兴起促进了交际教学法的发展和应用。

随着全球化进程的加速和跨文化交流的增加，交际教学法在全球范围内得到了广泛的关注和应用。越来越多的语言学习者和教育机构意识到，掌握一门语言不仅是为了获取知识，更是为了实现跨文化交流和沟通的目的。因此，交际教学法被认为是适应当今社会需求的一种有效的语言教学方法。

交际教学法的兴起对语言教学产生了深远的影响。它改变了教师的教学角色，强调教师应该扮演引导者和促进者的角色，激发学生的学习兴趣和参与度。它改变了教学内容和教学方法，注重真实的语言交际活动和情境化的教学设计。同时，它改变了评价方式，强调对学生语言运用能力的评价，而非仅仅是语法和词汇的掌握程度。

交际教学法的兴起是对传统语言教学模式的一种革命性挑战，它提出了一种全新的语言教学理念和方法，深刻影响了语言教学的理论和实践，推动了语言教学的不断创新和发展。

(二) 新型语言教学法的涌现

1. 任务型语言教学法

语言教学法的发展历程是一个丰富多彩的过程，从早期的传统教学方法到当今的现代语言教学理论，每一种方法都在不同的历史背景和教学理念的影响下得以形成和发展。在这个过程中，任务型语言教学法作为一种重要的教学方法，吸引了广泛的关注和研究。

传统语言教学方法主要以语法和翻译为主，强调对语言结构和规则的学习。这种方法起源于19世纪，受到了拉丁语和希腊语的传统教学模式的影响。在这种教学方法下，学生通常需要背诵语法规则和词汇，进行大量的翻译练习，但缺乏实际语言运用的机会。

20世纪中期，随着对语言教学理念的重新思考，出现了一系列反传统教学方法的理论和实践。其中最具代表性的就是交际语言教学法。这种方法强调语言的交际功能，倡导通过真实的语言交流来学习语言。与传统语言教学方法相比，交际语言教学法更注重学生的语言运用能力和交际技能的培养，使学生能够在实际情境中运用所学语言进行交流。

在交际语言教学法的基础上，任务型语言教学法逐渐兴起并发展。任务型语言教学法强调以任务为中心，通过解决具体的语言任务来促进学生的语言学习。这种方法突破了传统教学方法中对语法和词汇的过度强调，更注重学生的语言运用能力和实际交际技能的培养。

在任务型语言教学法中，任务通常是以真实的语言使用情境为基础，学生通过完成任务来达到语言学习的目的。任务的设计可以是口头交流、书面表达、听力理解等各种形式，旨在激发学生的学习兴趣，提高他们的学习动机，培养他们的语言交际能力。

任务型语言教学法的发展受到了现代语言学理论的影响，如社会语言学、认知语言学等。这些理论强调语言的社会文化背景和个体认知过程对语言学习的影响，为任务型语言教学法的发展提供了理论基础和方法论支持。

随着全球化和信息化的发展，任务型语言教学法在全球范围内得到了广泛的推广和应用。越来越多的语言教育者和教学机构将任务型语言教学法作为一种有效的教学方法，以提高学生的语言水平和交际能力。在未来，随着对语言教学理念和方法的不断探索和实践，任务型语言教学法将继续发展并为语言教育事业做出更大的贡献。

2. 社会文化理论在语言教学中的应用

社会文化理论在语言教学中扮演着重要的角色，它强调语言与社会文化环境的密切关联，提倡在语言教学中融入真实的社会文化情境，以促进学生全面地掌握语言技能。下面将介绍社会文化理论在语言教学中的应用以及语言教学法的发展历程。

社会文化理论认为语言是文化的一部分，语言的使用受到社会文化背景的影响。因此，在语言教学中，应该注重培养学生的跨文化交际能力，使他们能够理解和适应不同的社会文化环境。这就要求教学内容不仅包括语言知识和语言技能，还应该涉及语言使用的社会文化背景和语言交际的文化规范。

在语言教学中应用社会文化理论的一种方式是采用任务型教学法。任务型教学法注重学生在真实语言环境中完成任务的能力，这些任务通常包括与社会文化相关的活动，如购物、旅行、社交等。通过任务型教学，学生不仅可以提高语言技能，还可以了解和体验目标语言国家的社会文化，从而更好地理解和使用语言。

另一个应用社会文化理论的方法是采用文化内容教学法。文化内容教学法强调将目标语言国家的文化内容融入语言教学中，让学生通过学习语言来了解和欣赏目标语言国家的文化传统、价值观念和生活习惯。通过学习文化内容，学生可以更深入地理解目标语言的语言使用方式和语言背后的文化内涵，从而提高他们的语言交际能力和跨文化交际能力。

除了任务型教学法和文化内容教学法，社会文化理论还可以通过教学资源的选择和设计来应用到语言教学中。教师可以选择与社会文化相关的教学材料和资源，如真实的社交场景对话、目标语言国家的文学作品、电影、音乐等，来丰富教学内容，激发学生的学习兴趣，提高他们的语言水平和文化意识。

社会文化理论在语言教学中的应用包括采用任务型教学法、文化内容教学法以及选择和设计与社会文化相关的教学资源等。这些方法可以帮助学生更好地理解和运用目标语言，提高他们的语言技能和跨文化交际能力，从而达到更高的语言教学效果。

第三节　语言习得理论与中文教学实践

一、语言习得理论

（一）行为主义语言习得理论

行为主义语言习得理论是 20 世纪早期在心理学领域兴起的一种关于语言习得的理论。它强调语言习得是一种通过刺激－响应机制和反馈机制来形成的习得过程，主要代表人物包括斯金纳等学者。该理论在一定程度上影响了后来的语言习得研究，并对语言教学产生了一定的影响。

行为主义语言习得理论认为，语言习得是一种通过模仿、重复和奖惩等行为方式来实现的。学习者通过模仿环境中的语言输入，接受正确的语言刺激，并通过与环境的互动获得正面的反馈，从而逐渐形成语言能力。

在行为主义语言习得理论中，语言行为被视为一种条件反射，学习者在特定的语言环境中接收到刺激后做出相应的反应。这种刺激－响应机制使学习者能够逐步掌握语言的结构和功能，实现语言能力的习得。

行为主义语言习得理论强调了语言输入对语言习得的重要性。根据该理论，语言输入应该是清晰、准确的，并且要有反馈机制，以便学习者可以根据反馈调整自己的语言输出，从而达到语言习得的目的。

行为主义语言习得理论也存在一些局限性。它忽视了学习者内在的认知过程，过分强调了外部环境对语言习得的影响，忽视了学习者的自主性和主动性。它无法解释一些语言现象的习得，例如创造性语言使用和语言规则的抽象化。

尽管如此，行为主义语言习得理论仍然对语言教学产生了一定的影响。它提出了一种基于刺激－响应机制的教学模式，强调了语言输入的重要性，为教师在语言教学中提供了一定的指导思想。

行为主义语言习得理论是语言习得研究的重要里程碑，虽然在当今语言习得理论中已经逐渐被认知语言学理论所取代，但它仍然为我们理解语言习得的过程和语言教学的实践提供了一定的启示。

（二）认知语言习得理论

认知语言习得理论是一种重要的语言习得理论，它探讨了语言习得的认知过程以及认知因素在语言习得中的作用。该理论强调了语言习得与认知能力之间的密切关系，认为语言习得是一种认知过程，受到认知心理学和认知神经科学的影响。

在认知语言习得理论中，语言被视为一种认知活动，而不仅仅是一种行为或反应。这种理论将语言习得视为一种复杂的认知过程，涉及记忆、注意力、推理、分类等多种认知功能。通过这些认知过程，学习者能够理解和掌握语言的规则和结构，从而实现对语言的习得和运用。

与传统的行为主义语言习得理论不同，认知语言习得理论强调了学习者的主动参与和个体差异。它认为语言习得是一种积极的认知活动，学习者通过思考、分析和解决问题来实现对语言的习得。因此，在语言教学中，教师应该创造条件，激发学习者的思维活动和学习兴趣，促进他们的认知发展和语言习得。

另一个认知语言习得理论的重要概念是语言的内在结构和组织。认知语言学家认为，语言具有一种内在的结构和组织，这种结构反映了人类认知能力的特点和规律。学习者通过对语言结构和组织的认知，能够更好地理解和掌握语言的规则和用法，从而提高语言的习得效果。

在认知语言习得理论中，语言习得被视为一种逐步的认知过程。学习者通过不断地接触和使用语言，逐渐建立起对语言的认知结构和知识体系。在这个过程中，学习者会经历认知发展的不同阶段，从简单的语言形式到复杂的语言功能，逐步实现对语言的全面理解和掌握。

除了个体认知因素之外，认知语言习得理论还强调了社会文化环境对语言习得的影响。学习者在语言习得过程中，不仅受到个体认知因素的影响，还受到社会文化环境的影响。通过社会交往和文化体验，学习者能够更好地理解和运用语言，提高语言的习得效果。

认知语言习得理论深化了对语言习得过程的理解，强调了学习者的主动参与和个体差异。通过对认知过程和语言结构的研究，该理论为语言教学提供了重要的理论支持和指导，促进了语言教育事业的发展和进步。

二、语文教学实践中的语言习得的理论实践研究

（一）基于语言习得理论的教学方法

语言习得理论是语言教学中的重要理论基础，它指导着教师在语言教学实践中如何有效地促进学生的语言习得。在实践中，教师可以通过采用基于语言习得理论的教学方法，来帮助学生更好地掌握目标语言。下面将介绍基于语言习得理论的教学方法以及在教学实践中的应用。

一种基于语言习得理论的教学方法是交际教学法。交际教学法强调语言的交际功能，注重学生在真实语境中进行语言交际，通过互动和沟通来习得语言。在教学实践中，教师可以设计各种真实生活情境的交际活动，如角色扮演、小组讨论、情景对话等，让学生在实际交流中运用目标语言，促进语言习得的发展。

另一个基于语言习得理论的教学方法是任务型教学法。任务型教学法注重学生参与任务的过程，通过完成各种真实任务来促进语言习得。在教学实践中，教师可以设计与学生生活密切相关的任务，如购物、旅行、解决问题等，让学生在完成任务的过程中运用目标语言，提高他们的语言技能和语言运用能力。

基于语言习得理论的教学方法还包括情感教学法。情感教学法认为情感因素对语言习得起着重要作用，教师可以通过激发学生的情感和兴趣来促进他们的语言习得。在教学实践中，教师可以采用各种情感化的教学策略，如故事情境、情感表达、情感激励等，来引起学生的情感共鸣，增强他们的学习积极性和学习效果。

基于语言习得理论的教学方法还包括输出导向教学法。输出导向教学法认为语言习得是通过输出来实现的，学生需要通过口语和书面表达来巩固和加深对语言的理解。在教学实践中，教师可以设计各种口语和书面表达任务，如口头演讲、写作练习等，让学生不断地进行语言输出，提高他们的语言表达能力和语言运用能力。

基于语言习得理论的教学方法包括交际教学法、任务型教学法、情感教学法和输出导向教学法等。在教学实践中，教师可以根据学生的特点和教学目标，灵活运用这些方法，帮助学生更好地习得目标语言，提高他们的语言水平和语言能力。

（二）文化内容在中文教学中的整合

在中文教学中，整合文化内容是促进学生语言习得的重要途径之一。文化内容不仅丰富了语言学习的背景和语境，还帮助学生更好地理解语言的使用和意义，提高他们的跨文化交际能力。

文化内容的整合可以通过多种方式实现。教师可以引入与语言学习相关的文化知识，例如中国的传统节日、历史文化、风俗习惯等，通过讨论和学习这些内容，帮助学生了解语言背后的文化内涵，激发他们学习中文的兴趣。

教师可以设计与文化相关的教学活动，例如文化体验活动、文化展示和文化交流等，让学生亲身参与其中，感受和体验中文所蕴含的文化魅力，从而加深他们对语言和文化的理解。

教师还可以通过多媒体技术和网络资源等手段，向学生介绍中国当代社会和文化的发展现状，例如中国的经济发展、科技进步、文化产业等，帮助学生了解当代中国的社会背景和文化特点，拓展他们的视野和知识面。

在语言习得理论实践方面，整合文化内容可以有助于提高学生的语言输入和输出能力。通过接触丰富的文化内容，学生可以增加语言输入的多样性，从而扩展他们的词汇量和语言表达能力；通过参与与文化相关的交流活动，学生可以提高语言输出的流利度和准确性，增强他们的语言实践能力。

整合文化内容还可以促进学生的文化意识和跨文化交际能力的发展。通过学习和了解中国的文化背景和价值观，学生可以更好地理解中国人民的思维方式和行为习惯，增进与中国人的沟通和理解；通过参与文化交流活动，学生可以锻炼跨文化交际的能力，提高跨文化沟通的效果和质量。

在中文教学实践中，整合文化内容是促进学生语言习得和文化意识发展的重要手段。通过引入丰富的文化内容和设计多样化的文化活动，教师可以帮助学生更好地理解和运用中文语言，增进与中国文化的交流和理解，从而提高他们的语言水平和跨文化交际能力。

第四节　语言教学原则在中文教学中的应用

一、语言教学原则

（一）教学内容的有效性原则

语言教学原则是指在语言教学过程中应遵循的基本原则和指导方针，旨在提高教学效果、促进学生语言习得。这些原则涉及教学内容的选择、教学方法的运用、教学环境的营造等方面，是语言教学实践的重要依据和指导。

语言教学原则强调教学内容的实用性和生活化。教学内容应具有实用性，能够满足学生日常生活和社交交流的需求。教师应该根据学生的实际需求和兴趣，选择具有实用性和生活化的教学内容，使学生能够在实际情境中灵活运用所学语言。

语言教学原则强调教学内容的系统性和连贯性。教学内容应该按照一定的系统和逻辑顺序组织，使学生能够逐步建立起对语言的整体认识和掌握能力。教师应该设计合理的教学计划和教学材料，确保教学内容之间的连贯性和衔接性，促进学生语言习得的顺利进行。

另一个重要的原则是教学内容的多样性和灵活性。教学内容应该具有多样性，能够满足不同学生的学习需求和兴趣。教师应该根据学生的个体差异和学习风格，灵活调整教学内容和教学方法，以提高教学效果和学生的学习动机。

语言教学原则还强调教学内容的情感性和趣味性。教学内容应该具有情感色彩，能够引起学生的情感共鸣和兴趣。教师应该设计生动有趣的教学活动和教学材料，激发学生的学习兴趣和积极性，促进他们对语言的热爱和投入。

语言教学原则强调教学内容的评估和反思。教学内容应该能够被评估和检验，以确保教学目标的达成和教学效果的实现。教师应该定期对教学内容和教学方法进行评估和反思，及时调整教学策略，不断改进教学质量和效果。

语言教学原则涉及教学内容的选择、教学方法的运用、教学环境的营造等方面，是语言教学实践的重要依据和指导。教学内容的有效性原则强调教学内容的实用性、系统性、多样性、情感性和评估性，旨在提高教学效果，促进学生语言习得。

（二）教学内容与学习者的适应性原则

语言教学原则是指在语言教学过程中应当遵循的基本准则和指导原则，它们旨在帮助教师更好地设计和实施语言教学活动，促进学生有效地学习语言。其中，教学内容与学习者的适应性原则是一项重要的原则，它强调了教学内容应该根据学生的特点和需求进行调整和优化，以提高教学的有效性和学习的效果。下面将概述语言教学中的一些重要原则。

语言教学应该贯彻个体化原则。个体化原则指的是教学应该根据学生的个体差异和学习需求进行灵活调整，以满足每个学生的学习需求。在实践中，教师可以通过分层教学、个性化辅导等方式，根据学生的语言水平、学习风格和兴趣爱好，设计差异化的教学内容和活动，使每个学生都能够得到适当的学习支持和指导。

语言教学应该体现循序渐进原则。循序渐进原则指的是教学应该按照一定的难易程度和逻辑顺序组织教学内容，从简单到复杂，从易到难地进行渐进式教学。通过逐步引导学生掌握语言的基本知识和技能，逐步提高他们的语言水平和语言运用能力，以确保学习的连续性和有效性。

语言教学应该贯彻全面发展原则。全面发展原则强调教学应该促进学生在语言技能、语言能力和语言意识等方面的全面发展，使他们在听、说、读、写等方面都能够得到充分的发展和提高。在实践中，教师可以通过多样化的教学活动和任务，综合培养学生的语言能力和综合素养，使他们成为全面发展的语言学习者。

语言教学应该体现实践性原则。实践性原则指的是教学应该强调语言的实际应用和实践能力的培养，使学生在真实的语言环境中能够熟练地运用所学语言进行交流和表达。在实践中，教师可以通过模拟情境、角色扮演、实地实践等方式，让学生在真实的语言环境中进行语言实践，提高他们的语言运用能力和交际能力。

语言教学应该贯彻反思性原则。反思性原则指的是教学应该鼓励学生进行反思和自我评价，帮助他们认识自己的学习过程和学习效果，及时调整学习策略和方法，不断提高自己的学习能力和学习效果。在实践中，教师可以通过反思性的教学活动和任务，引导学生思考自己的学习情况和学习体会，激发他们的自主学习和自我发展意识。

语言教学原则包括个体化原则、循序渐进原则、全面发展原则、实践性原则和反思性原则等。这些原则在语言教学实践中起着重要的指导作用，帮助教师更好地设计和实施语言教学活动，促进学生有效地学习和发展。

二、语言教学原则在中文教学中的具体应用分析

（一）注重口语交际能力的培养

在中文教学中，注重口语交际能力的培养是提高学生语言水平的重要目标之一。为实现这一目标，语言教学原则在中文教学中发挥着重要作用，它们指导着教师在教学实践中如何设计课程、选择教材、开展教学活动，以及评价学生的语言表达能力。

语言教学原则中的"听说读写"原则被广泛应用于中文教学中。通过听说读写的全面训练，学生可以全方位地提高他们的语言能力，其中口语交际能力的培养尤为重要。在中文教学中，教师注重通过听力训练、口语练习和口语交际活动等方式，激发学生的口语表达兴趣，提高他们的口语交际能力。

语言教学原则中的"任务型教学"原则在中文教学中得到了广泛应用。任务型教学注重学生的参与性和实践性，通过设计具体的语言任务，激发学生的学习动机和兴趣，培养他们的语言交际能力。在中文教学中，教师可以设计各种生活情境和任务，让学生在实际交流中运用所学的语言知识，提高他们的口语表达能力。

语言教学原则中的"情境教学"原则也被广泛应用于中文教学中。情境教学强调语言学习应该与实际情境相结合，通过模拟真实的语言环境和情境，帮助学生更好地理解和运用语言。在中文教学中，教师可以通过创设各种语言情境和交际场景，让学生在真实的语言环境中进行口语交际练习，提高他们的口语表达能力。

语言教学原则中的"个性化教学"原则也被越来越多地应用于中文教学中。个性化教学强调教学应该根据学生的兴趣、能力和需求进行个性化的设计和实施，以最大限度地激发学生的学习动机和积极性。在中文教学中，教师可以通过了解学生的学习需求和兴趣，设计符合其个性特点的口语交际活动，激发他们的学习热情，提高他们

的口语表达能力。

语言教学原则在中文教学中的应用对于提高学生的口语交际能力具有重要意义。通过充分运用听说读写、任务型教学、情境教学和个性化教学等原则，教师可以更好地设计和实施口语交际活动，提高学生的口语表达能力，从而使他们在实际生活中能够更加流利地运用中文进行交流和沟通。

（二）体验性原则的应用

1. 提倡学以致用，注重实践操作

在中文教学中，提倡学以致用、注重实践操作的语言教学原则具有重要的应用意义。这些原则旨在促进学生在实际语言运用中获得更好的学习效果，培养他们的语言交际能力和应用能力。下面将介绍这些原则在中文教学中的具体应用。

一种应用方式是通过情境教学来实现学以致用的目标。情境教学是一种以真实的语言使用情境为基础的教学方法，通过模拟真实生活场景，激发学生的学习兴趣，提高他们的语言运用能力。在中文教学中，教师可以设计各种真实情境的语言任务，如购物、旅游、工作等，让学生在模拟的情境中进行语言交流和实践操作，从而将所学知识运用到实际生活中。

另一种应用方式是通过项目化学习来实现学以致用的目标。项目化学习是一种以项目为中心的教学方法，通过团队合作和实践操作来完成特定的项目任务。在中文教学中，教师可以设计各种与学生生活和兴趣相关的项目任务，如文化展示、演讲比赛、社区服务等，让学生通过实际项目的开展来运用所学的语言知识和技能，提高他们的语言交际能力和实践操作能力。

语言教学原则还强调了注重实践操作。在中文教学中，教师应该注重培养学生的实践操作能力，使他们能够熟练地运用所学的语言知识和技能进行语言交流和表达。为此，教师可以设计各种实践操作的教学活动，如口语对话、写作练习、听力理解等，让学生通过实际操作来加深对语言知识的理解和掌握，提高语言的应用能力。

为了更好地实现学以致用的目标，教师还应该关注语言教学内容的实用性和生活化。教学内容应该紧密结合学生的实际需求和生活经验，注重教学内容与学生生活和兴趣的结合，使学生能够在学习过程中感受到语言的实用性和生活化，提高学习的积

极性和主动性。

语言教学原则还强调了学生的主动参与和合作学习。在中文教学中，教师应该鼓励学生积极参与课堂活动，发挥个体优势，促进学生之间的合作和互动，共同完成教学任务。通过学生之间的合作学习，可以激发学生的学习动机和兴趣，提高学生的语言交际能力和实践操作能力。

提倡学以致用、注重实践操作的语言教学原则在中文教学中具有重要的应用价值。通过情境教学、项目化学习、实践操作等方式，可以促进学生在实际语言运用中获得更好的学习效果，培养他们的语言交际能力和应用能力，实现语言教学的有效性和可持续发展。

2. 多媒体教学手段的运用

多媒体教学手段在语言教学中的应用，为学生提供了丰富的学习资源和多样化的学习体验。结合语言教学原则，在中文教学中，多媒体教学手段的应用不仅可以增强学生的学习兴趣，还可以促进他们的语言习得和提高他们的语言能力。下面将探讨语言教学原则在中文教学中的具体应用。

个体化原则在中文教学中的应用可以体现在多媒体教学内容的选择和设计上。教师可以根据学生的个体差异和学习需求，选择不同形式的多媒体资源，如视频、音频、图像等，来满足不同学生的学习需求。通过个性化的多媒体教学内容，可以更好地激发学生的学习兴趣，提高他们的学习积极性和学习效果。

循序渐进原则在中文教学中的应用可以体现在多媒体教学内容的组织和呈现上。教师可以根据学生的语言水平和学习进度，设计渐进式的多媒体教学内容，从简单到复杂地进行教学安排。通过逐步引导学生掌握基本的语言知识和技能，逐步提高他们的语言水平和语言运用能力，以确保学习的连续性和有效性。

全面发展原则在中文教学中的应用可以体现在多媒体教学活动的设计和实施上。教师可以通过多样化的多媒体教学活动，综合培养学生的听、说、读、写等多方面的语言能力。通过观看视频、听取音频、阅读图文资料等形式的多媒体教学活动，可以帮助学生全面发展语言技能，提高他们的语言水平和语言素养。

实践性原则在中文教学中的应用可以体现在多媒体教学活动的设计和实施上。教师可以通过多媒体资源提供真实的语言环境和实践场景，让学生在真实的语言情境中进行语言实践。通过观看视频、听取音频、参与互动活动等形式的多媒体教学活动，可以帮助学生提高语言运用能力和交际能力，增强他们的语言实践能力。

反思性原则在中文教学中的应用可以体现在多媒体教学活动的设计和评价上。教师可以通过设计反思性的多媒体教学活动，引导学生思考学习过程和学习效果，帮助他们认识自己的学习情况和学习体会，及时调整学习策略和方法，提高学习效果和学习成效。通过反思性的多媒体教学活动，可以培养学生的自主学习和自我发展意识，促进他们的终身学习能力的发展。

语言教学原则在中文教学中的应用可以通过多媒体教学手段来实现。教师可以根据个体化原则、循序渐进原则、全面发展原则、实践性原则和反思性原则等原则，设计多样化、个性化、渐进式、全面发展、实践性和反思性的多媒体教学活动，以促进学生的语言习得和提高他们的语言能力。

第三章 中文教学内容与教材设计

第一节 中文教学内容的选择与安排

一、中文教学内容的选择

（一）基础语言知识的选择

当设计中文教学内容时，选择合适的基础语言知识是至关重要的。我们需要考虑学生的水平和学习目标。一般来说，教学内容应该包括基本的语音、词汇、语法和句型等方面的知识，以建立学生的语言基础。

在教学内容的选择上，我们可以从最基础的开始，例如音节和声调。通过教授音节的发音和声调的使用，学生可以建立正确的语音基础，为日后的学习打下坚实的基础。还可以引入一些常用的生活词汇，如数字、颜色、家庭成员等，帮助学生扩展词汇量，增强日常交流能力。

随着学生的语言水平提高，教学内容可以逐步深入到语法和句型方面。比如，介绍中文的基本句型结构，如主谓宾、主谓补等，以及常用的时态和语气。通过举例和练习，帮助学生理解句子的结构和运用规则，提高他们的语言表达能力。

除了语法和句型，教学内容还应包括实用的交际技能。这包括日常用语的应用、询问和回答问题、表达意见等。通过角色扮演、情景对话等活动，帮助学生提高语言应用能力，增强他们的交际能力。

值得注意的是，教学内容的设计应该符合学生的兴趣和实际需求。可以结合学生的背景和学习目标，选择相关的话题和材料。比如，对于商务人士，可以设计与商务交流相关的教学内容；对于旅游爱好者，可以设计与旅行相关的教学内容。这样不仅能增加学生学习的动力，还能提高学习效果。

中文教学内容的选择与设计应该全面考虑学生的水平、学习目标和实际需求，从基础语言知识到实用交际技能，循序渐进，科学合理地进行安排，以促进学生的全面发展和语言能力的提高。

（二）文化背景的融入

1. 中国传统文化，节日习俗、风土人情等

中国传统文化是丰富多彩的，其节日习俗、风土人情等元素蕴含着深厚的历史底蕴和民族精神。在中文教学中，选择和设计这些内容不仅可以帮助学生更好地了解中国文化，还可以促进他们的语言学习和跨文化交流能力的提升。

教学内容的选择要结合学生的实际情况和学习目标。比如，对于初学者，可以选择一些简单易懂的节日习俗，如春节、端午节等，让他们初步了解中国传统节日的由来和庆祝方式。对于中级水平的学生，则可以深入探讨一些与节日相关的文化背景和传统习俗，如春节的舞龙舞狮、包饺子等活动，以及端午节的赛龙舟、挂艾草等习俗。

教学内容的设计要注重体现文化特色和地域差异。中国地域辽阔，各地的节日习俗和风土人情各具特色。比如，在教学春节习俗时，可以介绍北方人喜欢吃饺子、贴春联，南方人则喜欢吃年糕、舞狮子等不同的习俗。这样有助于学生全面了解中国文化的多样性，增强他们的文化包容性和理解力。

教学内容的设计还应该注重与实际生活的结合。可以通过视频、图片、音频等多种形式向学生展示真实的节日庆祝场景和习俗活动，让他们更加直观地感受到中国传统文化的魅力。还可以组织学生参与一些与节日相关的活动，如制作传统手工艺品、品尝节日美食等，增强他们的参与感和体验感。

教学内容的设计还要考虑到语言教学的需要。除了传授相关的文化知识外，还要结合学生的语言水平和学习需求，设计一些与节日习俗相关的语言活动，如听力练习、口语对话、写作任务等，帮助他们巩固语言知识，提高语言表达能力。

选择和设计中国传统文化的节日习俗、风土人情等内容是中文教学中的重要任务之一。科学合理的内容选择和设计，可以帮助学生更好地了解和体验中国文化，提高他们的语言水平和跨文化交流能力。

2. 当代社会文化，社交礼仪、娱乐活动等

在当代社会文化中，社交礼仪的重要性日益凸显。社交礼仪是人们在交往过程中应遵循的行为规范，它不仅反映了一个人的修养和素质，也是社会交往的基础。因此，在中文教学中选择和设计社交礼仪内容至关重要。一个有效的方法是通过案例分析，

引导学生理解不同场合的适当行为举止。例如，可以讨论在正式场合如商务会议上的言谈举止，以及在非正式场合如朋友聚会上的礼貌行为。通过这样的教学设计，学生可以更好地理解社交礼仪的重要性，并将其运用到实际生活中。

娱乐活动在当代社会文化中扮演着重要角色，它不仅是人们放松身心的方式，也是社交互动的重要平台。在中文教学中，设计与娱乐活动相关的内容，可以帮助学生更好地了解中国传统文化以及现代生活方式。例如，可以组织学生观看中国电影或戏剧，然后展开讨论，让学生分享他们的观感和感受。也可以通过学习中国传统节日和庆祝活动，让学生了解中国文化的独特魅力。这样的教学设计不仅可以增进学生对中文学习的兴趣，也可以拓展他们的文化视野。

在当代社会文化中，多样化的社交场合和娱乐活动需要人们具备一定的交际能力和文化素养。因此，在中文教学中，除了传授语言知识外，还应该注重培养学生的社交技能和文化意识。通过角色扮演、小组讨论等方式，让学生在模拟情境中练习社交礼仪，培养他们的沟通能力和人际交往技巧。通过丰富多彩的娱乐活动，激发学生学习的兴趣，增强他们对中文学习的积极性。选择和设计适合当代社会文化的中文教学内容，对于提升学生的综合素质和语言水平具有重要意义。

二、中文教学内容的安排与实施

(一) 课程结构设计，语言技能综合、听说读写等

在设计中文教学课程结构时，需要综合考虑语言技能的综合性，包括听、说、读、写等方面。合理的课程结构不仅能够提高学生的语言能力，还能够增强他们的学习兴趣和自信心。

在课程结构的安排上，应该注重语言技能的综合性。这意味着每个教学单元都应该涵盖听、说、读、写等多种技能的训练，以帮助学生全面提升语言能力。通过多种形式的练习和活动，如听力理解、口语表达、阅读理解、写作练习等，使学生在不同方面都能够得到充分的锻炼和提高。

在实施教学内容时，应该采用多种教学方法和策略。这包括但不限于教师讲解、示范、互动讨论、小组活动、角色扮演等。通过多样化的教学手段，能够激发学生的学习兴趣，提高他们的参与度和专注力，从而更好地吸收和掌握所学内容。

除此之外，在课程结构的设计上，还应该根据学生的语言水平和学习需求进行个性化的安排。对于初学者，可以从简单易懂的内容和基础技能入手，逐步提高难度和

复杂度；对于中级和高级学生，可以更加注重语言运用的实际场景和情境，引导他们进行更深入、更高级的语言表达和交流。

在课程结构的安排中，还需要充分考虑到学生的反馈和评估。及时收集学生的学习情况和反馈意见，针对性地调整和优化教学内容和方法，确保教学效果的最大化。可以通过课堂问答、作业评定、小测验等方式进行评估，帮助学生及时发现和解决问题，提高学习效率和成果。

中文教学课程结构的设计与实施应该注重语言技能的综合性，采用多种教学方法和策略，个性化地安排教学内容，及时收集学生反馈并进行评估调整。这样才能够更好地促进学生的全面发展和语言能力的提高。

（二）教学方法与手段选择

1. 多媒体教学，图片、视频、音频等资料的运用

在中文教学中，多媒体教学是一种有效的教学手段，可以通过图片、视频、音频等多种形式帮助学生更加直观地理解和学习语言知识。因此，合理安排和实施多媒体教学至关重要。

多媒体教学内容的安排要考虑到教学内容的层次和学生的学习需求。可以根据教学大纲和学生的语言水平，确定教学内容的主题和范围，并选取与之相关的图片、视频、音频等资料。比如，针对初级学生，可以选取一些简单明了的图片资料，如日常生活场景、基本汉字书写规范等，帮助他们建立起初步的语言印象和认知。对于中高级学生，则可以选取一些与文化背景、社会生活相关的视频、音频资料，如电影片段、新闻报道等，让他们更加深入地了解中国社会和文化。

多媒体教学内容的实施要注重教学方法的多样性和灵活性。可以结合课堂教学的实际情况和学生的反馈，灵活运用不同形式的多媒体资料，如PPT、视频播放、音频录音等，使教学内容更加生动有趣。比如，在教学汉字书写时，可以通过PPT展示汉字的笔画结构和书写规范，配合音频播放汉字的发音，让学生听、说、读、写相结合，提高他们的学习效果和兴趣。

多媒体教学内容的实施还要注意控制教学节奏和引导学生的学习方向。在使用图片、视频、音频等资料时，要注重节奏的把控，避免内容过于琐碎或难以理解。可以通过适当的引导和解释，帮助学生理清思路，抓住重点，提高学习效率。比如，在播放视频资料时，可以提前告知学生关注的重点和问题，引导他们在观看过程中有针对性地获取信息和思考问题，以达到更好的学习效果。

多媒体教学内容的实施还要注重教学资源的开发和更新。随着科技的发展和教学需求的变化，教学资源也在不断更新和丰富。因此，教师需要不断积累和开发多媒体教学资源，以适应不同层次、不同需求的学生，提高教学质量和水平。

合理安排和实施多媒体教学是中文教学中的重要任务之一。通过多种形式的多媒体资料，可以使教学内容更加直观生动，激发学生的学习兴趣和积极性，提高他们的学习效果和水平。

2. 任务型教学，以任务为导向，激发学生学习兴趣

任务型教学是一种以任务为导向的教学方法，其核心思想是通过给学生设计真实、具体的任务，激发他们的学习兴趣和动力，促使他们在解决问题的过程中掌握语言知识和技能。在中文教学中，合理安排和实施任务型教学至关重要，下面将探讨具体的实施方法。

任务的设计应该贴近学生的实际生活和学习需求。例如，可以设计一个任务，让学生以小组形式进行讨论，研究如何在中国城市旅游时应对常见的交通、饮食、住宿等问题。通过这样的任务，学生不仅可以提升语言表达能力，还能增进对中国文化和社会的了解。

任务型教学要注重培养学生的合作意识和团队精神。在任务设计中，可以设置一些需要学生共同合作完成的任务，例如制作中文短片、演出小话剧等。通过这些任务，学生可以学会与他人合作、分工合作、共同完成任务，培养团队合作精神。

任务型教学还应该注重任务的真实性和情境化。任务设计要贴近学生的实际情境，让他们感受到学习的真实性和实用性。例如，可以设计一个任务，让学生以游客的身份到中国超市购物，并用中文进行交流和购物，这样的任务既能提升学生的语言能力，又能增强他们的实际应用能力。

任务型教学要注重任务的情感因素。任务设计应该能够引发学生的情感共鸣，激发他们的学习兴趣和动力。例如，可以设计一个任务，让学生以志愿者的身份参与到中国当地的社区活动中，通过亲身体验，感受中国文化和社会的魅力，从而增强他们学习中文的积极性和主动性。

任务型教学是一种高效的教学方法，能够有效激发学生的学习兴趣和动力，提升他们的语言能力和综合素质。在中文教学中，合理安排和实施任务型教学，将有助于培养学生的学习兴趣，促进他们的全面发展。

第二节 中文教材设计的原则与方法

一、中文教材设计的基本原则

(一) 适应性原则

在设计中文教材时，适应性原则是至关重要的基本原则之一。适应性原则旨在确保教材内容能够适应不同学习者的需求和背景，从而提高教学效果和学习动力。在教材设计中，应该贯彻适应性原则，以满足学生的个性化学习需求，促进他们的全面发展和语言能力的提高。

适应性原则要求教材内容具有灵活性和多样性。这意味着教材应该包括多种形式的学习资源，如文字、图片、音频、视频等，以满足不同学习者的学习偏好和学习风格。多样化的学习资源，能够激发学生的学习兴趣，提高他们的学习动力和积极性。

适应性原则要求教材内容具有针对性和差异化。这意味着教材应该根据学生的语言水平和学习需求进行个性化的设置和调整。对于初学者，可以提供更简单易懂的内容和基础知识；对于中级和高级学生，可以提供更深入、更广泛的学习内容和具有挑战性的练习。通过个性化地设置，能够更好地满足学生的学习需求，提高他们的学习效果和成果。

适应性原则要求教材内容具有实用性和可操作性。这意味着教材应该紧密结合实际生活和实际应用场景，提供与学生实际需求相关的学习内容和技能。实用性的学习内容和可操作性的学习任务，能够增强学生的学习动机和学习体验，使他们更容易将所学知识和技能应用到实际生活中去。

适应性原则要求教材内容具有灵活性和可扩展性。这意味着教材应该不断更新和完善，以适应社会发展和学科进步的需要。通过不断更新和完善教材内容，能够保持教学内容的新鲜度和时效性，提高教学效果和学习动力。

适应性原则要求教材内容具有可评估性和可调整性。这意味着教材应该设定清晰明确的学习目标和评估标准，以便及时评估学生的学习情况和学习效果。通过及时评估学生的学习情况，能够发现和解决问题，调整和优化教学内容和方法，提高教学效果和学习成果。

适应性原则是中文教材设计的基本原则之一，要求教材内容具有针对性、实用性、灵活性和可评估性。只有贯彻适应性原则，才能够更好地满足学生的学习需求，提高教学效果和学习动力。

（二）系统性原则

在设计中文教材时，系统性原则是至关重要的，它涉及教学内容的组织、结构和连贯性，对于学生的学习效果和教学效率具有重要影响。因此，在中文教材设计中，需要遵循一系列基本原则，以保证教学内容的系统性和完整性。

中文教材设计应该符合学科的系统结构。中文作为一门语言学科，其教学内容应该具备一定的系统性和连贯性，包括语音、词汇、语法、阅读、写作等多个方面。因此，在教材设计中，需要根据学科的体系结构，合理组织和安排教学内容，确保各个部分之间有机衔接，形成完整的教学体系。

中文教材设计应该注重知识的渐进性和循序渐进的原则。由于学生的学习水平和学习速度各不相同，教材内容的安排应该考虑到学生的实际情况，采取循序渐进的教学方式，由浅入深、由易到难地逐步引导学生学习。比如，在词汇教学中，可以先从基础词汇和常用词汇入手，逐步扩展到高级词汇和专业词汇，以保证学生能够逐步掌握和运用所学知识。

中文教材设计还应该注重内容的全面性和多样性。中国文化博大精深，中文教学不仅要传授语言知识，还要介绍中国的历史、地理、文化等相关知识。因此，在教材设计中，除了包含基础的语言学习内容外，还应该融入一定的文化元素，丰富教学内容，提高学生的文化素养。比如，在教学汉字时，可以通过介绍汉字的演变历史、字形结构等方式，帮助学生了解汉字的文化内涵，增加学习的趣味性和深度。

中文教材设计还应该注重教学方法的灵活性和多样性。教学方法的选择和运用直接影响到教学效果和学生的学习兴趣。因此，在教材设计中，需要充分考虑到学生的个体差异和学习需求，灵活运用不同的教学方法，如讲授法、示范法、互动法等，以满足不同学生的学习需求，提高教学效果。

中文教材设计还应该注重反馈和评价的机制。学生通过学习教材获取知识，需要及时得到反馈和评价，以检验学习效果和指导学习方向。因此，在教材设计中，需要设置合适的练习题、测试题等评价工具，及时对学生的学习情况进行评估和反馈，帮助他们发现问题、改进学习方法，提高学习效率和水平。

系统性原则是中文教材设计的基本原则之一，它涉及教学内容的组织、结构和连贯性，对于学生的学习效果和教学效率具有重要影响。因此，在中文教材设计中，需要遵循一系列基本原则，以保证教学内容的系统性和完整性，提高教学质量和水平。

二、中文教材设计的方法

（一）需求分析与目标确定

在进行中文教材设计之前，进行需求分析和目标确定是至关重要的步骤。需求分析旨在了解学生的学习需求、背景和目标，而目标确定则是确立教学的具体目标和达成标准。下面将探讨中文教材设计的方法与策略。

需求分析是中文教材设计的基础。通过调查问卷、面谈、观察等方式，收集学生的背景信息、学习动机、学习目标以及对中文教学的期望。例如，有些学生可能是初学者，希望学习日常用语和基本语法；而另一些学生可能已有一定基础，希望提高口语表达和阅读能力。根据需求分析的结果，有针对性地设计教材内容，满足学生的学习需求。

目标确定是中文教材设计的关键。教材的设计应该根据学生的需求和教学目标确定教学内容、教学方法和评价标准。例如，如果教学目标是提高学生的听力水平，那么教材设计可以包括大量听力练习，采用多媒体教学方法，提供丰富的听力素材。如果教学目标是培养学生的口语表达能力，那么教材设计可以注重口语训练，设计各种口语活动和角色扮演任务，提供实践机会，促进学生的口语交流能力。

中文教材设计的方法和策略应该注重多样化和灵活性。教材设计不应囿于传统的教学模式，而应根据学生的特点和需求采用多种教学方法和策略。例如，可以结合项目学习、任务型教学、合作学习等教学方法，设计多种形式的教学活动，激发学生的学习兴趣和主动性。教材设计还应充分考虑学生的学习风格和能力水平，为不同类型的学生提供个性化的学习支持和指导。

还有，中文教材设计的过程应该注重反馈和修订。在实施教材设计的过程中，教师应不断收集学生的反馈意见和建议，了解教学效果和问题所在，及时调整和修订教材内容和教学方法。例如，可以定期组织学生参加教学评估和反馈会议，听取他们的意见和建议，不断改进教学内容和教学方式，提高教学效果和学生满意度。

中文教材设计是一个复杂而系统的过程，需要进行需求分析和目标确定，采用多样化和灵活性的教学方法和策略，注重反馈和修订。只有这样，才能设计出贴近学生需求、科学有效的中文教材，促进学生的语言学习和发展。

（二）内容选择与编排

1. 选择与学习者水平相适应的内容

在中文教材设计中，选择与学习者水平相适应的内容是至关重要的，因为这直接影响学生的学习效果和学习动力。为了确保教材内容能够与学习者的水平相匹配，设计方法和策略至关重要。

了解学生的水平是选择适应性内容的关键。这可以通过开展入学测试或评估学生的前期学习情况来实现。通过评估学生的语言水平、词汇量、语法掌握程度等，可以更准确地了解学生的学习水平，从而有针对性地选择教材内容。

根据学生的水平设计渐进式的教材内容是非常重要的。这意味着教材应该从简单到复杂，由浅入深地组织内容。对于初学者，应该从基础的词汇和语法开始，逐步引入更复杂的知识和技能；对于中级和高级学生，则可以提供更深入、更广泛的学习内容和具有挑战性的练习。这样的设计能够让学生在学习过程中保持适应性，不至于过于超前或落后。

结合学生的兴趣和实际需求选择教材内容也是非常重要的。教材内容应该与学生的生活经验和学习目标相关联，能够激发他们的学习兴趣和学习动力。通过引入与学生兴趣相关的话题、活动和材料，能够增强学生的学习积极性和主动性，提高他们的学习效果。

采用多样化的教学资源和活动也是选择适应性内容的有效方法之一。除了传统的教科书内容外，还可以引入音频、视频、互动软件等多种形式的学习资源，以丰富教学内容，激发学生的学习兴趣和创造力。设计各种形式的学习活动，如小组讨论、角色扮演、实地考察等，能够提供不同的学习体验，满足学生的不同学习需求。

不断收集学生的反馈和评价，及时调整和优化教材内容也是非常重要的。通过与学生的沟通和交流，了解他们的学习体验和需求，能够及时发现和解决问题，调整和优化教材内容，提高教学效果和学习动力。可以通过课堂反馈、问卷调查、学习日志等方式收集学生的反馈和评价，从而不断改进教学内容和方法。

选择与学习者水平相适应的内容是中文教材设计的重要任务之一。通过了解学生的水平、设计渐进式的教材内容、结合学生兴趣和实际需求、采用多样化的教学资源和活动，以及及时收集学生的反馈和评价等方法和策略，能够有效地提高教学效果和学习动力。

2. 按照语言难度和学习顺序进行内容编排

在中文教材设计中，按照语言难度和学习顺序进行内容编排是一种常见的方法，可以帮助学生系统地学习语言知识，提高学习效率。在这种方法下，教材的内容通常会从简单到复杂、由浅入深地组织和安排，以满足学生的学习需求和语言发展规律。

确定教学内容的难度级别是内容编排的第一步。根据学生的语言水平和学习需求，将教学内容分为不同的难度级别，包括初级、中级和高级等级别。对于初学者，教学内容应该以简单的语言结构和基础词汇为主，帮助他们建立起初步的语言能力；而对于中高级学生，则可以逐步引入更复杂的语法结构和词汇，提高他们的语言水平和表达能力。

根据语言难度和学习顺序进行内容编排。在教材设计中，需要按照语言难度和学习顺序逐步安排教学内容，确保学生能够循序渐进地掌握语言知识。比如，在词汇教学中，可以从基础词汇和常用词汇开始，逐步引入更高级的词汇和专业词汇；在语法教学中，可以从简单的语法结构和句型开始，逐步引入复杂的语法规则和用法。

教学内容的编排还要考虑到学习顺序的合理性和连贯性。在安排教学内容时，需要保证各个部分之间有机衔接，形成一个完整的教学体系。比如，在编排课文内容时，可以采用话题式的教学方法，将相关的课文内容按照一定的学习顺序进行编排，使学生在学习过程中能够形成一定的语境和联想，提高学习效果。

教学内容的编排还要考虑到学生的学习兴趣和实际需求。在安排教学内容时，需要结合学生的年龄、兴趣爱好和学习背景，选择合适的教材和教学资源，以吸引学生的注意力，激发他们的学习兴趣。比如，在编排阅读材料时，可以选取与学生生活相关的话题，如家庭、学校、社会等，使学生能够在阅读中感受到语言的实际运用和生活情境。

教学内容的编排还要注重教学方法的灵活性和多样性。在教学过程中，可以灵活运用不同的教学方法和教学资源，如讲授法、示范法、游戏法等，以满足不同学生的学习需求和学习方式。比如，在教学语音发音时，可以通过听力练习、口语对话等方式帮助学生提高发音准确性和流利度，增强他们的语言表达能力。

按照语言难度和学习顺序进行内容编排是中文教材设计的重要方法和策略之一。通过合理安排教学内容的难度级别和学习顺序，结合学生的实际情况和学习需求，灵活运用不同的教学方法和教学资源，可以帮助学生系统地学习语言知识，提高学习效率和语言水平。

第三节　中文教材评价与更新

一、中文教材评价的方法和标准

（一）评价方法

1. 学生反馈调查

学生反馈调查是评价中文教材的重要手段之一，通过了解学生对教材的认知、反应和建议，可以及时调整和改进教学内容和方法，提高教学效果。在进行中文教材评价时，可以采用多种方法和标准，以确保评价的全面性和客观性。

一种常用的评价方法是定性分析。通过开放式问卷调查、小组讨论、个别面谈等方式，收集学生对教材的主观感受、意见和建议。例如，可以询问学生对教材内容的理解程度、学习兴趣、学习困难以及对教学方法和教师的评价等。通过定性分析，可以深入了解学生对教材的认知和反应，发现教学中存在的问题和改进的空间。

另一种评价方法是定量分析。通过闭合式问卷调查、学习成绩统计、课堂观察等方式，收集学生对教材的量化数据，如学习成绩、学习进度、课堂参与度等。通过定量分析，可以客观评估教材的实际效果和学生的学习情况，为教学改进提供科学依据。

评价中文教材的标准可以从多个方面考虑。教材的内容是否丰富、准确、系统化是评价的重点之一。教材应该包括与学生学习水平相适应的语言知识和技能，内容涵盖听、说、读、写等多个方面，能够满足学生的学习需求和学习目标。

教材的设计是否灵活、多样化也是评价的重要指标。教材设计应该充分考虑学生的学习风格和能力水平，采用多种教学方法和策略，设计各种形式的教学活动，激发学生的学习兴趣和主动性。

教材的语言表达是否清晰、流畅、地道也是评价的关键。教材应该使用规范的语言表达，符合汉语语言规范和文化习惯，能够帮助学生准确理解和有效运用所学知识和技能。

教材的实用性和实效性也是评价的重要标准。教材设计应该贴近学生的实际生活和学习需求，能够提供实用的语言素材和实践机会，促进学生的语言交流能力和实际应用能力。

评价中文教材可以采用定性分析和定量分析相结合的方法，从内容丰富性、设计灵活性、语言表达准确性和实用性等多个方面考量。只有这样，才能全面客观地评价教材的质量，为教学改进提供科学依据。

2. 教师评估

教师评估是确保中文教材质量的重要环节，它旨在评价教材的适用性、有效性和实用性，以便为学生提供最佳的学习体验和教学效果。为了有效地进行教材评估，需要采用一系列方法和标准，以确保评估结果的客观性和可靠性。

评估中文教材的一个重要方法是定性评价。通过教师的专业知识和经验，对教材的内容、结构、难度、逻辑性等方面进行全面深入的分析和评价。教师可以从教学目标的设定是否明确、教材内容的组织是否合理、练习和活动的设计是否有效等方面进行评价，以发现教材存在的问题并提出改进建议。

定量评价也是教材评估的重要方法之一。通过收集学生的反馈和评价数据，对教材的实际使用效果进行量化分析。可以采用问卷调查、学生测试成绩、课堂观察记录等方式收集数据，从而了解学生对教材的认可度、理解程度、学习动力等方面的情况，为教材的改进提供客观依据。

教材评估还可以结合教学实践进行综合评价。教师可以通过实际教学过程中的观察和反思，对教材的使用情况和效果进行评估。可以考察教材在课堂教学中的实际运用情况，以及学生在学习过程中的表现和反应，从而发现教材存在的问题并提出改进建议。

在进行教材评估时，应该根据一定的评价标准进行分析和评价。这些评价标准可以包括但不限于教材的内容质量、组织结构、语言难度、教学方法、学习资源、实用性等方面。通过对这些方面的评价，能够全面客观地评估教材的优缺点，为教学改进提供依据。

教材评估还需要考虑教材的更新和完善。随着社会发展和学科进步的需要，教材内容需要不断更新和完善，以保持教学内容的新鲜度和时效性。因此，教师在评估教材时，还需要考虑教材的更新和改进方向，以提高教学效果和学习动力。

教师评估是中文教材评价的重要环节，它需要采用定性评价、定量评价和教学实践相结合的方法，以及一定的评价标准进行分析和评价。只有通过科学客观的评估，才能发现教材存在的问题并提出改进建议，以不断提高教学质量和教学效果。

（二）评价标准

1. 教材内容是否与学习者的需求相匹配

确保教材内容与学习者的需求相匹配是评价中文教材的关键之一。评价方法和标准的选择将影响评价的准确性和有效性，因此需要综合考虑多方面因素，以确保评价结果具有参考价值。

一种常用的评价方法是定性评价，即通过对教材内容的观察和分析，评估其是否满足学习者的需求。在进行定性评价时，可以从教材的内容覆盖范围、难度设置、语言表达方式等方面进行评估，以确定教材内容是否与学习者的需求相匹配。比如，评价教材内容是否符合学生的年龄特点和语言水平，是否具有足够的灵活性和多样性，以满足不同学生的学习需求。

另一种评价方法是定量评价，即通过量化指标和评分标准对教材内容进行评估。在进行定量评价时，可以设计问卷调查、学习成绩统计等方式收集数据，以客观地评价教材内容是否与学习者的需求相匹配。比如，可以通过学生的学习成绩、学习兴趣、学习满意度等指标，评估教材内容是否对学生的学习产生了积极的影响。

评价中文教材的标准包括内容质量、教学效果、学习兴趣等多个方面。评价内容质量时，需要考察教材的编写水平、语言准确性、文化内涵等方面，以确保教材内容的准确性和丰富性。评价教学效果时，需要考察学生的学习成绩、语言表达能力、学习动机等方面，以评估教材内容对学生学习的实际影响。评价学习兴趣时，需要考查学生对教材内容的反馈和评价，以确定教材内容是否能够激发学生的学习兴趣和积极性。

除了以上的评价方法和标准外，还可以结合专家评审、教师评估等方式进行综合评价。通过专家评审，可以从专业角度对教材内容进行评估，提出专业化的建议和意见；通过教师评估，可以从实际教学角度对教材内容进行评价，提出具有实用性的建议和改进意见。综合各方评价意见，可以得出更为客观和全面的评价结论，为教材的进一步改进和优化提供参考。

总之，评价中文教材是否与学习者的需求相匹配是一个复杂而重要的过程，需要综合考虑多方因素，采用多种评价方法和标准进行评估。只有确保教材内容与学习者的需求相匹配，才能真正提高教学效果和学习效率。

2. 教材内容的科学性和系统性

评价中文教材的科学性和系统性是确保教材质量的重要指标之一。科学性和系统性的教材内容能够有助于学生系统地学习和掌握语言知识，提高他们的语言水平和综合素质。在进行中文教材评价时，可以采用多种方法和标准，以确保评价的客观性和准确性。

一种常用的评价方法是内容分析。通过仔细研读教材的各个章节和单元，分析其内容的科学性和系统性。评价内容是否全面、有条理、层次分明，是否符合学生的学习阶段和能力水平，是否能够帮助学生系统地掌握语言知识和技能。通过内容分析，可以客观评价教材的内容设计是否合理、是否科学有效。

另一种评价方法是教材结构分析。教材的结构设计是否合理、清晰、易于理解是评价的重要指标之一。评价教材的结构是否按照学习者的认知规律和学习路径设计，是否各个单元之间有明确的逻辑关系和衔接，是否设置了适当的复习和巩固环节。通过结构分析，可以客观评价教材的系统性和连贯性，发现和解决教材设计中存在的问题和不足。

评价中文教材的科学性和系统性还可以从教学目标和教学策略两个方面考量。教材的教学目标是否明确、具体、可操作是评价的重要标准之一。教学策略是否符合学生的学习特点和教学要求，是否采用了多种教学方法和策略，是否注重学生的主动参与和实践操作。通过对教学目标和教学策略的评价，可以客观评价教材的科学性和系统性，为教学改进提供科学依据。

评价中文教材的科学性和系统性还可以从知识点的难易程度和编排顺序两个方面考量。教材的知识点是否合理、适当，是否按照难易程度和逻辑顺序编排，是否有利于学生的逐步学习和掌握。通过对知识点的难易程度和编排顺序的评价，可以客观评价教材的科学性和系统性，为教学实践提供指导和支持。

评价中文教材的科学性和系统性可以采用内容分析、结构分析、教学目标和教学策略分析以及知识点的难易程度和编排顺序分析等多种方法和标准。只有这样，才能全面客观地评价教材的质量，为教学改进提供科学依据。

二、中文教材更新的方法

（一）根据学科发展和社会变化更新教材内容

为了有效地更新教材内容，需要采用一系列方法和策略，以确保教材内容的新鲜度、时效性和实用性。

与学科发展和社会变化保持密切联系是更新教材内容的关键。教材的更新应该与中文学科的最新研究成果和理论进展相结合，及时吸收和反映学科的新趋势和新发现。也需要考虑社会的变化和需求，将实际生活中的新颖、热点、实用的内容融入教材，以提高教学的时效性和实用性。

定期开展教材内容的评估和调研是更新教材的重要方法之一。通过收集学生、教师和专家的反馈意见，了解教材存在的问题和不足之处，发现和识别需要更新或改进的内容。可以开展问卷调查、座谈会、教学观摩等形式的调研活动，以获取多方面的意见和建议，为教材的更新提供参考依据。

加强教材编写团队的建设和培训也是更新教材的有效策略之一。建立专业化的教材编写团队，吸纳中文教育领域的专家和学者参与教材的编写和更新工作，以确保教材内容的学科性和权威性。加强教材编写团队的培训和学习，不断提升他们的专业水平和教学能力，以适应学科发展和社会变化的需要。

利用新技术手段和教学资源更新教材内容也是一种有效的策略。随着信息技术的发展，教学资源的形式和载体不断更新和丰富，如网络资源、多媒体教材、互动软件等。可以利用这些新技术手段和教学资源，将最新的研究成果、实践经验和教学方法融入教材中，提高教材的互动性和趣味性，增强学生的学习动力和学习效果。

建立健全的教材更新机制和流程也是更新教材内容的关键。学校、教育机构和出版社可以建立专门的教材更新委员会或工作组，负责教材更新的规划、组织和实施工作。建立健全的教材更新流程和审核机制，确保教材更新工作的有序进行，及时反映学科发展和社会变化的需要，为教学提供支持和保障。

更新中文教材内容是确保教学质量和教学效果的重要举措，需要与学科发展和社会变化保持密切联系，开展教材内容的评估和调研，加强教材编写团队建设和培训，利用新技术手段和教学资源更新教材内容，以及建立健全的教材更新机制和流程等方法和策略，共同推动教材内容的更新和改进，提高教学质量和教学效果。

（二）更新策略

1. 定期评估教材

定期评估教材并进行更新是中文教材设计中至关重要的一环。随着时代的变迁和教育理念的更新，教材需要不断进行更新和优化，以适应学生的学习需求和教学环境的变化。为此，可以采取以下方法和策略来进行中文教材的更新。

建立定期评估机制是确保教材更新的关键。学校或教育机构可以建立教材评估委员会或专门的教材更新小组，负责定期对教材进行评估和反馈。这些评估机构可以包括教师、教育专家、学生和家长等相关人员，以确保评估的全面性和客观性。定期的评估会议或研讨会也是促进教材更新的有效方式，可以通过集体讨论和交流，共同研究教材存在的问题和改进的方向。

教材更新应该充分考虑学生的学习需求和反馈意见。学生是教材使用的主体，他们的学习需求和反馈意见是教材更新的重要依据。因此，在进行教材更新时，可以通过调查问卷、学生访谈、教学观察等方式收集学生的反馈意见，了解他们对教材的看法和建议。这样可以确保教材内容更加贴近学生的实际需求和学习兴趣，提高教学效果和学习效率。

教材更新还应该注重教学内容的及时性和前瞻性。随着社会的发展和科技的进步，知识更新的速度越来越快，教材内容也需要及时跟进和更新。因此，在进行教材更新时，可以结合当前的社会热点、科技进展等内容，引入一些新颖的教学内容和案例，以提高教材的前瞻性和时效性。比如，在教学新闻阅读时，可以选取一些最新的新闻事件和报道，让学生了解最新的社会动态和信息变化。

教材更新还应该注重教学方法和教学资源的更新。教学方法和教学资源的更新对于提高教学效果和学习兴趣具有重要意义。因此，在进行教材更新时，可以引入一些新颖的教学方法和教学资源，如多媒体教学、网络教学、游戏化教学等，以提高教学的活跃性和趣味性。也可以更新教师的教学手段和教学技能，提高教师的教学水平和专业素养。

教材更新还应该注重教材内容的多样性和包容性。中国是一个多民族、多文化的国家，教材内容应该充分反映这种多样性和包容性。因此，在进行教材更新时，可以引入一些不同民族、不同地区的文化元素和习俗，让学生了解和尊重不同文化背景的人群，增强他们的文化包容性和理解力。

定期评估教材并进行更新是中文教材设计中的重要环节。通过建立定期评估机制、充分考虑学生的反馈意见、注重教学内容的及时性和前瞻性、更新教学方法和教学资源、注重教材内容的多样性和包容性等方法和策略，可以确保教材内容与学习者的需求相匹配，提高教学效果和学习效率。

2. 关注行业动态和教育发展趋势

关注行业动态和教育发展趋势对于中文教材的更新至关重要，因为它们反映了社会的变化和学生的需求，为教材更新提供了重要参考。为了有效更新中文教材，可以采用多种方法和策略。

一种常用的更新方法是持续跟踪行业动态和教育发展趋势。通过阅读相关文献、参加学术会议、关注行业报告和研究成果等方式，了解中文教学领域的最新发展和趋势。例如，随着科技的发展，网络教学、移动学习等新型教学模式逐渐兴起，可以考虑将这些新技术和方法应用到中文教材的更新中，提供更加丰富和多样化的学习资源。

另一种更新策略是积极收集学生的反馈意见和建议。学生是教材使用的主体，他们的反馈意见和建议能够直接反映教材的优缺点和改进方向。可以通过开展学生满意度调查、组织小组讨论、听取个别意见等方式，收集学生对现有教材的评价和建议，根据他们的需求和反馈意见，及时调整和更新教材内容和教学方法。

更新中文教材还可以采用专家评审和咨询的方式。可以邀请中文教学领域的专家学者、教育从业者和相关领域的专业人士，组成评审团队，对现有教材进行全面评估和审核，提出修改建议和改进意见。通过专家评审和咨询，可以确保教材更新的科学性和专业性，提高教材的质量和效果。

更新中文教材还可以采用国际比较和借鉴的方法。可以借鉴国际上先进的教学理念、教学方法和教学资源，结合中国学生的实际情况和需求，设计和开发适合本土学生的中文教材。例如，可以参考国外的中文教学标准和教学大纲，借鉴其教学内容和组织结构，为中文教材的更新提供新的思路和方法。

更新中文教材可以采用持续跟踪行业动态和教育发展趋势、收集学生反馈意见和建议、专家评审和咨询以及国际比较和借鉴等多种方法和策略。只有这样，才能及时更新教材内容和教学方法，提高教学效果和学生满意度，适应社会的变化和学生的需求。

第四节　多媒体技术在中文教学中的应用

一、多媒体技术在中文教学中应用的意义

视觉化效果和多媒体技术在中文教学中发挥着重要作用，它们不仅能够增强学生的学习兴趣和学习动力，还能够提高教学效果和学习效率。在当今信息化时代，充分利用多媒体技术进行中文教学已经成为一种必然趋势。

视觉化效果是多媒体技术的重要特点之一，它能够通过图像、动画、视频等形式，将抽象的语言知识转化为直观的图像信息，使学生更加直观地理解和掌握所学内容。例如，通过展示生动的图片和动画，可以帮助学生更加清晰地理解中文词汇的含义和用法，加深对语言知识的记忆和理解。

多媒体技术在中文教学中的重要性还在于其能够提供丰富多样的学习资源。通过多媒体技术，教师可以利用网络资源、教学软件、电子课件等丰富的学习资源，为学生提供更加生动、多样和丰富的学习内容和学习体验。这不仅能够激发学生的学习兴趣，还能够满足他们不同的学习需求和学习风格。

多媒体技术还能够提高中文教学的互动性和趣味性。通过多媒体技术，教师可以设计各种形式的互动活动，如课堂小游戏、在线测验、虚拟实验等，吸引学生的注意力，增强他们的参与度和积极性。这样的互动活动不仅能够提高学生的学习效果，还能够促进师生之间的互动和交流，营造良好的学习氛围。

多媒体技术还能够提供个性化的学习支持。通过多媒体技术，教师可以根据学生的学习水平、学习速度和学习需求，为他们提供个性化的学习资源和学习支持。例如，可以根据学生的学习进度和掌握程度，自动调整学习内容和难度，为他们提供个性化的学习体验和学习指导。

多媒体技术还能够提高中文教学的实用性和适用性。通过多媒体技术，教师可以将学生的语言学习与实际生活场景相结合，提供与学生实际需求相关的学习内容和学习任务。例如，可以通过视频和音频材料展示真实的语言环境和交际情境，帮助学生更好地理解和应用所学内容，提高语言运用能力和实际交际能力。

视觉化效果和多媒体技术在中文教学中发挥着重要作用，它们能够增强学生的学习兴趣和学习动力，提高教学效果和学习效率。在未来的中文教学中，应该进一步加强对多媒体技术的应用和开发，充分发挥其在中文教学中的优势，为学生提供更加丰富、生动和有效的学习体验。

（一）提高教学效率

多媒体技术在中文教学中的应用可以极大地提高教学效率，促进学生的学习兴趣和参与度。它不仅可以使教学内容更加生动直观，还可以提供更丰富的学习资源和交互方式，为教学带来全新的可能性和体验。

多媒体技术可以提供丰富多样的教学资源。通过多媒体技术，教师可以轻松获取并利用各种图片、视频、音频等资源，丰富教学内容，给学生提供不同的学习体验。比如，教师可以通过播放视频展示地道的中文口语表达方式，让学生更直观地了解语言的使用场景和语境，提高他们的听力理解能力；通过播放图片展示中国的地理景观和文化遗产，让学生更加深入地了解中国的文化传统和风土人情，增强他们的文化认同感和跨文化交流能力。

多媒体技术可以提供更加灵活和多样的教学方法。传统的教学方法往往局限于课堂讲授和书本阅读，难以激发学生的学习兴趣和参与度。而多媒体技术则可以为教学提供更多元化的方式和途径。比如，教师可以通过制作 PPT、教学视频等多媒体资料，为学生提供图文并茂、生动直观的学习内容，让他们在视觉和听觉上都能够得到充分的满足，提高学习效果和学习动力；教师还可以利用网络资源和在线学习平台，开展课堂互动、学生讨论等形式的教学活动，促进学生之间的交流与合作，提高教学效率和教学质量。

多媒体技术还可以提供个性化和差异化的学习支持。每个学生的学习方式和学习习惯都有所不同，传统的教学方法往往难以满足不同学生的学习需求。而多媒体技术则可以根据学生的个性化需求，为其提供个性化的学习支持和定制化的学习资源。比如，教师可以根据学生的学习水平和学习进度，选择适合其自身需求的教学内容和教学方式，帮助他们更有效地掌握知识和提高能力；教师还可以根据学生的学习特点和兴趣爱好，设计个性化的学习任务和项目，激发他们的学习兴趣和学习动力，提高学习效率和学习成效。

多媒体技术可以促进教学内容的跨学科整合和拓展。中文教学不仅是语言学习，还涉及文化、历史、地理等多个学科领域。而多媒体技术可以为教师提供更丰富的学科资源和学科整合的可能性。比如，教师可以通过多媒体技术将中文教学与地理、历史等相关学科内容相结合，让学生在学习中不仅能够掌握语言知识，还能够了解相关的文化和社会背景，提高他们的综合素养和跨学科能力。

多媒体技术在中文教学中具有重要的意义和作用，它不仅可以丰富教学资源，提供多样化的教学方法、个性化的学习支持，还可以促进教学内容的跨学科整合和拓展，从而提高教学效率和教学质量。因此，在中文教学中充分利用多媒体技术，将其融入教学实践中，对于促进学生的语言学习和文化理解具有重要的推动作用。

（二）激发学习兴趣

多媒体技术在中文教学中的应用已经成为提升学习兴趣和效果的重要手段。随着科技的发展，多媒体技术不仅为教学提供了更丰富、更生动的教学资源，还为学生提供了更多元化、更具吸引力的学习体验。在激发学习兴趣方面，多媒体技术发挥着重要作用，以下将探讨其重要性。

多媒体技术能够为中文教学提供更生动、形象的教学内容。通过图像、音频、视频等多种形式的媒体元素，可以将抽象的语言知识转化为直观的图像和声音，帮助学生更好地理解和记忆。例如，通过播放中文电影、歌曲、动画片等，可以激发学生的学习兴趣，提高他们的学习积极性。

多媒体技术能够为中文教学提供更多样化、个性化的学习资源。通过互联网、电子课件、在线教学平台等多媒体技术，学生可以随时随地获取丰富的学习资源，包括文字、图片、音频、视频等形式的教材和资料。这些多样化的学习资源不仅能够满足不同学生的学习需求和兴趣，还可以促进学生的自主学习和个性发展。

多媒体技术能够为中文教学提供更具互动性、参与性的学习环境。通过多媒体教学软件、虚拟实验室、在线互动课堂等技术工具，学生可以参与到教学过程中，积极思考、互动交流，提高学习效果和学习动机。例如，可以设计各种形式的互动游戏、在线测验、实验模拟等，激发学生的学习兴趣和探究欲望，增强他们的学习体验和学习成就感。

多媒体技术还能够为中文教学提供更灵活、便捷的教学方式。通过网络视频会议、远程教学平台、移动学习应用等技术手段，学生可以随时随地进行在线学习，不受时间和空间的限制。这种灵活便捷的教学方式不仅能够提高学生的学习效率，还可以拓展学生的学习空间，促进跨地域、跨文化的交流与合作。

多媒体技术在中文教学中的应用对于激发学习兴趣具有重要意义。它能够为教学提供更生动、形象的教学内容，更多样化、个性化的学习资源，更具互动性、参与性的学习环境，以及更灵活、便捷的教学方式。因此，在中文教学实践中，应充分利用多媒体技术，提升教学效果，激发学生的学习兴趣和动力。

二、多媒体技术在中文教学中的具体应用方式

（一）图像和视频的运用

在中文教学中，图像和视频的运用是多媒体技术的重要组成部分，它们能够为学生提供直观、生动的学习资源，丰富教学内容，提高学习效果。下面将介绍在中文教学中，图像和视频的具体应用方式。

图像在中文教学中的应用非常广泛，它可以通过展示生动的图片和图表来帮助学生理解和记忆词汇、语法、句型等语言知识。例如，在教学中可以使用图片展示不同的动物、食物、交通工具等实物，帮助学生学习和掌握相关的词汇。还可以通过图表展示汉字的结构、笔顺、读音等信息，帮助学生更好地学习汉字的书写和发音。

视频是另一种重要的多媒体资源，它能够为学生提供真实的语言环境和情境，帮

助他们更好地理解和运用中文语言。例如，可以通过播放视频展示日常生活中的交际情景，如购物、问路、点菜等，让学生身临其境地感受真实的语言交流过程，提高他们的语言应用能力。还可以通过播放文学作品的视频，如电影、电视剧等，让学生欣赏和理解中文文学作品，提高他们的阅读理解能力和文学素养。

除了图像和视频，多媒体技术还可以通过其他方式丰富中文教学内容。例如，可以利用动画和漫画等形式，将抽象的语言知识转化为生动的图像信息，增强学生的学习兴趣和理解力。还可以利用音频资源，如歌曲、诗歌朗诵等，帮助学生提高听力理解能力和语音表达能力。这些多样化的多媒体资源能够为学生提供丰富、生动、有趣的学习体验，促进他们的全面发展和语言能力的提高。

在使用图像和视频的过程中，教师需要注意以下几点。选择合适的图像和视频素材非常重要，它们应该与教学内容紧密相关，能够帮助学生更好地理解和掌握所学知识。控制图像和视频的使用时长和频率，避免过度依赖多媒体资源，影响学生的专注力和学习效果。及时收集学生的反馈和评价，了解他们对多媒体资源的使用效果和体验，以便不断改进和优化教学内容和方法。

图像和视频是多媒体技术在中文教学中的重要应用方式，它们能够为学生提供直观、生动的学习资源，丰富教学内容，提高学习效果。在今后的中文教学中，应该进一步加强对多媒体技术的应用和开发，充分发挥其在中文教学中的优势，为学生提供更加丰富、生动和有效的学习体验。

（二）交互式多媒体教学软件

1. 语言学习软件

多媒体技术在中文教学中的具体应用方式丰富多样，尤其在语言学习软件的开发和应用中发挥了重要作用。通过巧妙地运用多媒体技术，可以使中文教学更加生动、直观和有效。

语言学习软件可以通过多媒体技术提供丰富的学习资源。这些资源包括文字、图片、音频、视频等形式，可以为学生提供全方位的学习体验。例如，学生可以通过观看视频学习中文发音和口语表达，通过听力练习提高听力理解能力，通过阅读文章增强阅读能力，通过图片了解中国文化和风土人情，从而了解中文语言和文化。

语言学习软件可以通过多媒体技术提供交互式学习环境。学生可以通过软件与教学内容进行互动，参与到学习过程中。例如，学生可以通过软件进行语音录制和播放，进行口语练习和对话训练，通过填空、选择等形式的练习进行语言运用和测试，从而巩固和加深对语言知识的理解和掌握。

语言学习软件还可以通过多媒体技术提供个性化的学习支持。软件可以根据学生的学习进度和学习需求，提供个性化的学习路径和学习资源，满足不同学生的学习需求。例如，软件可以根据学生的学习水平和学习目标，推荐适合的学习内容和学习活动，提供个性化的学习建议和反馈，从而帮助学生更高效地学习中文。

语言学习软件还可以通过多媒体技术提供实时反馈和评估。软件可以通过记录学生的学习行为和学习成绩，为学生提供实时的学习反馈和评估。例如，软件可以根据学生的答题情况和学习表现，及时给予鼓励和指导，提供学习建议和改进方案，帮助学生及时发现和解决学习中的问题，从而提高学习效果和学习动力。

语言学习软件还可以通过多媒体技术提供跨平台和在线学习支持。学生可以通过电脑、平板电脑、手机等多种设备随时随地进行学习，无须受到时间和空间的限制。学生还可以通过网络和在线学习平台与教师和其他学生进行交流和互动，分享学习资源和经验，共同学习和进步，从而丰富了学习过程，提高学习效率。

多媒体技术在中文教学软件中的应用具有重要意义，可以为学生提供丰富的学习资源、交互式学习环境、个性化的学习支持、实时的反馈和评估，以及跨平台和在线学习支持，从而提高中文教学的效率和质量。随着技术的不断发展和创新，相信多媒体技术在中文教学中的应用将会越来越广泛，为学生的语言学习提供更加便捷、丰富和有效的学习体验。

2. 在线教学平台

在线教学平台已经成为当今中文教学中不可或缺的重要工具，而多媒体技术在这个平台上的应用方式则具有多样性和灵活性。通过在线教学平台结合多媒体技术，可以为学生提供更生动、互动、灵活的学习环境，以下将探讨其具体应用方式。

一种常见的多媒体技术应用方式是视频教学。通过在在线教学平台上上传中文教学视频，教师可以向学生展示语言用法、场景模拟、口语对话等内容，从而帮助学生更直观地理解和掌握中文知识和技能。这种方式不仅能够吸引学生的注意力，还可以提供丰富多样的教学资源，满足不同学生的学习需求。

另一种多媒体技术应用方式是音频教学。通过在在线教学平台上上传中文听力材料、口语练习、歌曲、广播剧等音频资源，教师可以帮助学生提高听力水平、口语表达能力和语音准确性。学生可以随时随地进行听力训练和口语练习，根据自己的学习进度和需求进行学习。

多媒体技术还可以用于图像教学。通过在在线教学平台上上传中文词汇卡片、图片故事、漫画、地图等图像资源，教师可以帮助学生更直观地理解中文词汇、句型结构和语言情境。学生可以通过观看图像资料，加深对语言知识的理解和记忆，提高学习效果和学习兴趣。

多媒体技术还可以用于互动教学。通过在在线教学平台上设置各种形式的在线互动课堂、讨论论坛、作业测试等功能，教师可以与学生进行实时互动和交流，促进学生的学习参与和合作精神。学生可以在互动环境中与教师和同学进行讨论、分享学习经验，提出问题、解决问题，共同探讨和解决学习中的困难和问题。

多媒体技术还可以用于个性化教学。通过在在线教学平台上设置学习路径、学习资源推荐、学习跟踪等功能，教师可以根据学生的学习水平、学习兴趣和学习需求，为他们提供个性化的学习支持和指导。学生可以根据自己的学习情况和兴趣进行学习，选择适合自己的学习资源和学习方式，提高学习效率和学习满意度。

多媒体技术在在线教学平台中的具体应用方式包括视频教学、音频教学、图像教学、互动教学和个性化教学等多种形式。通过这些应用方式，可以为学生提供更生动、互动、灵活的学习环境，提高教学效果和学习体验，促进中文教学的不断发展和创新。

第四章　中文专业学生语言技能培养

第一节　听力技能培养

一、中文听力技能研究的重要性

（一）听力是语言交流的基础

听力是语言交流的基础，在中文学习中具有极其重要的地位。无论是日常生活中的交流，还是学术研究或商务活动，都离不开良好的听力技能。下面将探讨中文听力技能的重要性以及其在语言学习和实际应用中的作用。

中文听力技能对语言学习至关重要。通过听力训练，学习者可以熟悉中文的语音、语调和语速，提高对中文的感知和理解能力。通过反复听取中文口语材料，学习者可以逐渐习惯中文的语音体系，培养准确辨认和正确发音的能力。因此，良好的中文听力技能是学习中文的基础，为学习者后续的口语、阅读和写作能力打下坚实的基础。

中文听力技能在语言交流中发挥着至关重要的作用。无论是面对面的对话，还是电话交流或视频会议，都需要良好的听力技能才能准确理解对方的意思并做出恰当的回应。在交流过程中，中文听力技能不仅可以帮助学习者更好地理解他人的意图和表达方式，还可以提高他们的交际效率和沟通能力，从而更好地融入中文社会生活和工作环境。

中文听力技能对提高学生学习的积极性和主动性也有着重要的促进作用。通过听取丰富多样的中文听力材料，如新闻、电台节目、电视节目、电影等，学习者不仅可以了解中文社会文化和民生热点，还可以拓展自己的知识面，增强学习的兴趣和动力。良好的中文听力技能可以让学习者更主动地参与到中文学习中去，不断提高自己的语言水平和综合能力。

中文听力技能在跨文化交流和国际交往中也具有重要价值。随着中国在国际舞台上的影响力日益增强，学习中文的人群也日益增多。良好的中文听力技能可以帮助外国人更好地理解中国文化和融入中国社会，促进中外文化的交流和互动。也可以帮助中国人更好地与外国人交流和合作，增进国际友谊和合作关系。

中文听力技能在语言学习和实际应用中都具有极其重要的作用。它不仅是学习中文的基础，也是语言交流的关键技能。良好的中文听力技能可以帮助学习者更好地理解和应用中文，提高交际效率和沟通能力，增强学习的积极性和主动性，促进跨文化交流和国际交往。因此，在中文学习过程中，应该重视中文听力技能的培养和提高，不断加强听力训练，提高听力水平，从而更好地掌握和运用中文语言。

（二）中文听力技能的意义

中文听力技能在语言学习中具有至关重要的意义，它不仅是语言交流的重要组成部分，还是学习和掌握语言的关键能力之一。下面将从多个方面探讨中文听力技能的重要性。

中文听力技能是语言交流的基础。在日常生活中，人们通过听力来获取信息、理解他人的意图和表达以及进行有效的沟通。如果一个人的听力技能不够好，就会影响到他的语言交流能力，导致理解不清、沟通困难等问题。因此，通过培养和提高中文听力技能，可以帮助学习者更加准确、快速地理解别人的语言表达，从而提高他们的语言交流能力和沟通效率。

中文听力技能是语言学习的关键环节。在学习中文的过程中，听力是四项基本语言技能中的重要一环，与阅读、口语和写作相辅相成，共同构建起学生的语言能力。通过听力训练，学生不仅可以积累大量的词汇和语言表达方式，还可以提高自己的语音辨别能力、语法理解能力和语篇理解能力，从而全面提升自己的语言水平。

中文听力技能对于学习者的学习动力和学习兴趣也具有重要的影响。通过听力训练，学生可以接触到丰富多样的语言材料，包括有趣的故事、精彩的演讲、动人的音乐等，从而激发他们的学习兴趣和学习动力。相比于单调的书面材料，听力材料更具有生动性和吸引力，能够更好地吸引学生的注意力，增加他们的学习动力，提高学习效率。

中文听力技能还对学习者的跨文化交际能力和社会适应能力具有重要意义。通过听力训练，学生可以了解到不同地区、不同民族和不同文化背景下的语言使用习惯和交流方式，从而增加他们的跨文化交际能力和社会适应能力。在今天的全球化时代，这种跨文化交际能力和社会适应能力对于学生未来的发展至关重要，可以帮助他们更好地适应多元化的社会环境和不同文化背景下的工作和生活。

中文听力技能还对学生的学习成就和未来的职业发展具有重要影响。在学习过程中，听力是学生获取知识的重要途径之一，通过听力训练，学生可以更有效地掌握学习内容，提高学习成绩。而在职业发展方面，具备良好的中文听力技能可以为学生未来的就业和职业发展打下良好的基础，因为在许多职业领域中，良好的语言交流能力和听力技能是必备的素质。

中文听力技能在语言学习中具有不可替代的重要性。它不仅是语言交流的基础，是语言学习的关键环节，还可以提高学习动力和学习兴趣，增强跨文化交际能力和社会适应能力，以及促进学生的学习成就和未来的职业发展。因此，在中文教学中，应该重视中文听力技能的培养和提高，为学生提供丰富多样的听力训练材料和有效的听力训练方法，以帮助他们全面提升自己的语言能力和综合素质。

二、中文听力技能培养的方法

（一）多听多练

培养中文听力技能是学习中文的重要组成部分之一，而多听多练是提高中文听力技能的有效方法之一。通过不断地听取各种形式的中文听力材料，并进行大量的听力练习，学生可以逐步提高听力水平，以下将探讨具体的培养方法。

一种有效的方法是选择合适的听力材料。学生可以根据自己的学习水平和学习目标，选择适合自己的听力材料。例如，初学者可以选择一些简单易懂的听力材料，如简短的对话、语速较慢的音频资料；而高级学生可以选择一些语速较快、内容较复杂的听力材料，如新闻报道、访谈节目等。选择合适的听力材料能够提高学习效果，增强学生的学习兴趣。

另一种方法是多样化的听力练习。学生可以通过多种形式的听力练习，如听力填空、听力选择、听力转述、听力理解等，锻炼自己的听力技能。例如，可以选择一些专门设计的听力练习题目，通过反复练习，逐步提高自己的听力水平。还可以利用多媒体技术，听取不同形式的中文听力材料，如音频、视频、广播节目等，丰富听力练习的内容和形式。

多听多练中还应该注重系统化和有计划性。学生可以制订听力学习计划，明确学习目标和学习任务，合理安排听力练习时间和频次。例如，可以每天安排一定时间进行听力练习，分阶段、分类型地进行听力训练，循序渐进地提高听力水平。通过有计划的听力练习，学生可以更加系统地掌握听力技能，提高听力水平。

还可以利用现代技术手段进行听力训练。学生可以通过手机应用、在线课程、多媒体教学平台等方式，进行随时随地的听力练习。例如，可以下载一些中文听力应用程序，选择感兴趣的主题和难度，进行听力练习和评估。通过现代技术手段的应用，学生可以更加便捷地进行听力训练，提高听力水平。

多听多练中还应该注重反馈和总结。学生在进行听力练习的过程中，应该及时总结和反思自己的听力表现，发现问题并加以改进。例如，可以记录每次听力练习的成绩和感受，分析自己的听力弱点和问题所在，制订具有针对性的听力训练计划。通过反馈和总结，学生可以不断完善自己的听力技能，提高听力水平。

多听多练是提高中文听力技能的有效方法，包括选择合适的听力材料、多样化的听力练习、系统化和有计划性的听力训练、利用现代技术手段进行听力练习，以及注重反馈和总结等。只有通过持续不断的听力练习，学生才能逐步提高听力水平，更好地理解和运用中文。

（二）多样化听力练习

1. 日常对话

日常对话是培养中文听力技能的重要途径之一。通过日常对话，学习者可以接触到真实的语言环境，了解人们在日常生活中的交流方式和用语习惯，从而提高自己的中文听力水平。下面将介绍一些在日常对话中培养中文听力技能的方法。

积极参与日常对话是提高中文听力技能的关键。学习者可以利用各种机会参与到日常对话中去，如与家人、朋友、同事或同学的交流，与外国人的交流，甚至是与陌生人的交流。通过参与对话，学习者可以接触到不同的语言环境和语言风格，熟悉各种口语表达方式和交际技巧，提高自己的听力理解能力和口语表达能力。

经常听取日常对话的录音或播客也是提高中文听力技能的有效方法之一。学习者可以收集各种日常对话的录音或播客资源，如生活中的对话片段、广播节目、访谈节目等，然后反复听取并模仿其中的语音、语调和语速。通过听取录音或播客，学习者可以锻炼自己的听觉神经，提高对中文语音的感知和理解能力，从而提高自己的中文听力水平。

利用社交媒体平台参与日常对话也是提高中文听力技能的有效途径之一。学习者可以利用微信、微博、QQ等社交媒体平台，参与到各种语言交流群或讨论组中去，与其他学习者或母语者进行交流和互动。通过社交媒体平台，学习者可以接触到丰富多样的日常对话内容，了解不同人群之间的交流方式和用语习惯，提高自己的中文听力水平。

利用多媒体资源学习日常对话也是提高中文听力技能的有效方法之一。学习者可以利用各种多媒体资源，如电视节目、电影、网上视频等，收集生活中的日常对话片段，然后反复观看和听取。通过观看和听取多媒体资源，学习者可以模仿其中的语音、语调和语速，提高自己的听力理解能力和口语表达能力，从而提高中文听力水平。

定期进行听力训练和测试也是提高中文听力技能的重要方法之一。学习者可以利用各种听力训练软件、教材或在线资源，进行听力练习和测试。通过定期进行听力训练和测试，学习者可以不断提高自己的听力水平，发现和纠正听力中的问题和不足，从而逐步提高自己的中文听力技能。

通过积极参与日常对话、经常听取日常对话的录音或播客、利用社交媒体平台参与日常对话、利用多媒体资源学习日常对话，以及定期进行听力训练和测试等方法，可以有效地提高中文听力技能，为学习者掌握和运用中文语言打下坚实的基础。在日常生活中，学习者应该多加利用各种机会进行听力训练，不断提高自己的中文听力水平，从而更好地融入中文社会生活和工作环境。

2. 互动式学习

互动式学习是一种有效的学习方法，对于中文听力技能的培养尤为重要。通过互动式学习，学生不仅可以积极参与学习过程，还可以与教师和同学进行互动，从而更好地理解和掌握中文听力技能。下面将介绍一些常见的互动式学习方法，以及它们在中文听力技能培养中的应用。

语音对话是一种常见的互动式学习方法，对于中文听力技能的培养尤为重要。通过语音对话，学生可以模仿和练习中文口语表达，提高自己的语音准确性和流利度。教师可以设计一些情景对话或角色扮演活动，让学生在实际情境中进行语音对话，提高他们的语言运用能力和沟通能力。教师还可以通过语音对话来检验学生的听力理解能力，让学生通过听力理解他人的语言表达，并进行适当的回答和反馈。

听力训练是中文听力技能培养的重要环节之一。通过听力训练，学生可以提高自己的听力理解能力和语言表达能力。教师可以为学生提供丰富多样的听力材料，包括录音、视频、广播节目等，让学生通过听力训练来感知和理解中文语言的语音、语调和语速等特点。教师还可以设计一些听力理解任务，让学生通过听力材料来回答问题、做笔记、写摘要等，从而提高他们的听力理解能力和语言表达能力。

听力游戏是一种生动有趣的互动式学习方法，可以激发学生的学习兴趣和参与度。教师可以设计一些听力游戏，如听力竞赛、听力抢答、听力填空等，让学生在轻松愉快的氛围中进行听力训练，增强他们的学习动力和学习效果。通过听力游戏，学生不仅可以巩固和加深对中文听力知识的理解，还可以培养他们的团队合作意识和竞争意识，提高他们的学习积极性和参与度。

多媒体技术在中文听力技能培养中的应用也是一种有效的互动式学习方法。通过多媒体技术，教师可以为学生提供丰富多样的听力材料，包括视频、音频、图像等形式，让学生通过视觉和听觉的双重感知来感知和理解中文语言的特点。教师还可以利用多媒体技术设计一些交互式听力训练活动，如听力测验、听力答题、听力跟读等，让学生通过与多媒体材料的互动来提高自己的听力理解能力和语言表达能力。

语言角是一种常见的互动式学习环境，对于中文听力技能的培养也具有一定的意义。在语言角中，学生可以自由交流和互动，分享自己的学习经验和感受，从而提高自己的语言表达能力和听力理解能力。教师可以组织学生参加语言角活动，让他们在轻松自由的氛围中进行听力训练和语言交流，增强他们的语言学习动力和自信心，提高他们的中文听力技能和口语表达能力。

互动式学习是一种有效的学习方法，对于中文听力技能的培养具有重要意义。通过语音对话、听力训练、听力游戏、多媒体技术和语言角等互动式学习方法的应用，可以激发学生的学习兴趣和参与度，提高他们的听力理解能力和语言表达能力，从而更好地掌握中文听力技能。

第二节 口语技能培养

一、中文口语技能培养的方法

（一）听力口语结合

听力口语结合是提高中文口语技能的有效方法之一，通过结合听力和口语训练，学生可以更加全面地提高自己的口语表达能力，以下将探讨具体的培养方法。

一种有效的方法是模仿和跟读。学生可以通过听取标准的中文口语材料，如录音、视频等，模仿其中的语音、语调、节奏等要素，并进行跟读练习。通过模仿和跟读，学生可以提高自己的语音准确性和语调流利度，增强口语表达能力。学生还可以通过模仿他人的口语表达方式，丰富自己的口语表达技巧，提高口语表达的灵活性和多样性。

另一种方法是听说训练。学生可以选择一些专门设计的听说训练材料，如口语练习册、口语教程等，通过听取对话、情景演练等形式的听说练习，提高自己的听说能力。在听说训练过程中，学生可以通过模仿对话、参与情景对话等方式，培养自己的口语表达能力，增强自信心和表达能力。

多媒体技术在听力口语结合中发挥着重要作用。学生可以利用多媒体教学平台、在线课程、手机应用等技术手段，进行听说训练和口语练习。例如，可以利用多媒体教学平台上的口语教学视频、听力材料等资源，进行听说训练和口语练习。通过多媒体技术的应用，学生可以随时随地进行口语练习，提高口语表达能力。

口语对话练习也是提高口语技能的重要方法之一。学生可以选择与同学、老师或语伴进行口语对话练习，通过实践和互动，提高口语表达能力。在口语对话练习中，学生可以选择不同的话题和情景，进行角色扮演、情景模拟等活动，丰富口语练习的内容和形式，提高口语表达的流利度和地道性。

反馈和评估也是提高口语技能的重要环节。学生在进行口语训练和练习的过程中，应该及时接受他人的反馈和评估，发现问题并加以改进。例如，可以请老师或同学对自己的口语表达进行评价，指出问题和提出改进建议。通过反馈和评估，学生可以及时发现和纠正口语表达中的不足，提高口语表达能力。

听力口语结合是提高中文口语技能的有效方法，包括模仿和跟读、听说训练、多媒体技术的应用、口语对话练习以及反馈和评估等多种形式。只有通过持续不断的听力口语结合训练，学生才能提高口语表达能力，更好地应对各种口语交流场合。

（二）针对性练习

1. 主题练习

主题练习是提高中文口语技能的有效方法之一。通过针对特定主题进行口语练习，学习者可以系统地扩展词汇量、提高口语表达能力，同时增强语言应用的自信心。下面将介绍一些主题练习的方法，帮助学习者有效提高中文口语技能。

选择适合自己水平和兴趣的主题进行口语练习是非常重要的。学习者可以根据自己的兴趣爱好、学习目标和实际需求，选择不同主题进行口语练习，如日常生活、学习工作、旅行体验、文化交流等。选择适合自己的主题，可以让学习者更加感兴趣和投入，提高口语练习的效果和积极性。

通过积累相关词汇和表达方式，准备口语练习所需的材料和内容。学习者可以通过阅读书籍、听取广播节目、观看电视节目等途径，积累与所选主题相关的词汇和表达方式。还可以利用网络资源、手机应用等工具，收集相关的口语素材和例句，以备口语练习时参考和运用。

选择合适的口语练习形式和场景也是提高口语技能的关键。学习者可以通过模拟对话、角色扮演、辩论演练等形式进行口语练习，以提高口语表达能力和应对能力。还可以选择不同的口语练习场景，如语言交流会、口语角、实践活动等，与其他学习者或母语者进行口语交流和互动，提高口语表达能力和交际能力。

定期进行口语练习和评估也是提高口语技能的有效方法之一。学习者可以利用各种口语练习软件、教材或在线资源，进行口语练习和测试。通过定期进行口语练习和评估，学习者可以发现和纠正口语中的问题和不足，逐步提高自己的口语表达能力和流利度。

与口语练习相关的反馈和建议也是提高口语技能的重要途径之一。学习者可以与教师、同学、朋友或语言交流伙伴进行口语练习，并及时收集他们的反馈和建议。通过倾听他人的意见和建议，学习者可以了解自己口语表达中存在的问题和不足，并加以改进和提高，从而不断完善自己的口语技能。

通过选择适合自己水平和兴趣的主题进行口语练习，积累相关词汇和表达方式，选择合适的口语练习形式和场景，定期进行口语练习和评估，以及与他人的反馈和建议相结合，可以有效提高中文口语技能，提高口语表达能力和流利度。在口语练习过程中，学习者应该保持耐心和毅力，不断积累经验和改进方法，从而更好地掌握和运用中文口语。

2. 角色扮演

角色扮演是一种有效的学习方法，对于中文口语技能的培养具有重要意义。通过角色扮演，学生可以模拟真实情境，尝试不同的语言表达方式，提高自己的口语表达能力和沟通能力。下面将介绍一些常见的角色扮演方法，以及它们在中文口语技能培养中的应用。

情景对话是一种常见的角色扮演方法，适用于中文口语技能的培养。教师可以设计一些生活化的情景对话，如购物、订餐、问路、约会等，让学生在模拟情景中进行口语表达，提高他们的口语应对能力和语言表达能力。通过情景对话，学生不仅可以巩固和加深对日常用语的理解，还可以培养他们的语言应变能力和沟通技巧，提高他们的语言交际能力和社会适应能力。

角色扮演游戏是一种生动有趣的角色扮演方法，可以激发学生的学习兴趣和参与度。教师可以设计一些角色扮演游戏，如戏剧表演、角色扮演比赛等，让学生扮演不同的角色，进行口语表达和演讲，从而提高他们的口语表达能力和语言运用能力。通过角色扮演游戏，学生不仅可以锻炼自己的语言表达能力和演讲技巧，还可以培养他们的团队合作意识和表达能力，提高他们的自信心和社交能力。

角色扮演演讲是一种有针对性的角色扮演方法，可以帮助学生提高口语表达能力和演讲技巧。教师可以为学生设计一些主题演讲，如《我的家乡》《我的梦想》《我的偶像》等，让他们扮演演讲者的角色，进行口头表达和演讲，从而提高他们的口语表达能力和演讲技巧。通过角色扮演演讲，学生不仅可以锻炼自己的口语表达能力和逻辑思维能力，还可以提高他们的自信心和表达能力，从而更好地应对各种口语交流场合。

角色扮演讨论是一种有益的角色扮演方法，可以促进学生之间的交流和合作。教师可以设计一些讨论话题，如社会热点、文化差异、环境问题等，让学生扮演讨论者的角色，进行口头表达和辩论，从而提高他们的口语表达能力和辩论技巧。通过角色扮演讨论，学生不仅可以锻炼自己的口语表达能力和思维逻辑能力，还可以培养他们的团队合作意识和批判性思维能力，提高他们的综合素养和社会适应能力。

角色扮演演习是一种有效的口语训练方法，可以帮助学生提高口语表达能力和语言应变能力。教师可以设计一些口语练习题，如口语口试、口语模拟考试等，让学生扮演考生的角色，进行口头表达和应试训练，从而提高他们的口语应对能力和应试技巧。通过角色扮演演习，学生不仅可以熟悉口语考试的考试内容和考试要求，还可以提高自己的口语表达能力和应试技巧，从而更好地备战口语考试，取得优异的成绩。

角色扮演是一种有效的学习方法，对于中文口语技能的培养具有重要意义。通过情景对话、角色扮演游戏、角色扮演演讲、角色扮演讨论和角色扮演演习等角色扮演方法的应用，可以帮助学生提高口语表达能力和语言运用能力，提高他们的语言交际能力和社会适应能力，从而更好地掌握中文口语技能。

二、中文口语技能培养的策略

（一）积极参与口语活动

积极参与口语活动是提高中文口语技能的重要策略之一。通过参与各种口语活动，学生可以增加口语表达的机会，提高口语流利度和表达能力，以下将探讨具体的培养策略。

一种有效的策略是参加口语俱乐部和社团活动。学生可以加入学校或社区内的口语俱乐部、语言交流社团等组织，参与各种口语交流活动，如口语角、主题讨论、情景表演等。通过参加口语俱乐部和社团活动，学生可以与其他口语爱好者交流互动，分享学习经验，提高口语表达能力。

另一种策略是参加口语比赛和演讲活动。学生可以积极参加学校或社区组织的口语比赛、演讲比赛等活动，展示自己的口语表达能力，提高口语自信心和演讲技巧。通过参加口语比赛和演讲活动，学生可以接触到不同类型的口语表达形式，锻炼自己的口语表达能力，提高自己的竞争力和综合素质。

积极参与课堂讨论和小组活动也是提高口语技能的重要途径。学生可以在课堂上积极发言、参与讨论，与老师和同学进行互动交流，提高口语表达能力。在小组活动中，学生可以与同学共同合作、讨论问题，互相帮助、互相学习，提高口语交流能力和团队合作能力。

利用现代技术手段进行口语练习也是一种有效的策略。学生可以利用手机应用、在线语音平台等技术手段，进行口语练习和自我评估。例如，可以使用语音识别软件进行口语录音和评估，了解自己的口语表达水平，发现问题并加以改进。通过现代技术手段的应用，学生可以随时随地进行口语练习，提高口语表达能力。

积极参与语言交流活动和文化体验活动也是提高口语技能的有效途径。学生可以参加中文角、语言交换会、文化沙龙等活动，与母语人士或其他中文学习者进行交流，提高口语交流能力。在文化体验活动中，学生可以体验中国传统文化、参观博物馆、观看电影等，扩大自己的语言和文化视野，丰富口语表达内容。

加强自主学习和反思也是提高口语技能的重要方法。学生可以通过听取中文广播、观看中文电视节目、阅读中文书籍等方式，积累语言知识和丰富口语表达内容。在口语活动中，学生应该及时总结和反思自己的口语表达，发现问题并加以改进。通过不断地自主学习和反思，学生可以提高口语表达能力，不断完善自己的口语技能。

积极参与口语活动是提高中文口语技能的有效策略，包括参加口语俱乐部和社团活动、参加口语比赛和演讲活动、参与课堂讨论和小组活动、利用现代技术手段进行口语练习、参与语言交流活动和文化体验活动，以及加强自主学习和反思等多种形式。只有通过持续不断地积极参与口语活动，学生才能提高口语表达能力，更好地运用中文进行交流和沟通。

（二）自我纠正与反馈

自我纠正与反馈是提高中文口语技能的重要策略之一。通过及时发现并纠正口语表达中的错误和不足，以及借助他人的反馈和建议进行改进，可以有效提高口语表达能力和流利度。下面将介绍一些自我纠正与反馈的策略，帮助学习者有效提高中文口语技能。

学习者可以通过录音或录像自我纠正口语表达中的错误和不足。在口语练习或实际交流中，学习者可以利用录音设备或手机录像功能录制自己的口语表达，然后仔细听取或观看录音或录像，发现其中存在的语法错误、发音不准确或语速过快等问题，并及时进行自我纠正。通过反复练习和自我纠正，学习者可以逐步提高自己的口语表达能力和流利度。

学习者可以利用口语练习软件或在线平台进行自我纠正和反馈。现在市面上有许多针对口语练习的应用程序和在线平台，它们提供了各种口语练习和评估功能，如语音识别、口语评分等。学习者可以利用这些工具进行口语练习，并根据系统的评估结果进行自我纠正和改进，以提高口语表达能力和流利度。

学习者还可以利用口语练习软件或在线平台进行口语模拟和对话练习。这些软件或平台通常提供了丰富多样的口语练习题目和对话场景，学习者可以选择适合自己的练习内容进行口语模拟和对话练习。通过模拟对话和角色扮演，学习者可以更好地锻炼口语表达能力和应对能力，并及时发现并纠正口语表达中的问题和不足。

学习者还可以利用口语交流群或语言交流伙伴进行口语练习和反馈。在社交媒体平台或在线社区中，有许多针对中文学习者的口语交流群或语言交流伙伴，学习者可以加入这些群组或与其他学习者进行语言交流和互动。通过与他人的口语交流，学习者可以不断提高自己的口语表达能力和流利度，并及时获得他人的反馈和建议，帮助自己发现并纠正口语表达中的问题和不足。

学习者还可以利用口语课程或口语培训班进行系统的口语训练和反馈。在学校、语言培训机构或在线教育平台上，有许多针对口语训练的课程和培训班，它们提供了系统的口语训练和反馈机制，帮助学习者提高口语表达能力和流利度。通过参加口语课程或口语培训班，学习者可以接受专业的指导和评估，及时发现并纠正口语表达中的问题和不足，从而提高口语技能水平。

通过录音或录像自我纠正、利用口语练习软件或在线平台进行自我纠正和反馈、利用口语交流群或语言交流伙伴进行口语练习和反馈，以及参加口语课程或口语培训班进行系统的口语训练和反馈等方法，可以有效提高中文口语技能，帮助学习者更好地掌握和运用中文口语。在口语练习和反馈过程中，学习者应该保持耐心和毅力，不断积累经验和改进方法，从而提高口语技能水平。

第三节　阅读技能培养

一、中文阅读技能培养的方法

(一) 词汇积累与识字训练

词汇积累与识字训练是中文阅读技能培养中至关重要的环节。通过有效的词汇积累和识字训练，学生可以扩大词汇量，提高阅读速度和理解能力，从而更好地掌握中文阅读技能。下面将介绍一些常见的方法，以及它们在中文阅读技能培养中的应用。

词汇积累是中文阅读技能培养的基础。教师可以通过词汇表、词汇卡片、词汇本等形式，为学生提供丰富多样的词汇材料，让他们逐步积累和掌握大量的中文词汇。教师还可以设计一些词汇学习任务，如词义理解、词语搭配、词语拼写等，让学生通过不同形式的词汇学习来巩固和加深对词汇的理解，提高他们的词汇运用能力和阅读理解能力。

识字训练是中文阅读技能培养的重要环节。教师可以通过拼音、偏旁部首、字形结构等方式，教授学生如何正确识字和拼读中文文字。教师还可以设计一些字词拆分、字词组合、字词辨析等训练任务，让学生通过识字训练来提高他们的字词辨析能力和语言分析能力，从而更好地应对阅读中的生字和生词。

词汇扩展是中文阅读技能培养的重要内容之一。教师可以通过阅读课文、文学作品、新闻报道等不同类型的文本，为学生提供丰富多样的词汇积累机会，让他们从阅读中学习新词汇、短语和惯用语。教师还可以设计一些词汇拓展任务，如词义猜测、词语衍生、词语联想等，让学生通过阅读来拓展和丰富自己的词汇量，提高他们的词汇运用能力和阅读理解能力。

词语辨析是中文阅读技能培养中的重要环节之一。教师可以通过阅读材料中的同义词、近义词、反义词等语言现象，设计一些词语辨析任务，让学生通过阅读来理解和区分不同词语的含义、用法和语境，从而提高他们的语言敏感性和语境理解能力。通过词语辨析的训练，学生不仅可以丰富自己的词汇量，还可以提高他们的语言表达能力和阅读理解能力，更好地应对阅读中的语言难题和理解问题。

阅读策略是中文阅读技能培养的重要内容之一。教师可以通过指导学生掌握一些有效的阅读策略，如预读、略读、精读、复读等，让他们在阅读过程中有针对性地进行阅读，提高阅读效率和阅读理解能力。教师还可以引导学生学会使用词典、工具书、语境线索等辅助工具，帮助他们解决阅读中遇到的生词、难句和理解难题，提高他们的自主学习能力和解决问题能力。

词汇积累与识字训练是中文阅读技能培养中的重要环节，通过有效的词汇积累、识字训练、词汇扩展、词语辨析和阅读策略的培养，可以帮助学生提高词汇量，提高阅读速度和理解能力，从而使其更好地掌握中文阅读技能。因此，在中文阅读教学中，应该重视词汇积累与识字训练的教学，为学生提供丰富多样的学习资源和有效的学习方法，以帮助他们全面提升自己的阅读水平和能力。

（二）提高阅读速度和理解能力

提高阅读速度和理解能力对于学习和工作都至关重要。下面将介绍一些培养中文阅读技能的方法，帮助您提高阅读效率和理解能力。

建议采用"快速阅读"技巧。这种方法强调快速浏览文章，抓住关键信息，而不是逐字逐句地阅读。通过快速阅读，学生可以在更短的时间内完成阅读任务，并且更容易捕捉到文章的主要思想。

尝试进行"扫读"。这种技巧是在快速阅读的基础上更进一步，通过扫视段落首句、结尾句以及关键词，迅速了解文章的框架和主旨。通过扫读，学生可以快速了解文章的结构和逻辑，有助于提高整体的理解能力。

利用"预览"技巧也能够有效提高阅读效率。在阅读文章之前，先浏览标题、副标题、图表、图像等信息，了解文章的主题和大意。预览可以帮助学生在阅读过程中有针对性地寻找关键信息，提高阅读的目的性和效率。

积极扩展词汇量也是提高阅读能力的重要途径。通过阅读不同类型的文章，接触不同领域的知识，不断积累新词汇，可以提高对文章的理解能力，并丰富自己的语言表达能力。

培养良好的阅读习惯也是提高阅读能力的关键。比如，定期阅读，保持持续性的阅读习惯；注重阅读质量，选择高质量的阅读材料进行阅读。并且要有耐心，不断坚持，逐步提升阅读速度和理解能力。

多加练习也是提高阅读能力的有效方法。通过不断地阅读和练习，逐渐培养阅读的技巧和感觉，提高阅读速度和理解能力。可以选择一些阅读训练的材料，进行有针对性的练习，以达到更好的效果。

提高中文阅读速度和理解能力需要采用多种方法，并且需要持之以恒地进行练习和培养。通过不断的学习和积累，相信学生的阅读能力将会不断提高，为学习和工作带来更大的帮助。

1. 多读中文材料

提高中文阅读技能是学习中文的关键一步，而多读中文材料是提高阅读技能的重要方法之一。通过大量的阅读，学生可以扩大词汇量，提高阅读速度和理解能力，以下将探讨具体的培养方法。

一种有效的方法是选择合适的阅读材料。学生可以根据自己的兴趣和水平，选择适合自己的中文阅读材料。例如，初学者可以选择一些简单易懂的中文读物，如儿童故事书、简易读物等；而高级学生可以选择一些内容丰富、语言较难的中文书籍，如小说、报纸杂志等。选择合适的阅读材料能够提高学习效果，增强学生的阅读兴趣。

另一种方法是多样化的阅读练习。学生可以通过多种形式的阅读练习，如阅读理解、速读训练、泛读与精读等，提高自己的阅读技能。例如，可以选择一些专门设计的阅读练习题目，进行阅读理解和分析，加深对文章内容的理解和把握；还可以进行速读训练，提高阅读速度和阅读效率。通过多样化的阅读练习，学生可以全面提高自己的阅读技能。

多媒体技术在中文阅读技能培养中发挥着重要作用。学生可以利用多媒体教学平台、在线课程、电子书籍等技术手段，进行中文阅读练习和学习。例如，可以利用多媒体教学平台上的中文阅读资料、电子书籍等资源，进行泛读和精读练习，提高阅读理解能力和词汇量。通过多媒体技术的应用，学生可以随时随地进行中文阅读练习，提高阅读技能。

阅读速度的训练也是提高中文阅读技能的重要方法之一。学生可以通过阅读速度练习软件、计时阅读等方式，提高自己的阅读速度和阅读效率。例如，可以利用阅读速度练习软件进行词汇、短语、句子的快速阅读训练，提高阅读速度和理解能力。通过阅读速度的训练，学生可以在有限的时间内阅读更多的中文材料，提高阅读效率。

加强阅读技巧的培养也是提高中文阅读技能的重要途径。学生可以学习一些阅读技巧，如预读、略读、精读、归纳总结等，提高自己的阅读效果。例如，可以在阅读前先预读文章的标题、目录、段落标题等，了解文章的主题和结构；在阅读过程中可以进行略读和精读，快速获取文章的主要信息和重点内容。通过加强阅读技巧的培养，学生可以更加有效地掌握中文阅读技能。

加强自主学习和反思也是提高中文阅读技能的重要方法之一。学生可以通过阅读中文书籍、报纸杂志、网络文章等方式，进行自主学习和积累，扩大阅读视野。在阅读过程中，学生应该及时总结和反思自己的阅读经验，发现问题并加以改进。通过持续不断地自主学习和反思，学生可以提高自己的中文阅读技能，不断提升阅读水平。

2. 训练阅读技巧

训练阅读技巧是提高中文阅读技能的关键，通过科学有效的方法进行阅读训练，可以帮助学习者提高阅读速度、提高理解能力和扩展词汇量。下面将介绍一些中文阅读技能培养的方法，帮助学习者有效提高阅读水平。

建立良好的阅读习惯是提高阅读技能的基础。学习者应该养成每天定时阅读的习惯，选择适合自己水平和兴趣的中文阅读材料，如报纸、杂志、小说、散文等，每天坚持阅读一定的篇章或章节。通过定期的阅读练习，学习者可以逐渐提高阅读速度和理解能力，积累丰富的词汇和表达方式。

利用多种阅读技巧和策略进行阅读训练。学习者可以尝试不同的阅读技巧和策略，如快速浏览、略读、精读、逐句阅读、逐段阅读、归纳总结等，根据阅读材料的不同选择合适的阅读方式。通过灵活运用多种阅读技巧和策略，学习者可以提高阅读效率和阅读理解能力，更好地掌握和理解阅读材料的内容。

积累相关背景知识和语言素材是提高阅读技能的重要手段之一。学习者在阅读前可以先了解阅读材料的背景信息和主题内容，查找相关的背景知识和语言素材，如生词、短语、常用句型等。通过积累相关背景知识和语言素材，学习者可以更好地理解和运用阅读材料的内容，提高阅读的准确性和流畅度。

注重阅读中的语言输入和输出是提高阅读技能的有效途径之一。学习者在阅读过程中应该不断输入新的语言信息，如新词汇、新短语、新句型等，同时也应该注重输出自己的语言表达，如总结归纳、复述内容、写作摘要等。通过不断输入和输出语言信息，学习者可以巩固和强化所学的语言知识，提高阅读的理解能力和表达能力。

利用各种辅助工具和资源进行阅读训练也是提高阅读技能的重要手段之一。学习者可以利用电子书、在线词典、阅读软件等工具和资源，辅助阅读训练。例如，学习者可以利用电子书的搜索功能查找生词的释义和例句，利用在线词典查找生词的发音和用法，利用阅读软件进行阅读速度和理解能力的评估等。通过灵活运用各种辅助工具和资源，学习者可以更加高效地进行阅读训练，提高阅读技能水平。

建立良好的阅读习惯、运用多种阅读技巧和策略、积累相关背景知识和语言素材、注重阅读中的语言输入和输出，以及利用各种辅助工具和资源进行阅读训练等方法，可以有效提高中文阅读技能，帮助学习者更好地掌握和运用中文语言。在阅读训练过程中，学习者应该保持耐心和毅力，不断积累经验和改进方法，从而提高阅读技能水平。

二、中文阅读技能培养的策略

（一）建立良好的阅读习惯

建立良好的阅读习惯是中文阅读技能培养中至关重要的一环。良好的阅读习惯不仅可以提高阅读效率和阅读理解能力，还可以拓展知识面，丰富人生体验。下面将介绍一些有效的策略，帮助学生建立良好的阅读习惯。

培养阅读兴趣是建立良好阅读习惯的关键。教师可以通过引导学生阅读感兴趣的书籍、文章、故事等，激发他们的阅读兴趣。还可以组织一些阅读推广活动，如阅读分享会、阅读沙龙等，让学生在轻松愉快的氛围中享受阅读的乐趣，从而自觉地培养起持续阅读的兴趣和习惯。

制订阅读计划是建立良好阅读习惯的重要手段。教师可以帮助学生制订合理的阅读计划，包括每天、每周或每月的阅读目标和计划安排。学生可以根据自己的时间和兴趣，安排阅读时间和内容，逐步培养起持续阅读的习惯和自觉性。教师还可以为学生提供一些阅读任务和阅读挑战，激励他们不断提高阅读能力和阅读水平。

营造良好的阅读环境也是建立良好阅读习惯的重要条件之一。学校和家庭可以共同努力，为学生营造一个良好的阅读环境，包括提供丰富多样的阅读资源、建立舒适宽敞的阅读场所、创造宁静安逸的阅读氛围等。通过营造良好的阅读环境，可以激发学生的阅读兴趣，增强他们的阅读欲望，从而更好地培养起持续阅读的习惯和自觉性。

建立阅读反馈机制是建立良好阅读习惯的重要保障。教师可以通过阅读笔记、阅读报告、阅读分享等形式，为学生提供阅读反馈和评价，指导他们及时总结和反思阅读体验，及时调整和改进阅读方法，从而不断提高阅读效果和阅读水平。学生还可以互相交流和分享阅读心得，相互激励和督促，共同培养起持续阅读的习惯和自觉性。

建立阅读激励机制是建立良好阅读习惯的重要途径。学校和家庭可以为学生设立一些阅读奖励和激励机制，如阅读证书、阅读奖章、阅读徽章等，鼓励他们通过阅读来提高自己的阅读水平和阅读能力。还可以组织一些阅读比赛和阅读活动，让学生通过竞争和合作来促进彼此的进步和提高，从而更好地培养起持续阅读的习惯和自觉性。

建立良好的阅读习惯是中文阅读技能培养的重要环节，通过培养阅读兴趣、制订阅读计划、营造阅读环境、建立阅读反馈机制和建立阅读激励机制等策略的应用，可以帮助学生建立起持续阅读的习惯和自觉性，提高他们的阅读能力和阅读水平，从而更好地应对学习和生活中的各种阅读挑战和需求。

（二）注重阅读理解与应用

注重阅读理解与应用是提高中文阅读技能的重要策略之一。通过深入理解阅读材料的内容，并将所学知识应用到实际生活中，学生可以更好地掌握中文阅读技能，以下将探讨具体的培养策略。

一种有效的策略是选择适合自己水平和兴趣的阅读材料。学生可以根据自己的阅读水平和兴趣爱好，选择适合自己的中文阅读材料。例如，初学者可以选择一些简单易懂、与生活相关的中文读物，如儿童故事书、简易新闻报道等；而高级学生可以选择一些内容丰富、语言较难的中文书籍，如小说、文学作品、专业论文等。选择适合自己的阅读材料能够提高阅读兴趣和效果。

另一种策略是注重阅读理解和分析能力的培养。学生在阅读过程中，应该注重理解文章的主题、结构和内容，分析作者的观点、论据和态度，加深对文章的理解和把握。例如，可以通过提取关键词、理清文章的逻辑关系、分析文章的主要观点等方式，加深对文章内容的理解和分析。通过注重阅读理解和分析能力的培养，学生可以提高阅读水平和能力。

多媒体技术在中文阅读技能培养中也发挥着重要作用。学生可以利用多媒体教学平台、在线阅读资源等技术手段，进行中文阅读练习和学习。例如，可以利用多媒体教学平台上的中文阅读资料、电子书籍等资源，进行阅读理解和分析练习，提高阅读能力和效果。通过多媒体技术的应用，学生可以随时随地进行中文阅读练习，提高阅读理解能力。

注重阅读材料的应用也是提高中文阅读技能的重要途径之一。学生在阅读过程中，应该将所学知识应用到实际生活中，加深对知识的理解和掌握。例如，可以通过阅读新闻报道、社会评论等文章，了解社会热点、国际时事等信息，并与他人进行讨论和交流；还可以通过阅读专业书籍、学术论文等材料，扩大知识面，提高专业水平。通过注重阅读材料的应用，学生可以更好地掌握所学知识，提高综合素质。

加强自主学习和反思也是提高中文阅读技能的重要方法之一。学生可以通过阅读中文书籍、报纸杂志、网络文章等方式，进行自主学习和积累，扩大阅读视野。在阅读过程中，学生应该及时总结和反思自己的阅读经验，发现问题并加以改进。通过持续不断地自主学习和反思，学生可以提高自己的中文阅读技能，不断提升阅读水平。

注重阅读理解与应用是提高中文阅读技能的重要策略，包括选择适合自己的阅读材料、注重阅读理解和分析能力的培养、多媒体技术的应用、注重阅读材料的应用，以及加强自主学习和反思等多种形式。只有通过持续不断地注重阅读理解与应用，学生才能提高自己的阅读水平，更好地掌握中文阅读技能。

第四节　写作技能培养

一、中文写作技能培养的方法

（一）提升写作表达能力

提升写作表达能力是中文学习者追求的目标之一，通过科学有效的方法进行写作训练，可以帮助学习者提高文字表达能力、扩展词汇量和提升写作水平。下面将介绍一些中文写作技能培养的方法，帮助学习者有效提升写作表达能力。

积累丰富的词汇和表达方式是提高写作表达能力的基础。学习者应该注重积累并掌握各种常用词汇、短语和句型，扩展自己的词汇量和表达能力。通过阅读书籍、报纸、杂志、文章等中文资料，学习者可以积累丰富的语言素材，并学会灵活运用各种词汇和表达方式进行写作，从而提高写作的准确性和丰富性。

注重写作中的逻辑和结构是提高写作表达能力的关键。学习者在进行写作训练时应该注重文章的逻辑性和结构性，合理安排文章的开头、发展和结尾，确保文章思路清晰、条理清楚。通过分析各种不同类型的文章，学习者可以掌握不同类型文章的写作结构和特点，从而提高写作的组织能力和逻辑思维能力。

注重写作中的细节和语言运用也是提高写作表达能力的重要手段。学习者在进行写作训练时应该注重语言的精准度和准确性，注意选择恰当的词汇和表达方式，避免使用模糊、含糊或不准确的语言表达。还应该注重细节的处理，如语法、标点、书写等方面的正确使用，确保文章的语言规范和通顺流畅。

多练习不同类型的写作题材和文体也是提高写作表达能力的有效方法之一。学习者可以选择不同类型的写作题材和文体进行写作练习，如议论文、说明文、记叙文、作文等，从而拓展自己的写作视野和风格。通过不断练习不同类型的写作题材和文体，学习者可以提高自己的写作能力和表达水平，丰富自己的写作经验和技巧。

定期进行写作训练和反馈也是提高写作表达能力的重要途径之一。学习者可以参加写作培训课程、写作训练班或写作社交平台，与其他学习者或专业写作人员进行交流和互动，互相学习和分享写作经验和技巧。还可以定期向老师、同学、朋友或专业写作人员寻求反馈和建议，及时发现并纠正自己写作中的问题和不足，从而不断提高写作表达能力和水平。

通过积累丰富的词汇和表达方式、注重写作中的逻辑和结构、注重写作中的细节和语言运用、多练习不同类型的写作题材和文体，以及定期进行写作训练和反馈等方法，可以有效提高中文写作表达能力，帮助学习者更好地掌握和运用中文语言。在写作训练过程中，学习者应该保持耐心和毅力，不断积累经验和改进方法，从而提高写作技能水平。

（二）加强语言积累与运用

加强语言积累与运用对于中文写作技能的培养至关重要。通过丰富的语言积累和有效的语言运用，学生可以提高自己的语言表达能力和写作水平。下面将介绍一些有效的方法，帮助学生加强语言积累与运用，提升中文写作技能。

阅读是加强语言积累与运用的重要途径之一。教师可以引导学生广泛阅读各类文学作品、报纸杂志、网络文章等，通过阅读来积累丰富的词汇和语言表达方式。教师还可以组织学生进行文学欣赏和文学解析，让他们深入理解和体味优秀的语言表达，从而提高他们的语言感知能力和写作灵感。

词汇扩展是加强语言积累与运用的重要内容之一。教师可以通过词汇学习和词汇拓展任务，为学生提供丰富多样的词汇积累机会，让他们从阅读和学习中学习新词汇、短语和惯用语。教师还可以设计一些词汇拓展活动，如词义猜测、词语衍生、词语联想等，让学生通过实际运用来巩固和加深对词汇的理解和掌握。

语言模仿是加强语言积累与运用的有效手段之一。教师可以引导学生模仿优秀的语言表达和写作风格，学习他人的语言特点和表达技巧。教师还可以组织学生进行语言模仿训练，让他们通过模仿和仿写来提高自己的语言表达能力和写作水平，从而更好地运用语言进行创作和表达。

写作训练是加强语言积累与运用的重要途径之一。教师可以设计各种写作任务和写作练习，如作文写作、日记记录、短文撰写等，让学生通过实际写作来运用所学的语言知识和语言技巧。教师还可以为学生提供写作指导和写作反馈，帮助他们及时总结和反思写作经验，发现和纠正写作中的问题，从而不断提高他们的写作能力和写作水平。

语言交流是加强语言积累与运用的重要方式之一。教师可以组织学生进行语言交流和讨论，让他们在实际交流中运用所学的语言知识和语言技巧。教师还可以设计一些口头表达和口语交流任务，让学生通过口头表达来提高自己的语言运用能力和语言表达能力，从而更好地应对各种语言交流和写作任务。

加强语言积累与运用是提升中文写作技能的重要手段。通过阅读、词汇扩展、语言模仿、写作训练和语言交流等方法的应用，可以帮助学生丰富自己的语言知识和语言技巧，提高他们的语言表达能力和写作水平，从而更好地应对写作任务和语言应用场合，实现语言学习的有效提升和实际应用的成功运用。

二、中文写作技能培养的策略

（一）模仿与创新相结合

在中文写作技能培养中，将模仿与创新相结合是一个非常有效的策略。通过模仿优秀的文学作品，学生可以学习到优秀的写作技巧和表达方式，而通过创新，他们可以发挥自己的想象力和创造力，以下将探讨具体的培养策略。

学生可以通过模仿优秀的文学作品来提高自己的写作技能。他们可以选择一些经典的中文作品，如《红楼梦》《水浒传》等，仔细分析其中的语言运用、情节布局和人物塑造等方面的技巧，并尝试模仿其中的一些表达方式和写作手法。通过模仿优秀作品，学生可以学习到各种不同的写作技巧，丰富自己的写作工具箱。

创新也是培养中文写作技能的重要途径之一。学生可以通过发挥自己的想象力和创造力，创作出具有独特风格和个人特色的作品。例如，他们可以从自己的生活经历和感受出发，写下一些真实而又生动的故事；或者可以尝试写一些短篇小说、诗歌或散文，展示自己的文学才华。通过创新，学生可以培养自己的创作能力，提高写作水平。

结合模仿与创新也是一个有效的策略。学生可以在模仿优秀作品的基础上，加入一些自己的创意和想法，从而形成具有个人特色的作品。例如，他们可以选择一些经典的中文诗歌或散文，然后在其中加入自己的情感和思考，写出一些富有个人色彩的作品。通过结合模仿与创新，学生可以在学习他人经验的基础上，发展出自己的写作风格。

多样化的写作练习也是提高中文写作技能的重要方法之一。学生可以尝试不同类型和形式的写作，如记叙文、议论文、说明文、作文等，从而丰富自己的写作经验和表达能力。例如，他们可以通过写日记、作文练习等方式，不断地提高自己的写作水平，逐步掌握各种不同的写作技巧和表达方式。

积极参与写作讨论和交流活动也是提高中文写作技能的有效途径。学生可以参加写作讨论会、文学社团活动等，与他人分享自己的作品，听取他人的意见和建议，从而不断完善自己的写作技巧和表达能力。通过参与写作讨论和交流活动，学生可以学习到他人的写作经验，拓展自己的写作视野，提高写作水平。

持之以恒地坚持写作也是提高中文写作技能的关键。学生应该养成良好的写作习惯，每天都进行一定量的写作练习，坚持不懈地提高自己的写作水平。只有通过持之以恒地不断练习，学生才能逐步提高自己的写作技能，不断提升写作水平。

将模仿与创新相结合是提高中文写作技能的重要策略，包括模仿优秀作品、创新写作、结合模仿与创新、多样化的写作练习、积极参与写作讨论和交流活动，以及持之以恒地坚持写作等多种形式。只有通过不断地模仿与创新，学生才能提高自己的写作水平，创作出更加优秀的作品。

（二）反馈与修正

反馈与修正是提高中文写作技能的重要策略之一。通过及时获取他人的反馈和建议，并对自己的写作进行修正和改进，可以帮助学习者不断提高写作水平和表达能力。下面将介绍一些中文写作技能培养的策略，重点关注反馈与修正的方法。

学习者可以利用写作社区或写作平台获取他人的反馈和建议。在互联网上有许多专门针对写作的社交平台或在线写作社区，学习者可以在这些平台上发布自己的写作作品，并邀请其他用户对自己的写作进行评价和评论。通过获取他人的反馈和建议，学习者可以了解自己写作中存在的问题和不足，并根据他人的建议进行修正和改进，从而提高写作水平和表达能力。

学习者可以向老师、同学或朋友寻求反馈和建议。在学校、语言培训机构或写作班上，学习者可以将自己的写作作品提交给老师或同学进行评价和指导。学习者还可以邀请朋友或同事对自己的写作进行评价和建议。通过向他人寻求反馈和建议，学习者可以从不同角度了解自己的写作水平和表达能力，并根据他人的意见进行修正和改进。

学习者还可以利用专业写作辅导服务获取专业的反馈和指导。在市场上有许多提供写作辅导和指导服务的机构或个人，学习者可以通过购买写作辅导课程或咨询专业写作辅导人员，获取专业的反馈和指导。通过专业写作辅导服务，学习者可以获得有针对性的反馈和建议，了解自己写作中存在的问题和不足，并学会正确的修正和改进方法，从而提高写作技能和水平。

学习者还可以利用自我评估工具对自己的写作进行评估和反思。在写作过程中，学习者可以借助各种自我评估工具，如写作评分标准、写作评价表等，对自己的写作进行评估和反思。通过自我评估，学习者可以发现自己写作中存在的问题和不足，并及时进行修正和改进，从而提高写作水平和表达能力。

学习者还可以通过反复练习和反思不断提高自己的写作技能。在写作过程中，学习者应该注重不断反思和总结经验，及时发现和纠正写作中的问题和不足，并在下一次写作中加以改进。通过反复练习和反思，学习者可以逐步提高自己的写作水平和表达能力，从而达到写作自如、流畅表达的目标。

通过利用写作社区或写作平台获取他人的反馈和建议，向老师、同学或朋友寻求反馈和建议，利用专业写作辅导服务获取专业的反馈和指导，利用自我评估工具对自己的写作进行评估和反思，以及通过反复练习和反思不断提高自己的写作技能等方法，可以帮助学习者提高写作水平和表达能力，更好地掌握和运用中文语言。在写作训练和反馈过程中，学习者应该保持耐心和毅力，不断积累经验和改进方法，从而提高写作技能水平。

第五章　中文文化教育与跨文化交际

第一节　中文文化教育的意义与方法

一、中文文化教育的意义

（一）文化传承与认同

中文文化教育承载着文化传承与认同的重要使命，它不仅是传承中华优秀文化的重要途径，更是塑造个体文化认同和身份认同的重要环节。以下将从不同角度探讨中文文化教育的意义。

在现代社会，中文文化教育扮演着弘扬中华优秀传统文化的重要角色。通过中文文化教育，人们可以深入了解中国悠久的历史、灿烂的文化，感受到中国传统文化的深厚底蕴。这种传承和弘扬中华优秀传统文化的过程，不仅有助于增强人们对自己文化传统的认同感，更有助于丰富和提升个体的文化素养和审美情趣。

中文文化教育也是培养国民身份认同感的重要途径。通过学习和了解中文文化，人们可以深刻感受到自己是中华民族的一员，增强对中国国家的认同感和归属感。这种身份认同感的培养，不仅有助于凝聚国家的凝聚力和认同感，更有助于推动社会和谐稳定的发展。

中文文化教育还有助于推动文化多样性的发展和交流。中文作为世界上重要的语言之一，是连接中国与世界各国的桥梁和纽带。通过中文文化教育，人们可以更加深入地了解中国文化，增进对不同文化的理解和尊重，促进文化交流和互鉴，推动文化多样性的发展和繁荣。

中文文化教育还有助于培养人们的文化自信心和创造力。中文作为一门丰富多彩的语言，蕴含着丰富的文化内涵和创造力。通过学习和运用中文，人们可以更好地发现和挖掘自己的文化创造潜力，提升自己的文化自信心和创造力，为中华民族的文化复兴和创新发展做出更大的贡献。

中文文化教育具有重要的意义和价值，它不仅是传承中华优秀传统文化的重要途径，更是塑造个体文化认同和身份认同的重要环节。通过中文文化教育，人们可以深入了解中国悠久的历史和灿烂的文化，增强对自己文化传统的认同感，培养国民身份认同感，促进文化多样性的发展和交流，培养人们的文化自信心和创造力，推动中华民族的文化复兴和创新发展。因此，中文文化教育应该更加得到重视和推广，为中华民族的繁荣昌盛和世界文明的进步做出更大的贡献。

（二）促进跨文化交流与理解

促进跨文化交流与理解是中文文化教育的重要意义之一。中文文化教育不仅可以帮助学习者了解中国传统文化、历史和价值观，还可以促进不同文化之间的交流与融合，增进人们对他者文化的理解与尊重。下面将从不同角度探讨中文文化教育的意义。

中文文化教育有助于增进学习者对中国传统文化的了解。中国拥有悠久灿烂的历史文化，其传统文化涵盖了诗词歌赋、书画艺术、传统节日、礼仪规范等诸多方面。通过中文文化教育，学习者可以深入了解中国传统文化的内涵与特点，感受中国人民的文化情感与精神追求，从而增强对中国传统文化的认同感与情感共鸣。

中文文化教育有助于促进不同文化之间的交流与融合。随着全球化进程的加速，不同文化之间的交流与互动日益频繁，跨文化交流已成为当今世界的主要特征之一。通过中文文化教育，学习者不仅可以了解中国传统文化，还可以学习中国人民的生活方式、价值观念、社会习俗等，从而更好地融入跨文化环境，促进文化交流与互鉴，增进不同文化之间的理解与友谊。

中文文化教育有助于培养学习者的跨文化意识与跨文化能力。跨文化意识是指个体对不同文化之间差异的认知和理解，而跨文化能力则是指个体在跨文化环境中进行有效交流与合作的能力。通过中文文化教育，学习者可以学习不同文化的历史、传统、习俗、价值观等，培养自己的跨文化意识，提高自己的跨文化能力，从而更好地适应多元文化社会的发展需求，成为具有全球视野和跨文化素养的国际人才。

中文文化教育还有助于促进世界和平与发展。不同文化之间的交流与理解是世界和平与发展的重要基础。通过中文文化教育，学习者可以了解不同文化之间的共同点和差异，增进文化认知与文化包容，减少文化冲突与误解，为构建人类命运共同体、推动世界和平与发展做出积极贡献。

中文文化教育还有助于传承和弘扬中华民族的优秀传统文化。中国传统文化是中华民族的瑰宝，具有悠久的历史、丰富的内涵和博大的情感。通过中文文化教育，学习者可以传承和弘扬中国传统文化的精神与价值，增强文化自信心与文化认同感，为实现中华民族的伟大复兴而努力奋斗。

二、中文文化教育的方法

（一）课堂教学

在课堂教学中，传授中文文化教育的方法多种多样。一种有效的方法是通过生动的故事和传说来引导学生了解中华文化的丰富内涵。比如，讲述关于孔子、孙子等历史人物的故事，可以让学生在轻松愉快的氛围中感受到中国古代文化的魅力。这样的教学方法不仅能够激发学生的兴趣，还能够加深他们对中文文化的理解。

另一种方法是通过诗词歌赋来传授中文文化。中国古代诗词是中华文化的瑰宝，通过教学生学习唐诗宋词，可以让他们领略到中文文化的深邃和优美。教师可以选取一些脍炙人口的诗词，让学生朗诵、欣赏，并引导他们从中品味中国传统文化的内涵与情感。

体验式的教学也是传授中文文化的有效方法之一。比如，组织学生参观中国传统的历史古迹、艺术博物馆等，让他们亲身感受中华文化的历史底蕴和艺术魅力。通过实地参观和体验，学生能够更加直观地了解和体会中文文化的独特魅力，增强他们的文化认同感和自豪感。

还有一种方法是通过传统文化活动来进行中文文化教育。比如，组织学生学习中国传统绘画、书法、剪纸等艺术形式，让他们亲自动手体验中华文化的魅力。这样的教学方法不仅能够培养学生的审美情趣和动手能力，还能够加深他们对中国传统文化的理解和认同。

结合现代科技手段进行中文文化教育也是一种有效的方法。比如，利用多媒体课件、互动教学软件等现代科技手段，将中文文化的内容呈现得更加生动形象，吸引学生的注意力，提高教学效果。通过与时俱进的教学手段，可以更好地传承和弘扬中华文化的精髓，使之薪火相传。

课堂教学中传授中文文化的方法多种多样，教师可以根据学生的特点和实际情况选择合适的教学方法，以期达到更好的教学效果。通过生动有趣的故事、深入浅出的诗词、体验式的教学活动、传统文化手工艺以及现代科技手段的应用，可以使学生更好地理解和认同中文文化，从而为中文文化的传承和发展做出贡献。

（二）体验活动

1. 组织学生参观文化遗址、博物馆等

文化遗址和博物馆是了解一个国家或地区文化的重要场所。组织学生参观这些地方是一种有效的中文文化教育方法。通过亲身参观和体验，学生们可以深入了解中国悠久的历史和丰富的文化内涵。在这部分内容中，我们将探讨几种在学生参观文化遗址、博物馆等中实施的中文文化教育方法。

引导学生参观文化遗址可以通过导游讲解的方式进行。导游能够生动地向学生们介绍文化遗址的历史背景、建筑特色以及相关的传说故事，从而激发学生们的兴趣。通过生动有趣的讲解，学生们可以更加深入地了解文化遗址所蕴含的文化内涵，增强他们的文化认同感。

利用多媒体技术进行互动式教学也是一种有效的中文文化教育方法。在博物馆等场所，可以设置多媒体展示区域，利用影像、声音等方式展示中国传统文化的精髓。学生们可以通过观看视频、听取音频等方式，全方位地感受中国传统文化的博大精深，从而增加他们的文化素养。

组织学生参加文化体验活动也是一种重要的中文文化教育方法。在文化遗址或博物馆举办文化体验活动，例如书法、绘画、剪纸等传统手工艺品制作，可以让学生们亲自动手体验中国传统文化的魅力。通过参与实践活动，学生们不仅可以加深对传统文化的理解，还能培养他们的动手能力和创造力。

组织学生参加专题讲座和讨论也是一种重要的中文文化教育方法。在博物馆或文化遗址，可以邀请专家学者举办讲座，介绍中国传统文化的发展历程、艺术特色等方面的知识。学生们可以通过听取专家的讲解，加深对中国传统文化的认识，同时也可以通过讨论与交流，拓展自己的视野，增加对文化的思考深度。

组织学生参观文化遗址、博物馆等地是一种多样化的中文文化教育方法。通过导游讲解、多媒体技术、文化体验活动以及专题讲座和讨论等方式，可以使学生们全面

地了解中国传统文化的内涵，增强他们的文化认同感和文化自信心。这些教育方法不仅能够拓展学生的知识面，还能够培养他们的审美情趣和创造力，为他们的终身发展打下良好的文化基础。

2. 开展传统文化体验活动

传统文化体验活动在当今社会中扮演着重要的角色，它不仅可以增进人们对传统文化的了解，还可以促进文化传承和发展。而中文文化教育的方法也就在这个过程中显得尤为关键。在传统文化体验活动中，我们可以采用多种方法来传授中文文化，从而达到教育的目的。

通过实地体验的方式，可以让学生更加直观地感受到中文文化的魅力。比如，组织学生前往历史悠久的古镇或寺庙，让他们亲身感受中国传统建筑的魅力和历史的厚重。这种体验式的教学方法能够激发学生的兴趣，增强他们对中文文化的认同感。

通过互动式的游戏或演绎活动，可以使学生更加深入地了解中文文化的内涵。例如，可以组织学生进行传统文学名著的角色扮演，让他们在活动中体会到中国古代文人的生活和思想，从而增进对经典文学的理解和欣赏。

利用多媒体和现代科技手段，也是传授中文文化的有效方法之一。通过播放视频、展示图片等形式，可以将中国传统节日、民间故事等生动形象地呈现给学生，使他们在轻松愉快的氛围中学习到更多关于中文文化的知识。

组织文化交流活动，也是传统文化教育的重要方式之一。可以邀请专家学者或具有丰富经验的艺术家来学校举办讲座或示范，向学生介绍中国传统文化的精髓，同时也可以让学生与这些专家进行面对面的交流，从而加深对中文文化的理解和体验。

注重实践与体验的结合，是传统文化教育的关键。除了课堂教学外，还可以组织学生参与传统手工艺品制作或书法绘画等实践活动，让他们通过动手操作来感受中文文化的独特魅力，从而更加深入地理解和传承传统文化。

传统文化体验活动是传播和传承中文文化的重要途径，而中文文化教育的方法也是多种多样的。通过实地体验、互动游戏、多媒体展示、文化交流以及实践活动等方式，我们可以更好地向学生传授中文文化，激发他们对传统文化的兴趣和热爱，从而促进中文文化的传承和发展。

第二节　跨文化交际理论与实践

一、跨文化交际理论

（一）跨文化交际理论概述

跨文化交际理论旨在探讨不同文化背景下的人们如何有效地进行交流与互动。在全球化的今天，了解并尊重不同文化之间的差异至关重要。因此，中文文化教育在跨文化交际理论的指导下，努力促进跨文化理解和沟通的发展，为学生提供更广阔的视野和更丰富的交流技能。

跨文化交际理论强调文化差异对交际行为的影响。在中文文化教育中，我们不仅要教授语言技能，还要深入探讨中国文化的价值观念、礼仪习惯以及社会交往模式。只有了解这些文化差异，学生才能更好地与中国人进行交流，并在跨文化环境中融入自如。

跨文化交际理论强调了跨文化沟通的核心概念——文化智慧。在中文文化教育中，我们致力于培养学生的文化智慧，即他们能够敏锐地意识到文化差异，并且能够灵活地调整自己的交际方式，以适应不同的文化环境。通过多元化的教学方法和案例分析，学生能够提升他们的文化智慧，成为具有跨文化交际能力的国际人才。

跨文化交际理论还强调了跨文化教育的重要性。中文文化教育不仅仅是传授语言知识，更重要的是培养学生的跨文化意识和能力。通过开设跨文化交际课程和组织跨文化交流活动，学生能够深入了解中国文化，拓宽视野，增进友谊，提升自身的国际竞争力。

跨文化交际理论提倡尊重和包容不同文化。在中文文化教育中，我们强调尊重学生的文化背景和个人差异，鼓励他们分享自己的文化经验，并乐于接纳来自不同文化的观点和想法。通过这种开放和包容的教育环境，学生能够建立起跨文化友谊，促进文化交流与合作。

跨文化交际理论强调了跨文化教育的长期性和系统性。中文文化教育不是一蹴而就的，而是需要长期的投入和持续的努力。我们需要不断更新教学内容，探索更有效的教学方法，以满足不断变化的跨文化交际需求。只有如此，我们才能培养出具有全球视野和跨文化能力的中国新一代。

（二）文化差异理论

在跨文化交际理论中，文化差异理论扮演着重要的角色。这一理论强调不同文化背景之间存在着差异，这些差异不仅仅表现在语言、行为习惯等方面，更深层次地影响着人们的思维方式和价值观念。在中文文化教育中，理解和应用文化差异理论至关重要，因为它能够帮助教师和学生更好地进行跨文化交际，促进中文文化的传播和理解。

文化差异理论提醒我们要尊重不同文化之间的差异。在中文文化教育中，教师需要意识到学生可能来自不同的文化背景，他们对事物的认知和评价标准可能与中国文化有所不同。因此，教师应该采取开放包容的态度，尊重学生的文化背景和观念，不将自己的文化观念强加于人。

文化差异理论提醒我们要注意语言和行为的差异。在中文文化教育中，教师需要敏锐地捕捉学生在语言和行为上的差异，及时进行解释和引导。比如，某些语言习惯、交际方式在中国文化中被视为礼貌，但在其他文化中可能被认为是冒犯。因此，教师需要帮助学生理解并适应不同文化之间的语言和行为差异，以避免误解和冲突的发生。

文化差异理论还强调了文化背景对人们思维方式和价值观念的影响。在中文文化教育中，教师需要引导学生深入了解中国文化的核心价值观，如孝顺、尊重、礼仪等，帮助他们建立正确的文化认知。教师也应该鼓励学生思考和比较不同文化之间的思维模式和价值取向，促进跨文化交际的理解和包容。

文化差异理论提倡在跨文化交际中注重文化的融合与创新。在中文文化教育中，教师可以通过创新的教学方法和手段，将中国文化与其他文化相结合，打破传统文化边界，创造更加开放包容的教育环境。这不仅有助于学生更好地理解和接受中国文化，也有助于推动中文文化在国际社会中的传播和发展。

文化差异理论在中文文化教育中具有重要意义。教师应该深入理解和运用这一理论，尊重和理解不同文化之间的差异，促进跨文化交际的顺利进行，推动中文文化的传播和交流。只有在不断的学习和实践中，我们才能够更好地跨越文化障碍，搭建起中文文化与世界各国文化之间的桥梁，共同促进文化的多元交流与发展。

二、中文文化教育中的跨文化交际实践

(一) 开展跨文化交流项目，与外国学生或机构进行合作

开展跨文化交流项目，积极与外国学生或机构进行合作，是促进中文文化教育跨文化交际实践的重要途径。在这样的项目中，中文文化不仅是一种教学内容，更是一种文化传播的媒介，通过与外国学生或机构的合作，可以实现中文文化的传播与交流，增进各国人民对中国文化的了解和认同。

建立语言交流平台是跨文化交流项目的基础。通过与外国学生或机构建立语言交流平台，可以促进中文和其他语言的互通。在这个平台上，学生们可以利用各种语言工具进行交流，如在线会议、语音聊天等，从而提高语言沟通能力，增进彼此的了解。

开展文化体验活动是促进跨文化交流的重要手段。通过与外国学生或机构合作举办文化体验活动，如传统节日庆祝、民俗展示等，可以让外国学生更直观地感受到中国文化的魅力。也可以让中国学生了解其他国家的文化特色，增进彼此之间的尊重和理解。

开展文化研讨会是加深跨文化交流的有效途径。通过与外国学生或机构合作举办文化研讨会，可以就不同文化背景下的社会问题、价值观念等展开深入探讨，促进跨文化交流与对话。在这样的研讨会上，学生们可以分享自己的观点和体验，从而增进彼此之间的认知和理解。

开展文化交流项目也是促进跨文化交流的重要途径。通过与外国学生或机构开展文化交流项目，如合作创作书籍、拍摄纪录片等，可以让学生们深入了解对方的文化，促进文化交流与合作。这样的项目不仅可以增进彼此之间的友谊，还可以为中外文化的交流与发展做出积极贡献。

开展跨文化交流项目，与外国学生或机构进行合作，是促进中文文化教育跨文化交际实践的重要途径。通过建立语言交流平台、开展文化体验活动、举办文化研讨会以及开展文化交流项目等方式，可以促进中外文化的交流与合作，增进各国人民对中国文化的了解和认同，推动中文文化的传播与发展。

(二) 引导学生对自己的文化认知进行反思

在中文文化教育中，跨文化交际实践是一项至关重要的任务。其中，引导学生对

自己的文化认知进行反思更是不可或缺的一环。通过这样的实践，学生不仅能够更深入地了解自己所处的文化环境，也能够增进对其他文化的理解和尊重，从而促进跨文化交际的有效展开。

引导学生了解自己文化的根源和特点是跨文化交际实践的第一步。通过课堂讨论、阅读资料等方式，学生可以深入探讨自己所属文化的历史、传统、价值观等方面的内容，从而形成对自己文化的全面认知。这种认知不仅有助于学生建立自信心，还能够为后续的跨文化交际奠定基础。

通过比较分析自己文化与其他文化的异同，可以拓展学生的跨文化视野。组织学生阅读关于不同文化之间的比较研究，或者邀请国际学生分享他们的文化经验，都可以让学生深刻体会到文化之间的多样性和丰富性。这种比较分析的过程，有助于学生超越狭隘的民族观念，更加开放地看待不同文化，增进跨文化交际的包容性和和谐性。

通过实地体验和互动交流，可以让学生深入感受不同文化的魅力和独特之处。例如，组织学生参加国际文化节、外国文化游学等活动，让他们亲身体验到异国风情，拓宽视野，增进对其他文化的理解和尊重。这种实践性的跨文化交际活动，不仅有助于学生从感性上接受其他文化，还能够培养他们的跨文化交际能力。

通过引导学生开展跨文化交流项目或研究，可以进一步提升他们的跨文化交际能力。例如，组织学生进行文化交流展示、跨文化团队合作等活动，让他们在实践中学习如何与不同文化背景的人进行有效沟通和合作。这种项目式的跨文化交流实践，不仅可以锻炼学生的组织能力和团队合作精神，还能够培养他们的跨文化领导力和管理能力。

通过反思与总结，可以使学生深化对自己文化认知的理解，并不断完善自己的跨文化交际能力。组织学生进行个人或团体的文化反思报告，让他们对自己在跨文化交际中的表现进行评估和反思，发现不足之处并加以改进。这种反思性的学习过程，有助于学生形成积极的学习态度，提高跨文化交际的效果和成效。

跨文化交际实践是中文文化教育中的重要内容之一，而引导学生对自己的文化认知进行反思更是其中的关键环节。通过了解自己文化、比较分析不同文化、实地体验交流、开展交流项目和反思总结等方式，可以促进学生的跨文化交际能力的提升，从而为他们未来的国际交往打下坚实的基础。

第三节　中外文化差异对中文教学的影响

一、中外文化差异对中文教学的具体影响分析

(一) 不同文化背景的学习者可能会有不同的学习态度和价值观念

不同文化背景的学习者在学习中文时可能会表现出不同的学习态度和价值观念。中外文化差异对中文教学有着深远的影响，因为它们涉及语言、思维方式、社会习惯等方面的差异。以下将从多个角度探讨这些影响。

在语言方面，中外文化差异可能会影响学习者的语言习得过程。例如，汉语是一种表意文字，而许多西方语言则是字母文字。因此，西方学习者可能会面临更大的挑战，需要适应不同的文字书写系统和语言结构。这种文化差异也可能影响到学习者对语言学习的态度，一些学习者可能会觉得汉字书写复杂而感到沮丧，而另一些学习者可能对挑战产生兴趣，积极学习。

在思维方式方面，中外文化差异也会对中文教学产生影响。中国文化强调整体性思维和群体观念，而西方文化则更注重个体主义和逻辑思维。因此，西方学习者可能会在理解中国文化背景下的语言和文化概念时感到困惑。中文教学需要考虑到这种差异，采用适合西方学习者思维方式的教学方法，例如通过案例分析和对比学习来帮助他们更好地理解。

在社会习惯方面，中外文化差异也会影响到学习者在中文环境中的交际能力。中国文化注重礼仪和尊重，例如在称呼和礼节方面有着丰富的规范。而西方文化则更注重直接和个人表达。因此，西方学习者可能需要花更多的时间来理解和适应中国的社会习惯，以避免造成不必要的误解或冲突。

在文化价值观念方面，中外文化差异也会影响到学习者对中文学习的动机和目标。中国文化强调学习的重要性和对知识的尊重，而西方文化则更注重个人的自由和创新。因此，西方学习者可能会因为不同的文化背景而产生不同的学习动机，一些学习者可能因为对中国文化的兴趣而积极学习，而另一些学习者可能更注重实用性和个人发展。

中外文化差异对中文教学有着深远的影响，涉及语言、思维方式、社会习惯和文

化价值观念等多个方面。中文教学需要充分考虑到这些差异，采取相应的教学策略和方法，帮助学习者更好地理解和掌握中文语言和文化。

（二）根据学生的文化背景和习惯选择合适的教学方法

考虑到学生的文化背景和习惯对中文教学的影响，我们必须审慎选择合适的教学方法。中外文化差异对中文教学有着深远的影响，这不仅包括语言和文字上的差异，更涉及思维方式、价值观念以及教育习惯等方面。因此，在中文教学中，我们需要充分认识和理解这些差异，以便更好地调整教学策略，提高教学效果。

中外文化差异对中文教学的影响在语言和文字层面表现尤为显著。中文与西方语言在语音、语法、词汇等方面存在较大差异，这给学生的学习带来了一定的挑战。在教学中，我们应该根据学生的母语背景，有针对性地进行语言对比和解释，帮助他们更好地理解和掌握中文语言规则。

中外文化差异还会影响到学生的思维方式和学习习惯。在中国文化中，强调集体主义和人际关系，而在西方文化中，则更注重个人主义和独立思考。因此，我们在中文教学中需要考虑到这些差异，采用灵活多样的教学方法，既可以鼓励学生的团队合作，又能够培养他们的独立思考能力，以促进学生的全面发展。

中外文化差异还会影响到学生对教育的期望和态度。在中国文化中，教育被视为尊师重道的传统美德，学生普遍对老师持尊敬和信任的态度。而在西方文化中，教育更注重个体发展和自主学习，学生更倾向于对教学内容进行质疑和探索。因此，我们在中文教学中应该尊重学生的学习需求和个性特点，灵活调整教学方法，创造积极的学习氛围。

中外文化差异也会对教师的教学态度和方法产生影响。在中国文化中，教师通常被视为权威和榜样，学生对教师的言传身教非常重视。而在西方文化中，教师更多扮演着引导者和辅导者的角色，强调学生的主体地位和自主性。因此，我们在中文教学中应该根据学生的文化背景和需求，灵活调整自己的教学风格和方法，以便更好地与学生沟通交流，促进教学效果的提高。

中外文化差异对中文教学有着重要的影响。在教学实践中，我们应该充分认识和理解这些差异，灵活调整教学策略和方法，以促进学生的全面发展和跨文化交流。只有在不断的学习和实践中，我们才能够更好地应对中外文化差异，提高中文教学的质量和水平。

二、应对中外文化差异的中文教学策略

（一）增强跨文化意识与教学适应性

增强跨文化意识与教学适应性，以应对中外文化差异，是中文教学中至关重要的策略之一。面对不同国家和地区学生的文化背景和学习需求的多样性，中文教师需要灵活运用各种教学策略，以确保教学的有效性和适应性。

了解学生的文化背景是制订教学策略的关键。中文教师应该尽可能地了解学生来自的国家或地区的文化特点、价值观念、学习习惯等信息。通过与学生交流和互动，教师可以更深入地了解学生的文化背景，从而有针对性地调整教学内容和方法，提高教学的针对性和有效性。

采用多元化的教学资源和教学方法是应对文化差异的重要策略之一。中文教师可以利用丰富多样的教学资源，如教材、多媒体资料、互动游戏等，来满足不同学生的学习需求。教师还可以采用多种教学方法，如讲授、讨论、实践活动等，以激发学生的学习兴趣，促进他们的语言和文化学习。

注重培养学生的跨文化交际能力也是应对文化差异的重要策略之一。中文教师应该重视学生的跨文化交际能力的培养，帮助他们理解和尊重不同文化背景下的价值观念和行为习惯。通过开展跨文化交流活动、组织文化体验活动等方式，教师可以促进学生之间的相互理解和尊重，提高他们的跨文化交际能力。

鼓励学生积极参与课堂活动，发挥他们的主体性和创造性，也是应对文化差异的有效策略之一。中文教师可以通过开展小组讨论、角色扮演、实践活动等方式，激发学生的学习兴趣，提高他们的学习动机。教师还可以鼓励学生分享自己的文化体验和感受，促进学生之间的交流与合作，增进他们对中文学习的兴趣和理解。

增强跨文化意识与教学适应性，以应对中外文化差异，是中文教学中至关重要的策略之一。中文教师可以通过了解学生的文化背景、采用多元化的教学资源和教学方法、培养学生的跨文化交际能力、鼓励学生积极参与课堂活动等方式，提高教学的针对性和有效性，促进学生的语言和文化学习，推动中文教育的发展与创新。

（二）促进跨文化交流与互动

促进跨文化交流与互动，应对中外文化差异，是中文教学中不可或缺的重要环节。在全球化的今天，中文教学不仅是语言教学，更是文化传播和跨文化交流的桥梁。因

此，制定合适的教学策略，能够有效地帮助学生理解和应对中外文化差异，促进跨文化交流与互动的发展。

了解学生的文化背景和语言水平是制订中文教学策略的首要任务。在课堂上，教师可以通过问卷调查、小组讨论等方式，了解学生的文化背景、兴趣爱好以及学习需求，从而有针对性地制订教学计划和教学内容。教师还应该根据学生的语言水平和文化认知水平，采用不同的教学方法和教学手段，以促进他们的学习效果。

注重文化比较和文化解释，是有效应对中外文化差异的关键之一。在教学中，教师可以通过对比中外文化的习俗、价值观念、礼仪等方面的异同，帮助学生更好地理解中文学习中的文化内涵和背景。教师还可以通过对文化差异的解释和引导，帮助学生调整自己的认知和态度，从而更好地融入中文学习和跨文化交流中。

注重实践和体验是应对中外文化差异的有效途径之一。在教学中，教师可以组织学生参加各种文化体验活动，如中文电影欣赏、中国传统节日庆祝活动等，让学生亲身感受和体验中国文化的魅力和独特之处。通过实践和体验，学生不仅能够更加直观地了解中文学习中的文化要素，还能够增进对中文文化的兴趣和热爱，从而更好地促进跨文化交流与互动的发展。

采用多元化的教学资源和教学方法，也是应对中外文化差异的有效策略之一。在教学中，教师可以结合教材内容，引入丰富多样的教学资源，如视频、音频、图片等，以丰富学生的学习体验和提高学习兴趣。教师还可以采用多样化的教学方法，如讨论、小组合作、角色扮演等，以促进学生的跨文化交流与互动，提高他们的语言交际能力和文化适应能力。

建立开放包容的教学环境，是促进跨文化交流与互动的关键之一。在教学中，教师应该积极倡导尊重、理解和包容的文化氛围，鼓励学生敢于表达、勇于交流，从而打破文化隔阂，促进跨文化交流与互动的顺畅进行。教师还应该注重个性化的学习指导，关注每个学生的学习需求和进步情况，以提高教学效果和学生的满意度。

应对中外文化差异，促进跨文化交流与互动，是中文教学中的重要任务之一。通过了解学生背景、注重文化比较和解释、实践体验、多元化教学和建立开放包容的教学环境等多种策略的综合运用，可以更好地帮助学生理解和应对中外文化差异，提高他们的跨文化交流能力和文化适应能力，促进中文教学的有效实施。

第四节　文化素养培养的策略与措施

一、中文文化素养培养的策略

（一）注重传统文化传承

注重传统文化传承是中文文化素养培养的重要策略之一。传统文化是一个国家或民族的灵魂和根基，对于培养学生的文化认同感、文化自信心和文化素养具有重要意义。下面将介绍几种注重传统文化传承的策略，以促进中文文化素养的培养。

一种策略是通过课堂教学注入传统文化元素。教师可以在中文教学中引入古诗词、传统节日、历史故事等传统文化内容，使学生在学习中感受到中国传统文化的魅力。通过朗诵古诗词、制作传统手工艺品、参与传统节日庆祝等活动，学生不仅能够增进对传统文化的理解和认同，还能够提升中文语言水平和文化素养。

另一种策略是开展传统文化体验活动。学校可以组织学生参观古迹、博物馆和传统工艺展览，让他们亲身体验传统文化的魅力。通过参观京剧表演、书法比赛、茶道体验等活动，学生可以感受到传统文化的深厚底蕴和多样魅力，增强对中文文化的热爱和认同感。

还可以通过传统文化教育课程来加强学生对传统文化的理解和传承。学校可以开设传统文化课程，如中国古代文学、中国传统音乐、中国书画艺术等，让学生系统学习和体验传统文化的精髓。通过深入研究传统文化，学生不仅能够了解中国古代文化的发展历程和精髓内涵，还能够培养批判性思维和创新能力。

学校可以通过文化活动和比赛来激发学生对传统文化的兴趣和热爱。组织诗词大会、书法比赛、武术表演等活动，让学生展示自己对传统文化的理解和创造力，激发他们对中文文化的兴趣和热爱。通过这些文化活动，学生不仅能够提升自己的文化素养，还能够培养团队合作精神和领导能力。

注重传统文化传承是中文文化素养培养的重要策略之一。通过课堂教学、体验活动、文化课程和文化活动等多种方式，可以帮助学生深入了解和体验传统文化的魅力，增强对中文文化的认同感和自信心，提升文化素养和综合素质。

（二）融合现代文化元素

为了培养学生的中文文化素养，融合现代文化元素成了一项重要的策略。在当今社会，中文文化的传承与发展需要与时俱进，吸收现代文化的精华，使之更具生机与活力。因此，我们需要探索一些有效的策略，以融合现代文化元素来培养学生的中文文化素养，使其在传统文化的基础上拥有更广阔的视野和更深厚的文化底蕴。

一种策略是通过当代文学作品来融合现代文化元素。在中文文化素养培养的过程中，教师可以引导学生阅读当代作家的文学作品，如小说、诗歌、散文等，让他们感受到当代社会的文化脉搏和思想风貌。通过分析这些作品中融合的现代文化元素，学生不仅可以提高对中文文化的理解，还能够培养对当代社会的认知和思考能力。

另一种策略是通过现代艺术形式来融合现代文化元素。在中文文化素养的培养中，教师可以引导学生欣赏当代艺术作品，如电影、音乐、舞蹈等，让他们感受到现代文化的多样性和创新性。通过欣赏和分析这些现代艺术作品，学生可以更深入地了解当代社会的文化趋势和价值取向，增强对中文文化的认同和理解。

融合现代文化元素还可以通过互联网和新媒体平台来实现。在中文文化素养培养的过程中，教师可以利用互联网资源和新媒体平台，引导学生参与线上文化活动，如文化论坛、线上展览、文化节目等，让他们感受到现代科技对文化传播和交流的影响。通过参与这些线上文化活动，学生不仅可以拓展自己的文化视野，还能够培养对中文文化的兴趣和热爱。

融合现代文化元素还可以通过跨文化交流和合作来实现。在中文文化素养培养的过程中，教师可以组织学生参与国际交流活动，如文化交流项目、语言交换活动等，让他们与外国学生进行互动和合作。通过跨文化交流和合作，学生不仅可以了解其他国家的文化，还能够将现代文化元素融入中文文化中，促进中文文化的传播和交流。

融合现代文化元素是培养学生中文文化素养的重要策略之一。通过引导学生阅读当代文学作品、欣赏现代艺术作品、利用互联网资源、参与跨文化交流等方式，可以使学生在传统文化的基础上拥有更广阔的视野和更丰富的文化体验，从而提高其中文文化素养水平，为中文文化的传承与发展做出贡献。

二、中文文化素养培养的措施

（一）开设专门课程

为了培养学生的中文文化素养，开设专门课程是一种重要的措施。这样的课程旨在通过系统性的教学安排和专业的教学内容，帮助学生全面了解和掌握中国文化的精髓，提高他们的文化素养水平。以下是一些可能的措施。

一方面，专门课程可以设置丰富多样的教学内容。这包括中国历史、文学、艺术、哲学、传统节日等方面的知识。通过深入浅出的讲解和案例分析，学生可以系统地了解中国文化的发展历程、特色和影响，从而增强他们的文化认同感和文化自信心。

另一方面，专门课程可以采用多种教学方法，以激发学生的学习兴趣。这包括讲授、讨论、实践活动、参观考察等多种形式。通过生动有趣的课堂讨论和实践活动，学生可以深入探讨中国文化的内涵和价值观念，培养他们的批判性思维和创造性思维能力。

专门课程可以注重学生的跨文化比较和交流能力的培养。通过比较中国文化与其他文化的异同之处，学生可以更全面地理解中国文化的独特之处，同时也可以拓展他们的跨文化视野。组织学生参加跨文化交流活动和实践项目，也是培养学生跨文化交际能力的有效途径。

还可以通过课程设计和评价体系的优化，提高专门课程的教学质量和效果。针对不同层次和需求的学生，可以设置不同的课程内容和教学目标，以确保每个学生都能够得到有效的学习收益。建立科学完善的评价体系，可以及时发现学生的学习问题和困难，为他们提供个性化的学习指导和帮助。

开设专门课程是培养学生中文文化素养的重要措施之一。通过设置丰富多样的教学内容、采用多种教学方法、注重学生跨文化交际能力的培养以及优化课程设计和评价体系等方式，可以有效提高学生的文化素养水平，促进他们的全面发展和成长。

（二）丰富文化活动

丰富多彩的文化活动对于培养学生的中文文化素养具有重要的作用。通过参与各种文化活动，学生不仅可以增进对中文文化的了解，还可以提升自身的文化素养和综合能力。因此，制订合适的措施，促进文化活动的丰富开展，对于中文文化素养的培养至关重要。

组织丰富多样的文化活动是培养中文文化素养的有效途径之一。学校可以定期举办中文文化节、传统文化体验活动、书法比赛、绘画比赛等各类活动，为学生提供展示自己才华的舞台，激发他们对中文文化的兴趣和热爱。通过这些文化活动的参与和体验，学生可以更加全面地了解和感受中文文化的博大精深。

注重文化活动与课堂教学的结合，是培养中文文化素养的重要手段之一。学校可以将文化活动融入中文课程中，通过文学赏析、古诗词朗诵、传统节日庆祝等形式，让学生在课堂上接触和学习到更多的中文文化知识。通过课外文化活动的参与，学生可以将课堂所学知识与实践相结合，进一步巩固和拓展自己的文化素养。

注重学生的参与和主体性是丰富文化活动的关键之一。学校应该鼓励学生积极参与文化活动的策划、组织和实施，让他们成为文化活动的主角和推动者。通过学生自主组织的文化活动，可以激发他们的创造力和积极性，培养他们的团队合作精神和组织能力，从而更好地促进中文文化素养的培养。

利用现代科技手段丰富文化活动内容，也是培养中文文化素养的重要途径之一。学校可以借助互联网、多媒体等资源，举办线上文化活动，如线上讲座、线上展览等，为学生提供更加便捷和丰富的学习方式。通过这种方式，不仅可以拓展学生的文化视野，还能够培养他们的信息获取和应用能力，促进中文文化素养的全面提升。

注重文化活动成果的展示和分享，是培养中文文化素养的重要环节之一。学校可以组织学生参加各种文化作品展示、文化成果交流等活动，让学生有机会展示自己的成果和收获，与他人分享自己的文化体验和感悟。通过这种方式，不仅可以增强学生的自信心和自豪感，还能够促进文化交流和合作，进一步丰富学生的中文文化素养。

丰富文化活动对于培养学生的中文文化素养具有重要的意义。通过组织多样化的文化活动、结合课堂教学、注重学生的参与和主体性、利用现代科技手段丰富活动内容以及注重活动成果的展示和分享等措施的综合运用，可以更好地促进学生中文文化素养的全面发展，使其终身受益。

第六章　中文专业教育教学方法与策略

第一节　交际教学法在中文教学中的运用

一、交际教学法概述

（一）交际教学法的基本理念

交际教学法是一种以交际为核心的教学方法，其基本理念是通过语言交流来促进学习和教学的进行。在交际教学法中，教师和学生之间的互动被视为学习的核心，强调学生在实际语言运用中的参与和体验。这一方法的出现源于对传统语言教学模式的批评，认为传统方法注重语言知识的传授，却忽视了语言运用的能力培养。因此，交际教学法的出现旨在弥补这一缺陷，使语言学习更加贴近实际情境，更加注重学生的主动参与和沟通能力的培养。

交际教学法强调学生是学习的主体，教师是学习的引导者。与传统的以教师为中心的教学模式不同，交际教学法强调教师应该成为学生学习的帮助者和指导者，激发学生的学习兴趣，引导他们积极参与语言交流活动。教师在教学中更多地扮演着引导者和组织者的角色，通过设计丰富多样的交流活动，促进学生之间的互动和合作，帮助他们在实践中掌握语言知识和技能。

交际教学法注重语言运用的实践性和真实性。在交际教学法中，语言不再是一种被动接受的知识，而是一种实际应用的工具。因此，交际教学法注重学生在真实情景中的语言交流，强调学生需要通过不断的实践来提高语言运用能力。教师在教学中会设计各种真实情境的语言活动，如角色扮演、情景对话等，让学生在实践中运用所学语言，提高语言交流能力。

交际教学法注重学生的交际能力培养。在当今社会，交际能力已经成为人们成功的重要因素之一。因此，交际教学法强调培养学生的交际能力，使其能够在不同情境下有效地进行语言交流。在教学中，教师会注重培养学生的听说读写能力，并注重培养学生的语言组织能力、表达能力和理解能力，使其能够在实际生活中运用所学语言，实现交际的目的。

交际教学法强调文化的融合与交流。在全球化的背景下，不同文化之间的交流与融合已成为一种必然趋势。因此，交际教学法注重学生对不同文化之间的理解和尊重，通过交际活动促进不同文化之间的交流与对话。在教学中，教师会引导学生了解和欣赏不同文化的差异和共通之处，培养学生的跨文化交际能力，使其能够在国际交流中胜任。

交际教学法是一种以交际为核心的教学方法，其基本理念是通过语言交流来促进学习和教学的进行。在这一方法中，学生被视为学习的主体，教师则是学习的引导者。交际教学法注重语言运用的实践性和真实性，强调学生的交际能力培养，同时也注重文化的融合与交流。通过交际教学法的应用，可以更好地促进学生的语言学习和交际能力的提高，使其能够在不同的交际情境中自如地运用所学语言，实现交际的目的。

（二）交际教学法的主要特点

交际教学法是一种以交流与互动为核心的教学方法，其主要特点有许多方面。首先，它强调学生的实际语言运用能力，而不仅仅是对语言知识的接受。其次，它重视学习者之间的互动与合作，通过与他人的交流，学生能够更好地理解和运用语言。此外，交际教学法注重真实语境的模拟，使学生在课堂上能够体验到语言的实际运用情境，从而更加自然地掌握语言技能。

在交际教学法中，教师的角色发生了明显的变化。传统的"知识传授者"角色被转变为"引导者"和"促进者"。教师不再是课堂的唯一主导者，而是与学生共同探讨、共同学习的伙伴。这种转变使得学生更加积极主动地参与学习，同时也增强了他们的自信心和学习动力。

另一个交际教学法的特点是其强调任务型学习。任务被视为学习的核心，学生通过完成各种任务来实现语言技能的提升。这些任务通常是与学生日常生活或实际情境相关的，因此能够激发学生的学习兴趣，提高学习的效果。通过任务型学习，学生不仅能够掌握语言知识，还能够培养解决问题的能力和合作精神。

值得注意的是，交际教学法还注重语言的真实性和交际的效果。教学内容通常与学生的实际需求和兴趣相关，教学过程中强调语言的实际运用，尽可能地模拟真实生活中的语言交际情境。这种真实性不仅能够增加学生的学习兴趣，还能够更好地激发他们的学习动力，提高语言运用能力。

此外，交际教学法还强调文化的融入。语言与文化密不可分，因此在教学过程中应该注重培养学生的跨文化意识和跨文化交际能力。通过介绍不同国家的语言和文化，学生不仅能够学会语言，还能够更好地理解和尊重他人的文化差异，从而促进跨文化交流与理解的发展。

总的来说，交际教学法以其强调实际语言运用、学生互动合作、任务型学习、语言真实性和文化融入等特点，为语言教学注入了新的活力和效果。它不仅能够提高学生的语言水平，还能够培养他们的综合语言能力和跨文化交际能力，从而更好地适应未来的社会发展和国际交往。

1. 注重真实语境

交际教学法是一种注重学生在真实语境中进行语言交流和实践的教学方法。它强调语言的交际功能，以提高学生的语言运用能力和交际能力为目标，是现代语言教学中广泛应用的一种教学方法。以下是对交际教学法的概述。

在交际教学法中，真实语境是至关重要的。教师通过创造真实的语言环境和情境，让学生在真实的语境中进行语言交流和实践。这可以是模拟真实生活中的对话场景，也可以是组织学生进行真实的交流活动，如角色扮演、讨论会等。通过真实语境的创设，学生可以更好地理解和运用语言，提高他们的语言交际能力。

交际教学法注重学生的语言输出和互动。教师通过组织各种语言活动，如口语对话、小组讨论、情景演练等，激发学生的语言表达兴趣，促进他们的语言输出。在这些活动中，学生不仅能够提高自己的口语表达能力，还能够倾听他人的观点，学会与他人有效地交流和合作。

交际教学法重视学生的交际策略的培养。教师通过教学活动和实践任务，引导学生学会使用各种交际策略，如询问、请求、表达意见等，以适应不同的交际情境和目的。通过系统的训练和实践，学生可以逐渐掌握有效的交际技巧，提高他们的交际效果和沟通能力。

交际教学法注重语言学习的功能性和实用性。教师在教学过程中注重教授与学生日常生活和实际需求密切相关的语言知识和技能，如购物、旅行、工作等方面的语言表达。通过学习这些实用性强的语言知识，学生可以更好地应对日常生活和工作中的语言交流需求，提高他们的语言运用能力。

交际教学法强调学生的自主学习和合作学习。教师在教学过程中鼓励学生主动参与学习活动，发挥他们的自主学习能力和创造性思维。教师还可以组织学生进行小组合作学习，让他们共同探讨和解决问题，促进彼此之间的交流和合作，提高整体学习效果。

交际教学法是一种注重学生在真实语境中进行语言交流和实践的教学方法。它通过创造真实的语言环境和情境，激发学生的语言表达兴趣，培养他们的语言交际能力和实际应用能力。在交际教学法的指导下，学生不仅可以提高自己的语言水平，还可以发展出良好的交际策略和合作精神，为未来的学习和工作奠定坚实的基础。

2. 强调任务驱动

任务驱动交际教学法是一种以任务为中心的教学方法，旨在通过实际任务的完成来促进学生的语言交流和学习效果。这种教学法强调学生的参与性和互动性，注重学生在真实语境中运用语言，从而提高语言能力。以下是对任务驱动交际教学法的概述。

任务驱动交际教学法的核心思想在于通过设定具体任务来促进学生的语言交际。这些任务通常是真实、意义明确的活动，例如讨论问题、解决问题、角色扮演等，能够激发学生的兴趣，让他们在语言实践中学习。

这种教学法强调学生的参与性，不再以教师为中心，而是将学生置于学习的核心地位。学生在完成任务的过程中扮演着积极的角色，他们需要互相合作、交流思想、共同解决问题，从而形成良好的学习氛围。

任务驱动交际教学法注重学习者的真实需求和兴趣。教师会根据学生的背景和学习目标设计任务，使之与学生的日常生活和学习经验相联系，从而增强学习的实用性和可持续性。

在任务驱动交际教学法中，语言学习和语言使用是相互促进的。学生不仅需要通过任务学习语言，还需要运用语言去完成任务。这种实践性的学习方式能够更有效地提高学生的语言能力。

任务驱动交际教学法强调学生的情感投入和体验感受。通过任务的完成，学生不仅学习到语言知识，还能够体验到语言使用的乐趣和成就感，从而激发他们对语言学习的兴趣和动力。

这种教学法注重学生之间的合作和交流。学生在完成任务的过程中需要与同伴进行有效的沟通和合作，这有助于培养他们的团队合作精神和交际能力。

任务驱动交际教学法是一种灵活多变的教学方法，适用于各种不同的语言教学场景和学习目标。教师可以根据具体情况和学生的需求进行灵活调整和实施，以达到最佳的教学效果。

任务驱动交际教学法是一种基于任务完成的语言教学方法，它强调学生的参与性、实践性和合作性，能够有效提高学生的语言能力和交际能力，是现代语言教学中的重要教学理念之一。

二、交际教学法在中文教学中的具体运用分析

（一）情景教学

情景教学和交际教学法是中文教学中常用的两种教学方法，它们旨在通过真实情境和交际互动来促进学生的语言学习和交际能力。下面将介绍情景教学和交际教学法在中文教学中的具体运用。

一种运用情景教学的方式是通过情境创设来激发学生的学习兴趣。教师可以根据学生的实际情境和兴趣爱好，设计丰富多彩的情景教学活动，如购物、旅游、生活日常等。通过模拟真实情境，学生能够更好地理解语言的应用场景，增强语言的实际运用能力。

另一种方式是通过情景教学来提升学生的语言输出能力。教师可以设计各种情景对话和角色扮演活动，让学生在情境中亲身体验并运用所学语言进行交流。通过与同学的互动和对话，学生能够提升口语表达能力，增强自信心，培养交际技能。

交际教学法则注重于在语言学习中创造真实的交际环境。在中文教学中，教师可以运用交际教学法来组织各种交际活动，如小组讨论、角色扮演、任务型活动等。这些活动能够激发学生的学习兴趣，促进学生之间的合作与交流，提高语言学习的效果。

交际教学法还强调语言的功能性和实用性。在中文教学中，教师可以通过模拟真实生活中的交际场景，教授学生各种实用的交际技能，如问路、订餐、购物等。通过实际应用，学生能够更好地掌握语言的用法和表达方式，提高语言交际能力。

交际教学法还注重学生之间的互动和合作。在中文教学中，教师可以设计各种合作性的交际活动，如小组讨论、角色扮演、情景模拟等。通过与同学的互动和合作，学生能够共同探讨问题、分享经验，促进语言学习的交流和合作，提高学习效果。

情景教学和交际教学法是中文教学中常用的两种教学方法，它们通过情境创设和交际互动来促进学生的语言学习和交际能力。教师可以根据实际情况和学生需求，灵活运用这两种教学方法，提高教学效果，促进学生的全面发展。

（二）交际教学法的教学策略

1. 对话模拟

对话模拟是交际教学法在中文教学中的一种重要运用方式。它通过模拟真实情景中的对话交流，让学生在语言运用中获得实践经验，提高语言交际能力。对话模拟活动可以在课堂教学中灵活运用，涉及各个语言技能的训练，是中文教学中不可或缺的一环。

对话模拟可以促进学生的口语表达能力。在对话模拟中，学生扮演不同角色，通过模拟真实情境进行对话交流。这样的活动能够让学生更加积极地参与语言交流，锻炼他们的口语表达能力，提高他们的语言流畅度和准确性。

对话模拟有助于培养学生的听力理解能力。在对话模拟中，学生不仅要进行口语表达，还需要仔细倾听对话内容，并做出相应的回应。通过听取他人的表达，学生可以提高对语言的理解能力，从而加深对中文语言结构和语法规则的理解。

对话模拟也可以促进学生的阅读和写作能力。在对话模拟活动中，教师可以设计一些与课文相关的对话情景，让学生进行角色扮演并展开对话。通过参与对话模拟，学生不仅可以加深对课文内容的理解，还可以锻炼写作能力，提高语言组织和表达能力。

对话模拟还可以培养学生的交际技能和合作精神。在对话模拟中，学生需要与同伴进行交流合作，共同完成对话任务。通过与他人合作，学生可以学会倾听和尊重他人意见，培养良好的交际技能和合作精神。

对话模拟还可以帮助学生更好地融入中国文化。通过模拟真实情景中的对话，学生可以更深入地了解中国文化和社会习俗，增强对中文文化的理解和认同。这样的活动有助于学生在语言学习的同时也能够了解中国文化的独特魅力。

对话模拟也是一种生动有趣的教学方式，能够激发学生的学习兴趣，增强他们的学习动力。通过参与对话模拟，学生可以在轻松愉快的氛围中学习语言，增强学习的趣味性和互动性，从而更加愿意投入到语言学习中。

对话模拟是交际教学法在中文教学中的一种有效运用方式。通过对话模拟活动，可以促进学生口语表达能力、听力理解能力、阅读和写作能力的提高，同时也有助于培养学生的交际技能、合作精神和文化认同感。因此，在中文教学中，应该充分利用对话模拟这一教学方法，为学生提供更加丰富多彩的语言学习体验。

2. 设计各种语言任务

交际教学法在中文教学中的运用是为了促进学生在真实语境中的语言交流和实践。为实现这一目标，教师可以设计各种语言任务，以激发学生的学习兴趣，提高他们的语言运用能力。以下是交际教学法在中文教学中的具体运用方法。

一种常见的语言任务是口语对话。教师可以设计各种情境对话，如日常生活对话、购物对话、旅行对话等，让学生在模拟的情境中进行口语交流。通过这样的任务，学生可以练习常用口语表达，提高他们的口语交际能力。

另一种语言任务是小组讨论。教师可以给学生分配话题，让他们在小组内展开讨论，并就话题进行交流和思考。通过小组讨论，学生可以分享自己的观点和看法，同时也可以倾听他人的意见，提高他们的听说能力和逻辑思维能力。

教师还可以设计情景模拟任务。通过模拟各种真实生活场景，如商场购物、餐厅点餐、旅游问路等，让学生在模拟的情景中进行语言实践。通过情景模拟，学生可以将所学语言知识应用到实际情境中，提高他们的语言运用能力和应对能力。

还可以设计角色扮演任务。教师可以给学生分配角色，让他们扮演不同的角色，并在模拟的情境中进行对话和交流。通过角色扮演，学生可以更深入地理解语言的使用方式和表达方式，提高他们的语言表达能力和情感表达能力。

教师还可以设计信息交流任务。这种任务可以是学生之间的信息交流，也可以是学生与教师之间的信息交流。通过信息交流，学生可以分享自己的学习经验和感受，同时也可以获取他人的信息和建议，促进彼此之间的交流和合作。

教师还可以设计实践任务。这种任务可以是学生参与真实生活中的活动，如参加社区活动、参观博物馆、实地考察等。通过实践任务，学生可以将所学语言知识应用到实际生活中，提高他们的语言运用能力和实际应用能力。

交际教学法在中文教学中的运用可以通过设计各种语言任务，以促进学生在真实语境中的语言交流和实践。通过口语对话、小组讨论、情景模拟、角色扮演、信息交流和实践任务等方式，学生可以提高他们的语言运用能力和交际能力，达到有效学习中文的目的。

第二节　任务型教学法在中文教学中的应用

一、任务型教学法

（一）任务型教学法的基本理念

任务型教学法是一种以任务为核心的教学方法，其基本理念是通过设计具体的任务来促进学生的学习和语言运用能力。这种教学法强调学生在实际语言环境中进行交际和合作，从而达到语言学习的最终目的。以下是对任务型教学法基本理念的概述。

任务型教学法的核心理念在于将学生置于学习的中心地位，让他们成为学习的主体。通过设置具体的任务，学生需要在语言实践中运用所学知识，积极参与到学习过程中，从而培养他们的自主学习能力和解决问题的能力。

这种教学法注重学习的实际应用和情境化。任务通常是与学生生活和学习经验相关的，能够激发学生的兴趣和动力，让他们在真实的语言环境中进行交际和合作，从而提高语言学习的效果和效率。

任务型教学法强调学生的参与和合作。学生在完成任务的过程中需要与同伴进行有效的沟通和合作，共同解决问题，达到任务的目标。这种合作性的学习方式有助于培养学生的团队合作精神和交际能力。

任务型教学法注重学习者的情感投入和体验感受。通过任务的完成，学生不仅学习到语言知识，还能够体验到语言使用的乐趣和成就感，从而激发他们对语言学习的兴趣和动力。

在任务型教学法中，教师的角色更像是学习的指导者和组织者。教师需要根据学生的学习需求和兴趣设计合适的任务，引导学生进行学习活动，并及时给予反馈和指导，促进学生的学习效果。

任务型教学法是一种基于实践的教学方法，强调学生在实际情境中运用语言进行交际和合作。通过任务的完成，学生不仅提高了语言能力，还培养了解决问题的能力和自主学习的意识，为他们未来的学习和工作奠定了良好的基础。

任务型教学法是一种注重学生主体性和实践性的教学方法，通过设置具体的任务来促进学生的语言学习和交际能力。这种教学法能够激发学生的学习兴趣，提高学习效果，是现代语言教学中的重要教学理念之一。

（二）任务型教学法的主要特点

1. 学习目标明确

学习目标明确是任务型教学法的核心特点之一。在任务型教学法中，教师明确规定学习目标，以确保学生在完成任务过程中能够达到既定的学习目标。这种明确的学习目标有助于引导教学过程，使学生更加专注于任务的完成和相关语言技能的提升。

任务型教学法注重学生的参与和主动性。与传统的教学方法相比，任务型教学法更加强调学生的主动学习和参与。在任务型教学中，学生被赋予具体的任务，需要他们通过自主学习和合作探究的方式完成任务。这种参与式的学习过程能够激发学生的学习兴趣，增强他们的学习动机。

任务型教学法强调语言技能的综合应用。在任务型教学中，学生完成任务需要综合运用所学的语言技能，包括听、说、读、写等方面。通过任务型教学，学生能够在实际语境中练习和运用语言，提高语言的实际运用能力。这种综合应用的学习方式有助于培养学生的语言综合能力。

另一个任务型教学法的特点是任务的真实性和情境化。在任务型教学中，教师设计的任务通常具有一定的真实性和情境化，能够模拟真实生活中的语言使用情景。学生完成任务时需要在具体的情境中进行语言交流和应用，这有助于增强学生对语言的理解和记忆，并提高语言的实际运用能力。

任务型教学法注重学习者的个性化和差异化。在任务型教学中，教师会根据学生的学习特点和需求设计不同的任务，以满足学生的个性化学习需求。教师会考虑学生的语言水平、兴趣爱好和学习风格等因素，灵活调整任务的难度和内容，使每个学生都能够在适合自己的学习环境中进行学习。

任务型教学法强调学习过程的反思和总结。在任务型教学中，学生完成任务后，教师会组织学生对学习过程进行反思和总结。学生需要回顾自己完成任务的过程，分析所遇到的问题和困难，并提出改进的建议。这种反思和总结能够帮助学生发现自己的学习不足和提升空间，促进学生的进步和成长。

任务型教学法具有学习目标明确、学生参与主动、语言技能综合应用、任务真实情境化、学习个性化差异化和学习过程反思总结等主要特点。通过灵活运用任务型教学法，教师能够更好地激发学生的学习兴趣，提高学生的语言综合能力，促进学生的全面发展。

---

2. 强调合作学习

　　强调合作学习的任务型教学法是一种以学生为中心、以任务为导向的教学方法。它注重学生的参与和合作，通过设计具体任务来促进学生的语言习得和能力提升。任务型教学法具有多种主要特点，这些特点旨在激发学生的学习兴趣，培养其综合语言运用能力。

　　任务型教学法强调任务的真实性和意义性。在任务型教学中，教师设计的任务往往与学生实际生活密切相关，具有一定的真实性和意义性。这些任务可以是解决实际问题、完成真实任务、参与社会活动等，让学生在完成任务的过程中感受到语言运用的实际应用场景，增强学习的动机和兴趣。

　　任务型教学法注重学生的合作与交流。在任务型教学中，学生通常需要以小组形式合作完成任务，通过互相交流、讨论和合作，共同解决问题，达成共识。这样的合作学习模式可以促进学生之间的交流与合作，培养学生的团队意识和合作精神，提高他们的协作能力和社交技能。

　　任务型教学法强调任务的导向性和学生的自主性。在任务型教学中，教师往往是任务的设计者和引导者，而学生则是任务的执行者和主体。教师通过精心设计任务，引导学生自主探究、发现问题，并提供必要的指导和支持。学生在完成任务的过程中，可以根据自己的兴趣和能力选择适合自己的学习策略和方法，提高学习的自主性和主动性。

　　任务型教学法注重学生的语言输出和实践能力。在任务型教学中，学生需要通过口头表达或书面表达的方式完成任务，这有助于培养学生的语言输出能力和实践能力。通过完成任务，学生可以锻炼语言组织能力、表达能力和交际能力，提高语言运用的灵活性和准确性。

　　任务型教学法强调反馈和评价的重要性。在任务型教学中，教师会及时对学生的任务完成情况进行反馈和评价，指导学生发现问题、改进表达，提高语言运用能力。学生也可以通过对任务完成情况的评价和反思，发现自己的不足，进一步完善语言表达和应用能力。

　　任务型教学法具有多种主要特点，这些特点旨在激发学生的学习兴趣，培养其综合语言运用能力。强调任务的真实性和意义性、合作与交流、任务的导向性和学生的自主性、语言输出和实践能力以及反馈和评价的重要性等特点，使得任务型教学法成为一种有效的语言教学方法，为学生的语言学习提供了丰富多彩的学习体验。

二、任务型教学法在中文教学中的具体应用分析

（一）设计任务型教学活动

任务型教学法在中文教学中的应用是为了培养学生的语言运用能力和实践能力。任务型教学强调学生在完成任务的过程中，通过实际运用语言进行交流和实践，从而提高他们的语言水平。以下是任务型教学法在中文教学中的具体应用方法。

一种常见的任务型教学活动是情境任务。在情境任务中，教师根据不同的情境设计具体的任务，要求学生在这个情境中完成特定的语言任务。比如，在一个购物情境中，教师可以要求学生根据指定的购物清单，用中文向店员询问商品价格和购买方式。通过完成这样的任务，学生可以锻炼自己的语言表达能力和应对能力。

另一种任务型教学活动是角色扮演任务。在角色扮演任务中，教师给学生分配不同的角色，让他们扮演这些角色，在特定的情境中进行对话和交流。比如，在一个餐厅情境中，教师可以让学生扮演服务员和顾客的角色，进行点菜和服务交流。通过角色扮演，学生可以模拟真实生活中的交流情境，提高他们的语言运用能力和交际能力。

教师还可以设计信息搜集任务。在信息搜集任务中，教师给学生提供一个特定的话题或问题，要求他们利用各种资源搜集相关信息，并用中文整理和表达这些信息。比如，教师可以让学生通过阅读书籍、搜索网络、采访他人等方式，搜集关于中国传统节日的信息，并用中文向同学介绍。通过信息搜集任务，学生不仅可以提高他们的信息获取和整理能力，还可以提高他们的语言表达能力。

还可以设计合作任务。在合作任务中，教师让学生分成小组，共同完成一个任务。比如，教师可以让学生分组制作中文广播节目，每个小组负责一个主题，并用中文进行录制和播放。通过合作任务，学生可以互相学习和帮助，提高他们的团队合作能力和创造力。

教师还可以设计实践任务。在实践任务中，教师要求学生利用所学知识和技能，参与到真实的生活中，完成一个实际的任务。比如，教师可以组织学生参加社区义工活动，用中文与当地居民交流和互动。通过实践任务，学生可以将所学语言知识应用到实际生活中，提高他们的语言运用能力和实践能力。

任务型教学法在中文教学中的应用可以通过设计情境任务、角色扮演任务、信息

搜集任务、合作任务和实践任务等方式，促进学生的语言运用能力和实践能力的提高。通过完成各种任务，学生可以在真实的语境中进行语言交流和实践，从而达到有效学习中文的目的。

（二）实施任务型教学活动

在中文教学中，实施任务型教学活动是一种有效的教学方法，能够促进学生的语言学习和交际能力的提高。任务型教学法强调学生在实际语言环境中完成具体任务，通过真实的语言实践来达到学习的目的。以下是任务型教学法在中文教学中的应用。

通过设置具体的任务，激发学生的学习兴趣和动力。任务可以是与学生生活和兴趣相关的，如购物对话、餐厅点餐、旅游路线规划等，能够引起学生的兴趣和关注，从而增强他们的学习积极性。

任务型教学法注重学生的参与和合作。在任务完成的过程中，学生需要与同伴进行有效的交流和合作，共同解决问题，达到任务的目标。这种合作性的学习方式有助于培养学生的团队合作精神和交际能力。

任务型教学法强调语言的实际应用和情境化。任务通常是与学生日常生活相关的，能够让学生在真实的语言环境中进行交际和合作，从而提高语言学习的效果和效率。

在任务型教学活动中，教师的角色更像是学习的指导者和组织者。教师需要根据学生的学习需求和兴趣设计合适的任务，引导学生进行学习活动，并及时给予反馈和指导，促进学生的学习效果。

任务型教学法注重学习者的情感投入和体验感受。通过任务的完成，学生不仅学习到语言知识，还能够体验到语言使用的乐趣和成就感，从而激发他们对语言学习的兴趣和动力。

通过实施任务型教学活动，学生能够在真实的语言环境中运用所学知识，积极参与到学习过程中。这种学习方式有助于提高学生的语言运用能力和交际能力，培养他们的自主学习能力和解决问题的能力。

任务型教学法在中文教学中的应用能够有效提高学生的语言学习和交际能力，促进他们的全面发展。设置具体的任务，激发学生的学习兴趣和动力，培养他们的合作精神和自主学习能力，是中文教学中的重要教学策略之一。

第三节　合作学习在中文教学中的应用

一、合作学习在中文教学中应用的意义

（一）促进学生交流与合作

促进学生交流与合作是中文教学中至关重要的一环，而合作学习作为一种教学方法，在此过程中扮演着重要的角色。下面将探讨合作学习在中文教学中的意义。

合作学习有助于提高学生的语言交流能力。在合作学习中，学生需要与同学合作完成各种任务，这要求他们进行频繁的语言交流。通过与同学的讨论、协商和合作，学生能够提高听、说、读、写等各方面的语言交际能力，增强语言表达能力和理解能力。

合作学习能够促进学生的语言输入和输出。在合作学习中，学生需要不断地输入和输出语言信息，与同学交流想法、分享观点、解决问题。这种双向的语言输入输出过程有助于学生更加深入地理解和掌握语言知识，提高语言运用能力。

合作学习有助于培养学生的团队合作精神和社会交往能力。在合作学习中，学生需要与同学密切合作，共同解决问题、完成任务。通过合作学习，学生能够学会倾听、尊重他人的意见、协调分工、共同完成任务，培养团队合作精神和团队合作能力。

合作学习能够促进学生的批判性思维和问题解决能力。在合作学习中，学生需要共同思考和解决各种问题，这要求他们发挥批判性思维和创造性思维。通过与同学的合作，学生能够学会分析问题、提出解决方案、评估结果，培养批判性思维和问题解决能力。

合作学习有助于提高学生的自我学习能力和自主学习能力。在合作学习中，学生需要自主学习和探究问题，主动与同学合作、交流和讨论。通过这种自主学习的过程，学生能够培养自我学习的习惯和能力，提高自主学习的能力。

合作学习能够促进学生的情感交流和人际关系发展。在合作学习中，学生需要与同学建立良好的人际关系，彼此尊重、支持和帮助。通过与同学的情感交流和互动，学生能够建立起良好的人际关系，增强情感交流能力和人际交往能力。

合作学习在中文教学中具有重要的意义。通过合作学习，学生能够提高语言交流

能力、培养团队合作精神、促进批判性思维和问题解决能力、提高自主学习能力、发展人际关系，从而全面提升语言学习效果和个人发展水平。

（二）促进学习效果提升

合作学习在中文教学中具有重要的意义，它能够促进学习效果的提升，提高学生的学习成绩和语言能力。合作学习不仅可以促进学生之间的交流和合作，还可以激发学生的学习兴趣，培养他们的团队合作精神和社交技能，进而提高学习效果。

合作学习能够促进学生之间的交流和合作。在中文教学中，学生之间的交流是非常重要的，它有助于学生之间相互理解，共同解决问题。通过合作学习，学生可以共同探讨问题、分享观点、交流意见，从而促进彼此之间的交流和合作，加深对学习内容的理解和掌握。

合作学习能够激发学生的学习兴趣。在合作学习中，学生可以通过与同伴合作完成任务，共同探索问题，这种学习方式更加生动有趣，能够激发学生的学习兴趣。相比于传统的单一学习方式，合作学习能够增加学习的趣味性和互动性，使学生更加愿意投入到学习中，从而提高学习效果。

合作学习能够培养学生的团队合作精神和社交技能。在合作学习中，学生需要与同伴进行合作，共同完成任务，这要求他们具备良好的团队合作精神和沟通能力。通过与同伴的合作，学生可以学会倾听和尊重他人的意见，有效地协调和合作，提高团队合作能力和社交技能。

合作学习有助于促进学生的深层次学习。在合作学习中，学生不仅需要理解和掌握知识，还需要运用所学知识解决实际问题，这有助于促进学生的深层次学习。通过与同伴合作探讨问题、思考解决方案，学生可以更加深入地理解学习内容，培养批判性思维和问题解决能力，从而提高学习效果。

合作学习能够促进学生之间的情感交流和情感认同。在合作学习中，学生之间相互合作、交流，建立起良好的情感关系，增强彼此之间的情感认同。通过与同伴共同学习、共同进步，学生可以建立起互信和互助的关系，增强学习的归属感和自信心，从而提高学习效果。

合作学习在中文教学中具有重要的意义。它能够促进学生之间的交流和合作，激发学生的学习兴趣，培养他们的团队合作精神和社交技能，促进深层次学习，增强学生之间的情感交流和情感认同，从而提高学习效果，为学生的全面发展和成长提供有力支持。因此，在中文教学中应该充分重视合作学习的实施，为学生提供更加丰富多彩的学习体验。

二、合作学习在中文教学中的具体应用分析

（一）合作学习活动设计

合作学习是一种注重学生之间合作、互动和共享资源的教学方法，在中文教学中具有广泛的应用价值。通过合作学习，学生可以通过彼此之间的交流和合作，共同探讨问题、解决困难，提高他们的语言水平和学习效果。以下是合作学习在中文教学中的应用方法和活动设计。

一种常见的合作学习活动是小组讨论。在小组讨论中，教师可以将学生分成小组，每个小组负责讨论一个特定的话题或问题，并展开讨论和交流。通过小组讨论，学生可以分享自己的观点和看法，倾听他人的意见，从而促进彼此之间的交流和合作，提高他们的语言表达能力和逻辑思维能力。

另一种合作学习活动是合作项目。在合作项目中，教师可以让学生组成小组，共同完成一个项目或任务。比如，教师可以让学生分组制作中文广播节目，每个小组负责一个主题，并共同策划、录制和播放。通过合作项目，学生可以共同分工合作，发挥各自的特长和优势，提高他们的团队合作能力和创造力。

教师还可以设计角色扮演活动。在角色扮演活动中，教师给学生分配不同的角色，让他们扮演这些角色，在特定的情境中进行对话和交流。比如，在一个购物情境中，教师可以让学生扮演顾客和店员的角色，进行购物对话和服务交流。通过角色扮演，学生可以模拟真实生活中的交流情境，提高他们的语言表达能力和情感表达能力。

还可以设计信息分享活动。在信息分享活动中，教师给学生提供一个特定的话题或问题，要求他们利用各种资源搜集相关信息，并用中文向同学介绍。比如，教师可以让学生分组搜集关于中国传统节日的信息，并用中文进行展示和分享。通过信息分享，学生可以提高他们的信息获取和整理能力，同时也可以提高他们的语言表达能力。

教师还可以组织合作考察活动。在合作考察活动中，教师带领学生参观一些与中文相关的场所，如博物馆、文化遗址等，让学生在实践中感受中文文化的魅力。在考察过程中，教师可以引导学生进行讨论和交流，促进彼此之间的学习和分享。通过合作考察活动，学生不仅可以增加对中文文化的了解，还可以提高他们的合作能力和实践能力。

合作学习在中文教学中具有重要的应用价值。通过小组讨论、合作项目、角色扮

演、信息分享和合作考察等活动，可以促进学生之间的交流和合作，提高他们的语言水平和学习效果，为他们的全面发展和成长打下良好的基础。

（二）合作学习实施方法

1. 为每位学生分配不同的角色或任务

在中文教学中，采用合作学习的方式，为每位学生分配不同的角色或任务，是一种有效的教学策略。这种方法强调学生之间的互动和合作，能够促进他们的语言学习和交际能力的提高，同时也能够培养他们的团队合作精神和解决问题的能力。以下是合作学习在中文教学中的应用。

分配不同的角色或任务是合作学习中的重要环节之一。教师可以根据学生的兴趣、能力和学习目标，为每位学生分配不同的角色或任务，如组长、记录员、讨论者等，从而让每位学生在合作学习中扮演不同的角色，共同完成学习任务。

通过分配不同的角色或任务，可以有效地激发学生的学习兴趣和动力。每位学生都有自己的任务和责任，需要积极参与到学习过程中，从而增强学生的学习动机和积极性。

合作学习强调学生之间的互动和交流。在合作学习的过程中，学生需要与同伴进行有效的沟通和合作，共同解决问题，达到学习的目标。这种交流和合作的学习方式有助于提高学生的语言交际能力和合作意识。

分配不同的角色或任务可以促进学生之间的相互依赖和互助。每位学生都扮演着不同的角色，需要互相配合和支持，共同完成学习任务。这种互助和相互依赖的学习方式有助于培养学生的团队合作精神和责任意识。

合作学习强调学生的自主学习和解决问题的能力。通过分配不同的角色或任务，学生需要自主学习和思考，独立解决问题，从而提高他们的学习能力和问题解决能力。

合作学习是一种注重学生主体性和实践性的教学方法。通过分配不同的角色或任务，学生能够在真实的语言环境中运用所学知识，积极参与到学习过程中，从而提高语言学习的效果和效率。

在合作学习中，教师的角色更像是学习的指导者和组织者。教师需要根据学生的学习需求和兴趣设计合适的任务，引导学生进行学习活动，并及时给予反馈和指导，促进学生的学习效果。

合作学习是一种有效的教学方法，在中文教学中具有重要的应用价值，通过为每位学生分配不同的角色或任务，能够促进学生之间的互动和交流，提高他们的语言学习和交际能力，培养他们的团队合作精神和解决问题的能力，是中文教学中的重要教学策略之一。

2. 在真实情景中模拟合作场景

在中文教学中，利用真实情景模拟合作场景是促进学生学习的一种重要方式。合作学习作为一种教学方法，可以在中文教学中得到广泛应用。下面将探讨合作学习在中文教学中的具体应用。

在语言学习中，合作学习可以通过小组讨论的方式进行。教师可以将学生分成小组，每个小组负责研究一个话题或问题，并在一定时间内进行讨论和探讨。通过小组讨论，学生可以相互交流观点，共同解决问题，提高语言表达能力和思维能力。

另一种应用方式是通过角色扮演来进行合作学习。在中文教学中，教师可以设计一些角色扮演的情境，要求学生扮演不同的角色，模拟真实的交际场景。例如，学生可以扮演客户和服务员，进行购物或订餐的对话；或者扮演朋友和家人，进行日常交流。通过角色扮演，学生能够在真实情景中练习语言，提高语言交流能力。

合作学习还可以通过任务型活动来进行。教师可以设计一些任务，要求学生小组合作完成。例如，学生可以分组进行文化调查，了解中国某个地区的风俗习惯；或者分组制作中文广播节目，提高语言运用能力。通过任务型活动，学生能够在合作中学习、交流和共享知识。

在写作教学中，合作学习也可以得到应用。教师可以将学生分成小组，每个小组负责撰写一篇文章或故事。在撰写过程中，学生可以相互讨论、交流和修改，提高写作水平和表达能力。通过合作写作，学生能够学会倾听他人的意见，提出具有建设性的反馈，培养团队合作精神。

合作学习还可以通过文化交流活动来进行。在中文教学中，教师可以组织学生参加各种文化交流活动，与中国学生或者其他外国学生进行交流。通过文化交流活动，学生可以了解不同文化背景下的思维方式和交际习惯，增进对中国文化的理解和认同。

合作学习在中文教学中有着广泛的应用价值。通过在真实情景中模拟合作场景，教师可以激发学生的学习兴趣，提高学生的语言交流能力和综合素养，促进学生的全面发展。因此，在中文教学实践中，合作学习应被充分重视和应用。

第四节　项目化教学在中文教学中的应用

一、项目化教学在中文教学中的应用的意义

(一) 促进学生学习动机与兴趣

项目化教学是一种以项目为核心的教学方法,其主要特点是通过设计和实施项目来促进学生的学习动机和兴趣。在中文教学中,项目化教学具有重要的意义,它能够激发学生的学习热情,提高学习动机,增强学习效果。

项目化教学能够激发学生的学习兴趣。在项目化教学中,学生通常需要通过实际项目来完成任务,这些项目往往与学生的兴趣和实际生活密切相关。学生在参与项目的过程中,会感受到学习的乐趣和意义,从而激发学习兴趣,提高学习的积极性和主动性。

项目化教学能够增强学生的学习动机。在项目化教学中,学生通常需要在团队中合作完成项目,通过解决实际问题或完成任务来达成项目目标。这种合作学习的方式能够激发学生的竞争意识和合作精神,增强他们的学习动机,使他们更加积极地投入到学习中。

项目化教学能够提高学生的学习效果。在项目化教学中,学生需要通过实际项目来应用所学知识和技能,这有助于巩固和深化他们的学习成果。通过实际项目的完成,学生不仅能够提高学习的质量和水平,还能够培养解决问题的能力和创新思维,从而提高学习效果。

项目化教学能够培养学生的综合能力。在项目化教学中,学生通常需要运用各种学科知识和技能来完成项目,这有助于培养他们的综合能力和跨学科思维能力。通过参与项目化教学,学生不仅能够提高语言能力,还能够培养解决问题的能力、团队合作能力和创新能力,为他们的综合发展奠定良好的基础。

项目化教学还能够促进学生的自主学习和探究精神。在项目化教学中,学生通常需要根据项目的要求自主规划学习计划,独立进行学习和探究,这有助于培养他们的自主学习能力和自我管理能力。通过自主学习和探究,学生能够更好地发挥自己的潜能,提高学习效率和成果。

项目化教学在中文教学中具有重要的意义。它能够激发学生的学习兴趣，增强学习动机，提高学习效果，培养学生的综合能力和自主学习能力，为学生的全面发展和成长提供有力支持。因此，在中文教学中应该充分重视项目化教学的实施，为学生提供更加丰富多彩的学习体验。

（二）培养学生综合能力

项目化教学是一种注重学生主动参与和实践的教学方法，通过设计和实施具体的项目任务，培养学生的综合能力和实践能力。在中文教学中，项目化教学具有重要的意义，可以促进学生的语言运用能力、创造力和合作精神的发展，提高他们的综合素质和竞争力。以下是项目化教学在中文教学中的具体意义。

项目化教学可以促进学生的语言运用能力。在项目化教学中，学生需要在实际情境中运用所学的中文知识和技能，完成各种语言任务。通过项目化教学，学生可以提高他们的听、说、读、写能力，加深对中文语言的理解和掌握，从而提高他们的语言运用能力。

项目化教学可以激发学生的创造力和想象力。在项目化教学中，学生需要根据具体任务的要求，设计和实施自己的项目计划，并在实践中发挥自己的创造力和想象力。通过项目化教学，学生可以锻炼自己的创新思维和解决问题的能力，培养他们的创造性精神和创业意识。

项目化教学可以培养学生的合作精神和团队合作能力。在项目化教学中，学生通常需要组成小组，共同完成一个项目任务。在合作过程中，学生需要相互协作、相互配合，充分发挥每个人的特长和优势。通过项目化教学，学生可以学会与他人合作、团结协作，提高他们的团队合作能力和集体荣誉感。

项目化教学可以促进学生的实践能力和应用能力。在项目化教学中，学生不仅需要掌握中文知识和技能，还需要将所学知识和技能应用到实际生活和工作中，解决实际问题。通过项目化教学，学生可以提高他们的实践能力和应用能力，增强他们的适应能力和竞争力。

项目化教学可以培养学生的综合素质和竞争力。通过项目化教学，学生可以在实践中综合运用各种知识和技能，培养自己的综合素质，提高自己的竞争力。项目化教学还可以促进学生的自我管理和自我发展，培养他们的终身学习能力和创新精神，为他们的个人发展和职业生涯奠定坚实的基础。

项目化教学在中文教学中具有重要的意义。通过项目化教学，可以促进学生的语言运用能力、创造力和合作精神的发展，提高他们的综合素质和竞争力，为他们的个人发展和职业生涯打下良好的基础。

二、项目化教学在中文教学中的具体应用分析

（一）制作文化展览

项目化教学是一种注重学生主体性和实践性的教学方法，在中文教学中具有广泛的应用。通过制作文化展览等项目，学生能够在实际的语言环境中运用所学知识，积极参与到学习过程中，从而提高语言学习的效果和效率。以下是项目化教学在中文教学中的应用。

制作文化展览是项目化教学在中文教学中的一种重要应用方式。学生可以选择感兴趣的主题，通过搜集资料、设计展板、准备展示内容等活动，共同完成文化展览项目。这种实践性的学习方式能够增强学生的学习动机和积极性，提高他们的语言运用能力和文化素养。

项目化教学注重学生的参与和合作。在文化展览项目中，学生需要分工合作，共同完成各项任务，例如搜集资料、设计展板、准备展示内容等，从而培养他们的团队合作精神和协作能力。

制作文化展览项目强调学生的实践性和体验感受。通过实际的活动，学生不仅学习到语言知识，还能够体验到语言使用的乐趣和成就感，从而激发他们对语言学习的兴趣和动力。

项目化教学强调学生的自主学习和解决问题的能力。在文化展览项目中，学生需要自主搜集资料、设计展板、准备展示内容等，独立思考和解决问题，从而提高他们的学习能力和问题解决能力。

项目化教学是一种注重学生主体性和实践性的教学方法。通过制作文化展览等项目，学生能够在真实的语言环境中运用所学知识，积极参与到学习过程中，从而提高语言学习的效果和效率。

在项目化教学中，教师的角色更像是学习的指导者和组织者。教师需要根据学生

的学习需求和兴趣设计合适的项目任务，引导学生进行学习活动，并及时给予反馈和指导，促进学生的学习效果。

通过制作文化展览等项目，学生能够深入了解和体验中文文化，增进对中文学习的兴趣和理解。这种实践性的学习方式有助于提高学生的语言交际能力和文化适应能力，为他们未来的学习和工作奠定了良好的基础。

项目化教学在中文教学中具有重要的应用价值。通过制作文化展览等项目，学生能够在实践中学习语言知识，提高语言运用能力，培养文化素养，是中文教学中的一种有效的教学方法。

（二）项目化教学实施方法

1. 小组合作

小组合作和项目化教学是中文教学中常用的两种教学方法，它们的结合可以有效地促进学生的学习和发展。下面将探讨小组合作和项目化教学在中文教学中的具体应用。

一种应用方式是通过小组合作完成项目任务。在中文教学中，教师可以将学生分成小组，每个小组负责完成一个项目任务。例如，学生可以组成小组，共同制作一个中文演讲视频，介绍中国的传统节日；或者合作编写一本中文绘本，讲述中国的传统故事。通过小组合作完成项目任务，学生能够互相协作、分享资源，提高语言运用能力和创造力。

另一种应用方式是通过项目化教学促进小组合作。在中文教学中，教师可以设计一些项目化任务，要求学生在小组内合作完成。例如，学生可以分组进行一场中文戏剧表演，每个小组负责准备一部分剧情，然后进行整合排演；或者分组策划一次中文展示活动，每个小组负责展示一个主题。通过项目化教学，学生能够在小组合作中共同探究问题、解决问题，提高团队合作精神和创新能力。

项目化教学还可以通过跨学科合作来促进小组合作。在中文教学中，教师可以与其他学科的教师合作，设计跨学科的项目任务。例如，学生可以分组进行一次中国文化展览，结合中文语言学习和美术、历史等学科知识，展示中国的传统文化和艺术品；或者分组策划一个中文音乐会，结合中文语言学习和音乐学，演唱中国传统音乐曲目。通过跨学科合作，学生能够综合运用各学科知识，提高学科综合素养和创新能力。

项目化教学还可以通过社区合作来促进小组合作。在中文教学中，教师可以与社区机构或社会团体合作，设计与社区服务相关的项目任务。例如，学生可以分组进行一次中文语言培训活动，向社区居民教授基础的中文语言知识；或者分组策划一个中文文化交流活动，邀请社区居民参与体验中国传统文化。通过社区合作，学生能够将所学的中文语言知识应用到实际社会中，提高社会责任感和实践能力。

小组合作和项目化教学是中文教学中的重要教学方法。通过在小组合作中实施项目化教学，教师能够激发学生的学习兴趣，促进学生的语言运用能力和综合素养的提高，培养学生的团队合作精神和创新能力，促进学生的全面发展。因此，在中文教学实践中，小组合作和项目化教学应被充分重视和应用。

2. 实践导向

实践导向的项目化教学在中文教学中的应用，是一种基于实践和任务的教学方法，旨在通过实际项目的设计与实施，使学生在实践中掌握语言知识和技能，提高语言运用能力。这种教学方法强调学生在真实情景中的应用和实践，具有较强的针对性和实用性，有助于激发学生的学习兴趣，促进学习效果的提升。

实践导向的项目化教学能够提升学生的语言运用能力。通过参与实际项目，学生需要运用中文进行信息获取、交流和表达，从而提高语言运用能力。在项目化教学中，学生通常需要参与各种语言实践活动，如制作中文广播、编写中文新闻稿、参加演讲比赛等，这些活动能够帮助学生加深对中文语言知识的理解和掌握，提高语言的流利度和准确性。

实践导向的项目化教学有助于促进学生的跨学科综合能力发展。在项目化教学中，学生不仅需要掌握中文语言知识，还需要结合其他学科知识，如历史、文化、科技等，进行跨学科的综合实践。例如，学生可以通过项目学习中国古代诗词，并结合历史背景和文化内涵进行解读和创作，从而培养跨学科思维和综合能力。

实践导向的项目化教学有助于激发学生的学习兴趣和动机。在项目化教学中，学生通常需要选择自己感兴趣的项目主题，并在实践中进行探究和实践，这有助于激发学生的学习兴趣和主动性。通过参与感兴趣的项目，学生会更加积极地投入到学习中，提高学习的效果和成果。

实践导向的项目化教学有助于培养学生的创新能力和问题解决能力。在项目化教学中，学生通常需要通过实践探究解决实际问题，这有助于培养学生的创新思维和问题解决能力。在项目实施过程中，学生需要思考和解决各种问题，培养他们的分析思维和创造性思维，从而提高解决问题的能力。

实践导向的项目化教学有助于促进学生的终身学习能力发展。在项目化教学中，学生在实践探究和解决问题的过程中，积累了丰富的学习经验和技能，培养了学习的自信心和自主性，从而提高了终身学习的能力。通过项目化教学的实践探究，学生不仅掌握了中文语言知识和技能，还培养了自主学习和探究的能力，为未来的学习和工作打下了坚实的基础。

实践导向的项目化教学在中文教学中具有重要的应用价值。它能够提升学生的语言运用能力，促进跨学科综合能力的发展，激发学生的学习兴趣和动机，培养创新能力和问题解决能力，促进终身学习能力的发展。因此，在中文教学中应该积极推广和应用实践导向的项目化教学，为学生提供更加丰富多彩的学习体验，提高学习效果。

第七章 技术与工具在中文教学中的应用

第一节 多媒体教学技术在中文教学中的应用

一、多媒体教学技术在中文教学中应用的意义

（一）提升教学效果和趣味性

多媒体教学技术在中文教学中具有重要的意义，它能够提升教学效果和趣味性，使学习过程更加生动、直观和有效。在当今数字化时代，多媒体教学技术已经成为一种不可或缺的教学手段，为中文教学带来了新的发展机遇和挑战。

多媒体教学技术能够增强教学内容的直观性和可视性。通过多媒体教学技术，教师可以利用图片、视频、音频等多种媒体资源，将抽象的语言知识转化为直观的图像和声音，使学习内容更加具体、形象化。例如，教师可以通过多媒体展示中国文化的传统节日、风土人情等内容，让学生通过视听感受、图像展示等方式更加直观地了解和体验。

多媒体教学技术能够激发学生的学习兴趣和参与度。在多媒体教学中，丰富多彩的图像、音频和视频资源能够吸引学生的注意力，激发他们的学习兴趣。通过多媒体教学，学生可以在视听和互动中感受到学习的乐趣，从而更加积极地参与到教学活动中，提高学习的效果和成果。

多媒体教学技术能够促进学生的多感官体验和深度学习。在多媒体教学中，学生不仅可以通过视觉和听觉感受到学习内容，还可以通过触摸、操作等方式进行互动体验，从而增强学习的深度和广度。通过多媒体教学，学生能够通过多种感官参与到学习中，提高学习的感知和理解能力，实现更加全面的学习效果。

多媒体教学技术能够提供个性化的学习体验和定制化的学习资源。在多媒体教学

中，教师可以根据学生的不同需求和学习水平，灵活选择和运用多媒体资源，设计个性化的学习活动和任务。例如，教师可以根据学生的学习目标和兴趣，选择不同的多媒体教学软件或应用，提供定制化的学习资源和活动，满足学生的个性化学习需求。

多媒体教学技术能够拓展教学场景和促进教学创新。在多媒体教学中，教师可以利用互联网、虚拟现实等技术手段，打破传统的教学界限，创造丰富多样的教学场景和体验。例如，教师可以通过虚拟实验室、在线语言游戏等方式，为学生提供更加丰富多彩的学习体验，激发他们的学习兴趣和创新能力。

多媒体教学技术在中文教学中具有重要的意义。它能够提升教学效果和趣味性，增强教学内容的直观性和可视性，激发学生的学习兴趣和参与度，促进多感官体验和深度学习，提供个性化的学习体验和定制化的学习资源，拓展教学场景和促进教学创新。因此，在中文教学中应该充分发挥多媒体教学技术的作用，为学生提供更加生动、直观和有效的学习体验。

（二）多样化教学方法

多媒体教学技术在中文教学中具有重要的意义，可以通过丰富多彩的教学资源和互动性的学习方式，提高学生的学习效果和学习兴趣。以下是多媒体教学技术在中文教学中的意义。

多媒体教学技术可以丰富教学内容，提供多样化的学习资源。通过图像、音频、视频等多种媒体形式，教师可以向学生呈现生动、形象的教学内容，使学生能够更直观地理解和掌握中文知识。例如，教师可以利用图片和视频展示中国传统文化的风貌，让学生深入了解中国的历史和文化。

多媒体教学技术可以提高教学的互动性和趣味性。通过利用多媒体教学软件和平台，教师可以设计各种互动性的学习活动，如互动课件、游戏化教学等，激发学生的学习兴趣和积极性。例如，教师可以设计中文学习游戏，让学生通过游戏的方式学习中文语音、词汇和句型，提高他们的学习动机和效果。

多媒体教学技术可以促进学生的跨文化交流和理解。通过利用多媒体资源，教师可以向学生介绍中国的地理、风俗、节日等信息，帮助他们更全面地了解中国的文化和习俗。教师还可以邀请外国嘉宾通过视频会议等方式，与学生进行跨文化交流，促进彼此之间的理解和友谊。

多媒体教学技术可以提高教学的灵活性和个性化。通过利用多媒体教学软件和平台，教师可以根据学生的学习需求和水平，灵活调整教学内容和方法，提供个性化的学习支持和指导。例如，教师可以根据学生的学习进度和兴趣，选择不同难度和风格的教学资源，帮助他们更好地学习中文。

多媒体教学技术可以促进教学的创新和发展。随着科技的不断进步，多媒体教学技术不断更新和完善，为中文教学提供了更多的可能性和机遇。教师可以通过不断探索和尝试，创新教学方法和手段，提高教学的效果和质量，推动中文教育的发展与创新。

多媒体教学技术在中文教学中具有重要的意义。通过丰富教学内容、提高教学互动性、促进跨文化交流、个性化教学支持和推动教学创新等方式，多媒体教学技术可以为学生提供更丰富、更生动、更有效的学习体验，为中文教学的发展和提高质量做出重要贡献。

二、多媒体教学技术在中文教学中的具体应用分析

（一）多媒体教学资源利用

多媒体教学技术在中文教学中的应用是一种高效的教学手段，通过利用多种形式的媒体资源，如图像、音频、视频等，能够生动地展示语言和文化内容，提高学生的学习效果和兴趣。以下是多媒体教学技术在中文教学中的应用。

利用多媒体教学资源可以丰富教学内容，激发学生的学习兴趣。教师可以通过多媒体教学技术，呈现丰富多彩的语言和文化素材，如图片、音频、视频等，让学生在视听感官上得到充分的满足，从而提高他们的学习积极性和参与度。

多媒体教学技术能够生动形象地展示语言和文化内容。通过图像、音频、视频等媒体资源，教师可以直观地展示中文语言的发音、书写、用法以及中国文化的传统、习俗等内容，使学生更直观地理解和感受中文语言和文化的魅力。

多媒体教学技术可以提供个性化的学习体验。教师可以根据学生的学习需求和兴趣，选择合适的多媒体资源进行教学，使每位学生都能够根据自己的学习风格和节奏进行学习，从而提高学习效果。

利用多媒体教学资源可以创造丰富多样的教学环境。教师可以借助多媒体技术，打造生动有趣的课堂氛围，如利用动画、音乐、游戏等元素，吸引学生的注意力，提高他们的学习兴趣和参与度。

多媒体教学技术可以促进学生的跨文化交流和理解。通过展示中国文化的相关内容，如节日习俗、传统风情等，学生能够更深入地了解中国文化，增进对中国的认知和理解，从而促进跨文化交流和合作。

多媒体教学技术有助于提高学生的学习效率和记忆力。通过图像、音频、视频等多媒体资源的展示，可以使学生对所学知识有更深刻的印象和理解，从而提高学习的效果和效率。

利用多媒体教学资源可以促进学生的自主学习和探究精神。教师可以为学生提供丰富的多媒体资源，让他们根据自己的学习需求和兴趣进行学习，自主选择学习内容和学习方式，从而培养他们的自主学习能力和探究精神。

多媒体教学技术在中文教学中具有广泛的应用前景。通过利用多种形式的媒体资源，教师能够丰富教学内容，生动展示语言和文化内容，提高学生的学习效果和兴趣，是中文教学中不可或缺的重要教学手段。

（二）多媒体教学工具应用

1. 电子白板

电子白板和多媒体教学技术在当今的教育领域中被广泛应用，其在中文教学中的应用也呈现出日益重要的趋势。下面将探讨电子白板和多媒体教学技术在中文教学中的具体应用。

利用电子白板进行中文教学可以有效地展示教学内容。教师可以通过电子白板展示中文文字、图片、视频等多种形式的教学资源，使学生直观地感受到语言和文化。例如，教师可以在电子白板上展示中文汉字的笔顺和发音，帮助学生正确书写和发音；或者播放中国传统文化视频，让学生了解中国的历史、地理和风土人情。通过电子白板的展示，学生能够更加生动地学习中文语言和文化知识。

另一个应用方式是利用电子白板进行互动教学。教师可以通过电子白板进行各种形式的互动教学，如抢答、填空、拖拽等。例如，教师可以设计中文语法抢答游戏，让学生通过电子白板快速回答中文语法问题；或者设计中文词汇填空活动，让学生通过电子白板完成中文词语的填空练习。通过互动教学，学生能够积极参与课堂，提高学习兴趣和学习效果。

利用多媒体教学技术可以丰富中文教学的教学资源。教师可以利用多媒体教学软件制作各种形式的教学资源，如中文语音、动画、游戏等。例如，教师可以制作中文发音视频，帮助学生正确发音和模仿；或者设计中文拼音动画，帮助学生掌握中文拼音的发音规律；又或者开发中文语言游戏，增加学生学习的趣味性和互动性。通过多媒体教学技术，学生能够更加生动地学习中文语言和文化知识。

另一个应用方式是利用多媒体教学技术进行个性化教学。教师可以根据学生的学习需求和兴趣爱好，设计个性化的教学资源，满足不同学生的学习需求。例如，教师可以根据学生的中文水平和学习兴趣，为每个学生定制不同的学习计划和教学内容；或者根据学生的学习进度和反馈，调整教学资源的难度和内容。通过个性化教学，学生能够更加有效地学习中文语言和文化知识。

利用多媒体教学技术还可以进行在线中文教学。随着网络技术的发展，越来越多的中文教学活动可以在线进行。教师可以利用多媒体教学软件和在线教学平台，进行远程中文教学。例如，教师可以通过在线视频会议进行中文口语教学，让学生在家中就能参与到课堂教学活动中；或者通过在线课件和练习，帮助学生进行中文阅读和写作练习。通过在线中文教学，学生能够方便地学习中文语言和文化知识，扩大学习的范围和渠道。

电子白板和多媒体教学技术在中文教学中有着广泛的应用前景。通过利用这些先进的教学技术，教师能够更加生动地展示教学内容，提高学生的学习兴趣和学习效果，促进学生的全面发展。因此，在中文教学实践中，应充分发挥电子白板和多媒体教学技术的作用，提升中文教学质量和水平。

2. 语音合成与识别技术

多媒体教学技术在中文教学中的应用日益多样化，其中语音合成与识别技术作为一种重要的多媒体教学手段，具有广泛的应用前景和重要的教学意义。通过语音合成与识别技术，教师可以为学生提供更加直观、生动的学习体验，促进学生的语言听力和口语能力的提高，增强教学效果和趣味性。

语音合成技术在中文教学中可以为学生提供高质量的语音播放和模拟人声。通过语音合成技术，教师可以将中文文字转化为自然流畅的语音输出，为学生提供真实的语音听觉体验。这种语音合成技术可以模拟真人发音，具有较高的语音合成质量和可信度，能够帮助学生更好地理解和掌握中文语音特点和语音规律。

语音识别技术在中文教学中可以帮助学生提高语音输入和口语表达能力。通过语音识别技术，学生可以利用中文语音输入法进行语音输入，提高输入效率和准确性。学生也可以通过语音识别技术进行口语表达，进行语音交流和互动。这种语音识别技术能够及时准确地识别学生的语音输入和口语表达，帮助他们进行自我纠正和提高口语表达能力。

语音合成与识别技术可以为中文教学提供个性化的学习体验和定制化的学习资源。通过语音合成技术，教师可以根据学生的不同需求和学习水平，提供个性化的语音播放和模拟人声，满足学生的学习需求。通过语音识别技术，学生也可以根据自己的学习目标和兴趣，选择不同的语音输入方式和口语表达方式，实现定制化的学习体验。

语音合成与识别技术还可以为中文教学提供更加丰富多样的学习资源和互动方式。通过语音合成技术，教师可以利用中文语音合成系统制作各种语音资源，如录音讲解、语音导览等，丰富教学内容和方式。通过语音识别技术，学生也可以利用语音输入法进行语音搜索、语音点读等，拓展学习资源和互动方式，增强学习的趣味性和交互性。

语音合成与识别技术可以促进中文教学的数字化转型和智能化发展。随着信息技术的不断发展，语音合成与识别技术已经成为中文教学的重要组成部分，为教学过程提供了更加智能化、个性化的学习体验和服务。通过语音合成与识别技术，教师和学生可以更加便捷地进行语言学习和交流，实现学习资源的数字化和智能化管理，推动中文教学的数字化转型和智能化发展。

语音合成与识别技术在中文教学中具有重要的应用价值。它能够为学生提供高质量的语音播放和模拟人声，帮助学生提高语音输入和口语表达能力，提供个性化的学习体验和定制化的学习资源，丰富多样的学习资源和互动方式，促进中文教学的数字化转型和智能化发展。因此，在中文教学中应该充分发挥语音合成与识别技术的作用，为学生提供更加生动、直观和有效的学习体验。

第二节　网络资源在中文教学中的利用

一、网络资源在中文教学中的应用策略

（一）在线课程平台

在线课程平台和网络资源在中文教学中的应用日益普遍，它们为教学提供了更加

便捷、灵活的学习方式，为学生提供了丰富多彩的学习资源和学习体验。通过在线课程平台和网络资源，教师可以更好地组织教学活动，个性化地指导学生学习，提高教学效果和趣味性。

在线课程平台和网络资源可以为中文教学提供丰富多样的学习资源。通过在线课程平台，教师可以上传和分享各种教学资料，包括课件、视频、音频、练习题等，为学生提供多样化的学习资源。这些学习资源可以帮助学生更好地理解和掌握中文知识，拓宽学习视野，提高学习效果。

在线课程平台和网络资源可以实现学习内容的个性化和定制化。通过在线课程平台，教师可以根据学生的不同需求和学习水平，设计个性化的学习计划和学习资源，满足学生的个性化学习需求。学生也可以根据自己的学习目标和兴趣，在线选择适合自己的学习课程和学习资源，实现定制化的学习体验。

在线课程平台和网络资源可以促进学生之间的互动和合作。通过在线课程平台，教师可以设置各种互动环节，如在线讨论、小组合作、在线测试等，促进学生之间的交流和合作。学生可以在在线课程平台上与老师和同学进行实时交流，分享学习心得，共同解决问题，增强学习的互动性和合作性。

在线课程平台和网络资源还可以实现学习过程的灵活性和自主性。通过在线课程平台，学生可以随时随地访问学习资源，自主安排学习时间和学习进度，实现学习的灵活性和自主性。学生可以根据自己的学习进度和时间安排，在线选择适合自己的学习内容和学习方式，提高学习的效率和成果。

在线课程平台和网络资源还可以促进教学内容的更新和创新。通过在线课程平台，教师可以及时更新和调整教学内容，根据学生的反馈和需求进行教学改进，不断创新教学方法和教学资源，提高教学的质量和水平。学生也可以通过在线课程平台获取最新的教学资源和信息，拓宽学习视野，增强学习的广度和深度。

在线课程平台和网络资源在中文教学中具有重要的应用价值。它们为教学提供了丰富多样的学习资源，实现了学习内容的个性化和定制化，促进了学生之间的互动和合作，实现了学习过程的灵活性和自主性，促进了教学内容的更新和创新。因此，在中文教学中应该充分发挥在线课程平台和网络资源的作用，为学生提供更加便捷、灵活和丰富的学习体验。

（二）中文学习网站

中文学习网站可以提供丰富多样的学习内容。通过中文学习网站，学生可以获取到各种中文学习资料，如课文、练习题、学习视频等。这些学习内容涵盖了中文的各个方面，包括语音、词汇、语法、阅读、写作等，能够满足学生不同层次和需求的学习需求。

中文学习网站可以提供便捷的学习渠道。学生可以通过网络随时随地访问中文学习网站，进行在线学习和练习。这样，他们可以根据自己的时间安排和学习进度，自主选择学习内容，灵活安排学习时间，提高学习的效率和灵活性。

中文学习网站可以提供互动性强的学习环境。许多中文学习网站设有在线学习社区或论坛，学生可以在这些平台上与他人交流和分享学习经验，互相学习和帮助。通过参与互动交流，学生可以拓宽自己的学习视野，提高学习动机和积极性。

中文学习网站还可以提供个性化的学习支持和指导。许多中文学习网站设有智能化的学习系统，可以根据学生的学习情况和需求，为他们提供个性化的学习建议和指导。通过这些系统，学生可以及时了解自己的学习进度和问题，及时调整学习策略，提高学习效果。

中文学习网站可以提供丰富多样的学习资源和学习工具。许多中文学习网站设有各种学习工具，如在线词典、语音库、句型库等，学生可以通过这些工具方便地查阅和练习中文知识。许多中文学习网站还提供丰富的学习资源，如在线课程、学习指导、学习资料等，帮助学生全面系统地学习中文。

网络资源在中文教学中的应用是为了丰富教学内容，提供便捷的学习渠道，促进学生的学习互动和个性化学习，提供丰富多样的学习资源和学习工具。中文学习网站作为一种重要的网络资源，具有丰富的学习内容、便捷的学习渠道、互动性强的学习环境、个性化的学习支持和丰富多样的学习资源等优点，在中文教学中发挥着重要的作用。

二、网络资源在中文教学中的利用方法

（一）分享教学资源

网络资源在中文教学中的利用方法是教学过程中不可或缺的重要组成部分。通过网络资源，教师可以获取丰富多样的教学资料和工具，为学生提供更广阔的学习空间和更丰富的学习体验。以下是网络资源在中文教学中的利用方法。

利用网络资源可以丰富教学内容，增加教学资源的多样性。教师可以在网络上搜

索到大量的中文学习资源，如语言课件、教学视频、练习题库等，以及相关的中文文化资料，如文学作品、音乐影视等，从而为教学提供更丰富的素材和工具。

网络资源可以提供与学生学习需求相适应的个性化教学内容。教师可以根据学生的学习目标和兴趣，选择合适的网络资源进行教学，使学生能够根据自己的学习风格和节奏进行学习，从而提高学习效果。

利用网络资源可以创造互动性和参与性强的教学环境。通过在线讨论、网络课堂、虚拟实验等方式，教师可以与学生进行实时互动，促进学生的思维碰撞和学习交流，提高教学的活跃度和效果。

网络资源可以拓展学生的学习空间和学习时间。学生可以通过网络资源随时随地进行学习，不受时间和地点的限制，从而更灵活地安排学习计划和时间，提高学习的效率和便利性。

利用网络资源可以提供更多样化的学习方式和学习体验。教师可以通过在线游戏、虚拟实验、多媒体课件等方式，为学生提供更生动、更直观的学习体验，激发他们的学习兴趣和动力。

网络资源可以促进跨文化交流和理解。通过网络资源，学生可以接触到来自不同地区和国家的中文学习者，与他们进行交流和互动，增进对不同文化的认知和理解，促进跨文化交流和合作。

利用网络资源可以提高教学效率和教学质量。教师可以通过网络资源进行教学资源的共享和交流，节省教学准备的时间和精力，提高教学效率；网络资源还可以为教师提供及时的教学反馈和评估，帮助他们及时调整教学策略，提高教学质量。

网络资源在中文教学中的应用还需要教师和学生共同努力。教师需要不断探索和利用网络资源，提高自己的网络素养和教学技能，为学生提供更优质的教学服务；学生则需要积极利用网络资源，主动参与到学习过程中，发挥网络资源的学习价值，提高学习效果。

网络资源在中文教学中具有重要的应用价值。通过充分利用网络资源，教师可以丰富教学内容，提高教学效果，为学生提供更广阔的学习空间和更丰富的学习体验，促进中文教学的不断发展和创新。

（二）在线学习与互动

在线学习与互动已经成为当今中文教学中不可或缺的一部分，而网络资源的利用则为中文教学提供了丰富的可能性。下面将探讨网络资源在中文教学中的利用方法。

一种利用网络资源的方法是通过在线课程平台进行中文教学。随着互联网技术的不断发展，越来越多的在线课程平台提供中文教学资源。教师可以在这些平台上发布中文课程、教学视频、练习题等教学资源，供学生自主学习。例如，教师可以在中国大学 MOOC、Coursera 等平台上开设中文课程，让全球学生通过网络学习中文语言和文化知识。通过在线课程平台，学生可以随时随地进行学习，提高学习的灵活性和便捷性。

另一种利用网络资源的方法是通过在线教学平台进行中文教学。教师可以利用在线教学平台进行远程中文教学。通过在线教学平台，教师可以与学生进行实时视频会议、文字聊天、语音交流等形式的教学活动。例如，教师可以利用 Zoom、Skype 等平台进行中文口语教学，让学生在家中就能参与到课堂教学活动中。通过在线教学平台，教师可以进行个性化教学，满足不同学生的学习需求，提高教学的效果和质量。

利用网络资源还可以进行在线学习社区建设。教师可以创建中文学习群组或论坛，邀请学生进行在线讨论和交流。通过在线学习社区，学生可以与同学分享学习经验、提出问题、解答疑惑，共同进步。例如，教师可以在微信、QQ 等社交平台上创建中文学习群组，让学生通过文字、语音、图片等多种形式进行交流。通过在线学习社区，学生可以建立起良好的学习氛围和学习互助机制，提高学习的效率和效果。

另一个利用网络资源的方法是通过在线学习资源库进行中文教学。教师可以利用网络上丰富的中文学习资源，如中文教材、中文学习网站、中文电子书等，为学生提供丰富的学习资料。例如，教师可以推荐学生使用汉语水平考试教材、中国国际广播电台网站、中国中文图书馆等资源，帮助学生进行中文听、说、读、写的综合训练。通过在线学习资源库，学生可以自主选择适合自己的学习资源，提高学习的自主性和有效性。

利用网络资源还可以进行在线评估和反馈。教师可以利用在线评估工具和反馈系统对学生进行定期评估和反馈。例如，教师可以利用在线测试系统对学生的中文语言水平进行评估；或者利用在线作业系统对学生的中文写作能力进行评价。通过在线评估和反馈，学生可以及时了解自己的学习进度和水平，及时调整学习策略和方法，提高学习效果和成绩。

网络资源在中文教学中有着广泛的应用前景。通过充分利用网络资源，教师可以为学生提供丰富多样的学习资源，满足不同学生的学习需求，提高中文教学的效果和质量。因此，在中文教学实践中，应充分发挥网络资源的作用，促进中文教育的发展和进步。

第三节 智能化教学工具在中文教学中的发展与应用

一、智能化教学工具在中文教学中的发展

（一）智能化教学工具将越来越注重个性化学习

随着教育技术的发展，智能化教学工具在中文教学中的应用正逐渐成为教育领域的热点。这些工具以其强大的智能算法和个性化定制功能，为学生提供了更加灵活、个性化的学习体验，推动了中文教学的发展。未来，智能化教学工具在中文教学中的发展趋势将呈现出几个重要特点。

智能化教学工具将更加注重个性化学习。传统的教学模式往往以集体教学为主，无法满足每个学生个性化学习需求。而智能化教学工具通过强大的数据分析和智能算法，能够根据每个学生的学习特点、兴趣爱好和学习能力，定制个性化的学习计划和学习资源，帮助学生更加有效地学习中文。

智能化教学工具将强化对学生学习过程的监测和评估。通过智能化教学工具，教师可以实时监测学生的学习进度和学习情况，了解学生的学习状态和困难，及时调整教学策略和教学内容。智能化教学工具还可以根据学生的学习表现，自动生成学习报告和评估结果，为教师和学生提供有效的反馈和指导。

智能化教学工具将注重提供多样化的学习资源和互动方式。随着智能技术的不断发展，智能化教学工具将不仅限于传统的学习资源，还将提供丰富多样的学习资源，包括文字、图片、音频、视频等多种形式。智能化教学工具还将提供多种互动方式，如在线讨论、实时问答、虚拟实验等，激发学生的学习兴趣和参与度。

智能化教学工具将强调与教师的互动和辅助作用。尽管智能化教学工具可以提供个性化的学习体验和定制化的学习资源，但教师仍然是教学过程中不可或缺的重要角色。智能化教学工具应该与教师进行有效的整合，为教师提供支持和帮助，帮助教师更好地组织教学活动，个性化地指导学生学习，实现教学目标。

智能化教学工具将不断强化教学内容的智能化和自适应性。随着人工智能技术的

不断进步，智能化教学工具将具备更强的智能算法和自适应能力，能够根据学生的学习情况和学习需求，实现教学内容的智能化调整和自适应优化。这将有助于提高教学效果和学习成果，促进中文教学的不断发展和创新。

智能化教学工具在中文教学中的发展趋势将呈现出个性化学习、学习监测与评估、多样化学习资源与互动方式、与教师的互动和辅助、教学内容的智能化与自适应等特点。这些趋势将推动中文教学的数字化转型和智能化发展，为学生提供更加灵活、个性化的学习体验，促进中文教学的不断进步和创新。

（二）智能辅助教学

智能辅助教学是指利用人工智能技术和智能化教学工具辅助教学过程，以提高教学效率、个性化学习和教学质量。在中文教学领域，智能化教学工具的发展正日益成为一种趋势，为教师和学生提供了更多更便捷的学习和教学方式。以下是智能化教学工具在中文教学中的发展趋势。

智能化教学工具的个性化学习功能将得到进一步提升。随着人工智能技术的不断发展，智能化教学工具可以更准确地根据学生的学习需求和水平，提供个性化的学习支持和指导。比如，智能化语音识别技术可以帮助学生提高口语表达能力，智能化学习系统可以根据学生的学习情况和偏好，为他们量身定制学习计划和学习资源，实现个性化的学习目标。

智能化教学工具的学习辅助功能将得到进一步加强。智能化教学工具可以通过语音识别、图像识别、自然语言处理等技术，为学生提供更多更全面的学习辅助功能。比如，智能化学习系统可以根据学生的学习情况和偏好，为他们提供实时的学习反馈和建议，帮助他们及时发现和纠正学习中的问题；智能化辅助工具可以帮助学生识别中文字符和词汇，提高他们的阅读和写作能力。

智能化教学工具的教学内容和形式将更加丰富多样。随着虚拟现实、增强现实、混合现实等技术的不断发展，智能化教学工具可以为学生提供更加丰富多样的学习内容和形式。比如，虚拟现实技术可以帮助学生身临其境地体验中国的文化和风俗，增强学习的趣味性和互动性；增强现实技术可以将中文学习内容与现实场景相结合，提供更具体、更实用的学习体验。

智能化教学工具的教学管理和评估功能将更加完善。智能化教学工具可以通过数据分析和机器学习等技术，实现教学过程的自动化管理和评估。比如，智能化教学系统可以根据学生的学习情况和表现，自动调整教学内容和方法，提高教学效果和个性化学习体验；智能化评估系统可以根据学生的学习数据和表现，为教师提供更准确、更全面的评估报告，帮助他们更好地了解学生的学习情况和需求。

智能化教学工具的应用范围将不断拓展。除了在传统的中文教学场景中应用外，智能化教学工具还可以应用于在线教育、远程教育、自主学习等领域。随着互联网和移动互联网技术的不断普及和发展，智能化教学工具可以为学生提供更灵活、更便捷的学习方式，促进中文教育的全球化和普及化。

智能化教学工具在中文教学中的发展趋势包括个性化学习、学习辅助、丰富多样的教学内容和形式、教学管理和评估的完善、应用范围的拓展等方面。随着人工智能技术和教育技术的不断进步，智能化教学工具将为中文教学提供更多更便捷的学习和教学方式，推动中文教育的发展和进步。

二、智能化教学工具在中文教学中的应用

（一）智能化学习平台

智能化学习平台和智能化教学工具是当今教育领域中的新兴技术，它们的应用在中文教学中具有巨大的潜力。通过智能化学习平台和工具，教师可以提供更个性化、更互动、更高效的教学体验，从而促进学生的学习成效和兴趣。以下是智能化教学工具在中文教学中的应用。

智能化学习平台可以根据学生的学习特点和需求，为他们提供个性化的学习路径和内容。通过分析学生的学习数据和行为，智能化学习平台可以为每个学生量身定制学习计划和教学资源，满足其个性化的学习需求，提高学习效果。

智能化教学工具可以提供丰富多样的学习资源和工具。教师可以借助智能化教学工具，为学生提供语音识别、智能推荐、在线练习等功能，丰富教学内容，增加学习趣味性，激发学生的学习兴趣和积极性。

智能化学习平台和工具可以提供及时的学习反馈和评估。通过分析学生的学习数据和行为，智能化学习平台可以为教师提供实时的学生学习情况和表现反馈，帮助教师及时调整教学策略，提高教学效果。

智能化教学工具可以提供个性化的学习辅助和支持。通过智能化教学工具，学生可以获得即时的学习帮助和解答，提高学习效率和质量；教师也可以根据学生的学习

情况和需求，为他们提供个性化的学习指导和支持，帮助他们解决学习难题。

智能化学习平台和工具可以促进学生之间的互动和合作。通过在线讨论、协作编辑、团队项目等功能，学生可以与同伴进行互动和合作，共同学习和解决问题，提高学习效果和合作能力。

智能化教学工具可以拓展学生的学习空间和学习时间。学生可以随时随地通过智能化学习平台和工具进行学习，不受时间和地点的限制，从而更灵活地安排学习计划和时间，提高学习效率和便利性。

智能化学习平台和工具可以促进跨文化交流和理解。通过在线课堂、虚拟实验、国际合作项目等方式，学生可以与来自不同地区和国家的学生进行交流和互动，增进对不同文化的认知和理解，促进跨文化交流和合作。

智能化学习平台和智能化教学工具在中文教学中的应用有助于提高教学效率和教学质量，丰富教学内容和手段，促进学生的个性化学习和全面发展，是推动中文教育现代化和国际化的重要途径。随着科技的不断进步和应用，智能化教学工具将为中文教学带来更多的创新和发展。

（二）智能化教学工具应用案例

1. 智能语音识别

智能语音识别和智能化教学工具在当今中文教学中正发挥着越来越重要的作用，为学生提供了更加便捷、高效的学习方式。下面将探讨智能语音识别和智能化教学工具在中文教学中的应用。

一种应用方式是利用智能语音识别技术进行口语教学。随着人工智能技术的不断发展，智能语音识别技术已经可以实现高精度的语音识别和评估。教师可以利用智能语音识别技术为学生提供个性化的口语练习和评估。例如，教师可以设计口语练习软件，让学生通过朗读、模仿、对话等方式进行口语练习，然后利用智能语音识别技术进行评估，分析学生的发音准确性、语调抑扬顿挫等方面，帮助学生及时纠正口语错误，提高口语水平。

另一种应用方式是利用智能语音识别技术进行听力教学。在中文听力教学中，学生常常面临听力材料的理解和把握问题。通过利用智能语音识别技术，教师可以设计听力练习软件，让学生通过听听力材料，然后利用智能语音识别技术进行听力理解和答题。例如，教师可以设计听力材料，让学生听取中文对话或短文，然后利用智能语音识别技术进行听力理解和设计填空题目，帮助学生提高听力水平。

智能语音识别技术还可以用于中文写作教学。在中文写作教学中，学生常常面临写作表达和语言规范问题。通过利用智能语音识别技术，教师可以设计写作练习软件，让学生进行中文写作练习，然后利用智能语音识别技术进行评估和反馈。例如，教师可以设计写作题目，让学生进行中文写作，然后利用智能语音识别技术分析学生的写作内容、语言表达和语法错误，给予及时的评价和建议，帮助学生提高写作水平。

智能语音识别技术还可以用于中文语法教学。在中文语法教学中，学生常常面临语法知识的掌握和应用问题。通过利用智能语音识别技术，教师可以设计语法练习软件，让学生进行中文语法练习，然后利用智能语音识别技术进行语法错误检查和纠正。例如，教师可以设计语法练习题目，让学生进行语法填空、句子改错等练习，然后利用智能语音识别技术分析学生的答案，检查语法错误并给予相应的反馈，帮助学生巩固和提高语法知识。

智能语音识别技术还可以用于中文课堂教学的互动环节。在中文课堂教学中，教师可以利用智能语音识别技术进行课堂互动和问答环节。例如，教师可以设计课堂互动软件，让学生通过语音回答问题或进行讨论，然后利用智能语音识别技术对学生的回答进行分析和评估，帮助教师及时了解学生的学习情况和反馈，调整教学策略和方法，提高课堂教学的效果和质量。

智能语音识别技术和智能化教学工具在中文教学中有着广泛的应用前景。通过充分利用这些先进的教学技术，教师可以为学生提供个性化的学习服务，提高教学的效果和质量，促进学生的全面发展。因此，在中文教学实践中，应充分发挥智能语音识别技术和智能化教学工具的作用，促进中文教育的发展和进步。

2. 智能作文批改

智能作文批改是一种智能化教学工具，在中文教学中具有广泛的应用前景和重要的教学意义。通过智能作文批改技术，教师和学生可以利用计算机和人工智能技术对学生的作文进行快速、准确的评阅和指导，提高作文教学的效率和质量，促进学生写作能力的提升。未来，智能作文批改在中文教学中的应用将呈现出几个重要特点。

智能作文批改将注重准确性和客观性。通过智能作文批改技术，计算机可以根据预设的评分标准和语言规则，对学生的作文进行自动评分和批改，提高评阅的准确性和客观性。与传统的人工评阅相比，智能作文批改具有更高的评阅效率和一致性，能够更好地反映学生的写作水平和问题。

智能作文批改将强调个性化评价和指导。通过智能作文批改技术，教师可以根据学生的写作特点和需求，定制个性化的评价和指导，帮助学生发现和解决自己的写作问题，提高写作能力。智能作文批改可以根据学生的作文内容和表现，为学生提供具有针对性的评价和建议，促进学生的个性化学习和进步。

智能作文批改将强化语言学习和写作技能的培养。通过智能作文批改技术，教师可以结合语言学习理论和写作教学方法，为学生提供有效的语言学习和写作指导。智能作文批改可以分析学生的语言表达能力和写作技巧，帮助学生了解语言规则和写作原则，提高语言运用能力和写作水平。

智能作文批改将促进学生之间的互动和合作。通过智能作文批改技术，学生可以将自己的作文上传到在线平台，与其他学生进行分享和交流，共同学习和进步。智能作文批改可以为学生提供在线评阅和互动功能，促进学生之间的交流和合作，激发学生的学习兴趣和参与度。

智能作文批改将促进教师和学生之间的互动和沟通。通过智能作文批改技术，教师可以实时监测学生的写作进展和问题，及时给予学生反馈和指导。学生也可以通过智能作文批改平台向教师提问和咨询，获得更加个性化的学习支持和辅导。这种教师和学生之间的互动和沟通，有助于提高教学效果和学习成果。

智能作文批改在中文教学中的应用具有重要的意义。它能够提高评阅的准确性和客观性，强调个性化评价和指导，促进语言学习和写作技能的培养，促进学生之间的互动和合作，促进教师和学生之间的互动和沟通。因此，在中文教学中应该充分发挥智能作文批改技术的作用，为学生提供更加有效、个性化的写作指导和支持。

第四节　远程教育技术在中文教学中的创新

一、远程教育技术在中文教学中的应用现状

（一）网络课堂

远程教育技术在中文教学中的应用现状正在不断发展和完善，为学生提供了更灵活、便捷的学习方式，促进了中文教育的全球化和普及化。以下是远程教育技术在中文教学中的应用现状。

一方面，网络课堂已成为中文教学的主要形式之一。随着互联网技术的发展，越来越多的中文教育机构和学校开始利用网络平台搭建在线教学系统，开设网络课堂。学生可以通过网络课堂随时随地参加中文课程，无须受限于时间和地点，极大地提高了学习的灵活性和便捷性。

另一方面，远程教育技术为中文教学提供了丰富多样的教学资源和工具。通过远程教育平台，学生可以获取各种中文学习资料，如课件、教材、视频、音频等，丰富了教学内容，提高了学习效果。教师可以利用网络教学工具进行课堂录制、直播授课、在线互动等教学活动，为学生提供更生动、更互动的学习体验。

远程教育技术还为中文教学提供了个性化学习的可能。通过学习管理系统和智能化教学工具，教师可以根据学生的学习需求和水平，为他们量身定制学习计划和学习资源，提供个性化的学习支持和指导。学生可以根据自己的学习进度和兴趣，自主选择学习内容和学习方式，提高了学习的效率和质量。

除此之外，远程教育技术还为中文教学提供了在线评估和反馈的机制。通过网络教学平台，教师可以对学生的学习情况和表现进行实时监控和评估，及时发现和纠正学习中的问题，提供个性化的学习反馈和建议。这不仅有助于教师更好地了解学生的学习情况和需求，还可以促进学生的自我监控和自我调整能力，提高了学习的效果和成效。

远程教育技术为中文教学的全球化和普及化提供了有力支持。通过网络课堂和在线教学平台，学生不仅可以在国内学习中文，还可以在国外学习中文，无须受限于时间和地点。这为更多的学生提供了学习中文的机会，促进了中文教育的全球化和普及化，推动了中文语言的传播和交流。

远程教育技术在中文教学中的应用现状是网络课堂的普及、丰富多样的教学资源和工具、个性化学习的实现、在线评估和反馈机制的建立以及中文教育的全球化和普及化。随着远程教育技术的不断发展和完善，相信它将为中文教学带来更广阔更多的发展空间和可能性。

（二）远程直播

远程直播和远程教育技术的发展为中文教学带来了全新的可能性，尤其是在面对全球范围内的学生和教师，以及跨地域学习的需求时。这种技术的应用现状在不断发展和完善，为中文教学提供了更加便捷、灵活和多样化的教学方式。以下是远程教育技术在中文教学中的应用现状。

远程直播技术为中文教学提供了实时互动的平台。教师可以通过远程直播技术进行在线授课，学生可以随时随地通过互联网收看直播课程，并与教师进行实时互动，提问、讨论和答疑，增强学习效果。

远程教育技术为中文教学提供了灵活多样的学习资源。通过远程教育平台，学生可以获取丰富多样的学习资源，如教学视频、电子教材、在线课件等，根据自己的学习需求和兴趣进行学习，提高学习的效率和便利性。

远程教育技术为中文教学提供了跨地域学习的机会。学生不再受地理位置的限制，可以通过远程教育技术，与世界各地的优秀教师和学生进行学习交流，拓宽学习视野，增进跨文化交流和理解。

远程教育技术为中文教学提供了个性化学习的支持。通过学习管理系统和智能化教学工具，教师可以根据学生的学习数据和行为，为他们提供个性化的学习建议和指导，满足其个性化的学习需求，提高学习效果。

远程教育技术为中文教学提供了在线考试和评估的功能。通过远程教育平台，教师可以为学生提供在线考试和评估，及时了解学生的学习情况和水平，为教学调整和改进提供参考依据，提高教学质量。

远程教育技术为中文教学提供了多元化的教学方式。除了传统的直播课程，还可以通过录播课程、在线讨论、虚拟实验等方式进行教学，满足不同学生的学习需求和学习风格，提高教学的灵活性和多样性。

远程教育技术为中文教学提供了教学资源的共享和交流平台。教师可以通过远程教育平台分享教学资源和经验，与同行进行教学交流和合作，共同提高教学水平和质量，推动中文教育的发展和创新。

远程教育技术在中文教学中的应用不断发展和完善，为中文教学提供了更加便捷、灵活和多样化的教学方式。随着科技的不断进步和应用，远程教育技术将为中文教学带来更多的创新和发展。

二、远程教育技术在中文教学中的创新应用

(一) 智能化学习系统

智能化学习系统和远程教育技术在当今中文教学中发挥着越来越重要的作用，为

学生提供了更加灵活、便捷的学习方式。下面将探讨智能化学习系统和远程教育技术在中文教学中的创新应用。

一种创新应用是通过智能化学习系统进行个性化学习。随着人工智能技术的不断发展，智能化学习系统已经可以根据学生的学习需求和兴趣，提供个性化的学习服务。例如，智能化学习系统可以根据学生的学习情况和反馈，推荐适合学生的学习资源和学习计划，提供定制化的学习内容和教学方法。通过个性化学习，学生可以根据自己的学习节奏和学习风格，进行自主学习和自主探索，提高学习的效率和效果。

另一种创新应用是通过远程教育技术进行在线教学。在中文远程教学中，学生可以通过互联网平台参与到远程中文课程中。例如，教师可以利用视频会议软件进行实时中文课堂教学，让学生在家中就能参与到中文课堂教学活动中。通过远程教育技术，学生可以不受时间和地点的限制，灵活安排学习时间，充分利用碎片化时间进行学习，提高学习的灵活性和便捷性。

智能化学习系统和远程教育技术还可以结合起来，实现更加个性化、智能化的中文教学。例如，教师可以利用智能化学习系统设计个性化的学习计划和教学内容，然后通过远程教育技术进行在线教学和指导。在中文远程教学中，教师可以利用智能化学习系统分析学生的学习情况和学习需求，提供定制化的教学服务。通过智能化学习系统和远程教育技术的结合，学生可以得到更加个性化、具有针对性的中文教育服务，提高学习的效果和质量。

智能化学习系统和远程教育技术还可以用于中文教学的在线评估和监控。在中文教学过程中，教师可以利用智能化学习系统和远程教育技术对学生的学习情况和学习行为进行实时监控和评估。例如，教师可以通过智能化学习系统分析学生的学习数据和学习轨迹，及时了解学生的学习进度和学习困难，然后通过远程教育技术进行在线指导和帮助。通过在线评估和监控，教师可以及时调整教学策略和方法，帮助学生克服学习障碍，提高学习的效果和质量。

（二）创新教学模式

1. 混合式教学模式

混合式教学模式结合了传统面对面教学和远程教育技术，是一种创新的教学模式。在中文教学中，混合式教学模式的应用为教学带来了全新的可能性，远程教育技术在其中扮演着重要的角色。未来，随着远程教育技术的不断发展和创新，其在中文教学中的应用将呈现出更多的创新应用场景和方法。

混合式教学模式结合远程教育技术可以实现教学资源的共享和整合。通过远程教育技术，教师可以将中文教学资源上传到在线平台，学生可以随时随地访问这些资源，实现教学资源的共享和整合。这种教学资源的共享和整合能够为教学提供更加丰富多样的学习资源，拓宽学生的学习视野，提高教学的质量和效果。

混合式教学模式结合远程教育技术可以促进学生的自主学习和合作学习。通过远程教育技术，学生可以自主选择学习时间和学习地点，自主安排学习进度和学习方式，实现学习的灵活性和自主性。远程教育技术还可以为学生提供在线互动和合作平台，促进学生之间的交流和合作，提高学习的效果和成果。

混合式教学模式结合远程教育技术可以促进教学过程的智能化和个性化。通过远程教育技术，教师可以利用智能化教学工具对学生的学习情况进行监测和评估，了解学生的学习需求和问题，个性化地指导学生学习。教师还可以根据学生的学习情况和反馈调整教学内容和教学方法，实现教学过程的智能化和个性化。

混合式教学模式结合远程教育技术可以拓展教学场景和提升教学体验。通过远程教育技术，教师可以利用虚拟现实、增强现实等技术手段，创造丰富多彩的教学场景和体验，为学生提供更加生动、直观的学习体验。这种教学场景和体验的拓展能够激发学生的学习兴趣和参与度，提高教学的趣味性和效果。

混合式教学模式结合远程教育技术可以促进教学模式的创新和教学方法的探索。通过远程教育技术，教师可以探索各种新的教学方法和教学模式，如在线直播、虚拟现实教学、个性化学习等，丰富教学手段和方式，提高教学效果和质量。这种教学模式的创新和教学方法的探索将推动中文教学的不断发展和创新，为教育改革和教学改进提供新的思路和路径。

混合式教学模式结合远程教育技术在中文教学中的创新应用具有重要的意义。它可以实现教学资源的共享和整合，促进学生的自主学习和合作学习，促进教学过程的智能化和个性化，拓展教学场景和提升教学体验，促进教学模式的创新和教学方法的探索。因此，在中文教学中应该充分发挥混合式教学模式结合远程教育技术的优势，创新教学方法和教学模式，提高教学效果和质量。

2. 拓展性教学模式

在当今信息技术迅速发展的时代，拓展性教学模式已经成为远程教育领域的一种创新应用。中文教学作为一门语言课程，其教学方法的革新对于学习者的语言习得至关重要。在这一背景下，将拓展性教学模式与远程教育技术相结合，为中文教学带来了新的可能性。

在拓展性教学模式下，学生可以根据自己的学习进度和兴趣选择学习内容和学习路径。远程教育技术的应用使得这一模式更加灵活和可行。例如，学生可以通过在线学习平台自主选择学习资源，包括视频、音频、文本资料等，从而满足不同学习者的个性化需求。

传统的中文教学往往受限于教室的时间和空间，而拓展性教学模式的引入打破了这一限制。远程教育技术的利用使得学习者可以随时随地进行学习，不再受到时间和地点的限制。这种灵活性不仅提高了学习者的学习效率，也为那些无法参加传统面对面课程的学习者提供了机会。

拓展性教学模式注重学生的参与和互动，远程教育技术的创新应用为此提供了更多可能。通过在线讨论、虚拟实验、多媒体演示等方式，学生可以更加积极地参与到学习过程中，与教师和其他学生进行交流和合作，从而促进知识的共建和共享。

在拓展性教学模式下，教师的角色也发生了转变。传统上，教师主要是知识的传授者和学习的监督者，而在拓展性教学模式中，教师更像是学习的引导者和组织者。借助远程教育技术，教师可以为学生提供更多的学习资源和指导，同时通过在线平台对学生的学习过程进行监控和评估，及时给予反馈和帮助。

拓展性教学模式与远程教育技术的结合为中文教学带来了创新的应用。通过个性化学习、灵活学习、互动学习以及教师角色的转变，这一模式不仅丰富了教学方法，也提高了学习效果，为中文教育的发展开辟了新的道路。

第八章 中文教师素养与教学发展

第一节 中文教师的专业素养要求与培养

一、中文教师的专业素养要求

(一) 教学能力

中文教师作为教学工作者，其教学能力和专业素养是保障教育质量的重要因素。在教学过程中，中文教师需要具备一定的教学能力和专业素养，以更好地完成教学任务，促进学生全面发展。下面将从多个方面阐述中文教师专业素养的要求。

中文教师需要具备扎实的语言基础和深厚的专业知识。语言是中文教学的基础，中文教师应该熟练掌握汉语言文字知识，包括语音、词汇、语法、修辞等方面的知识。中文教师还应该具备丰富的文学知识和文化素养，了解中国传统文化和现代文化，熟悉中国古代文学和现代文学，为教学提供丰富的文学资源和文化背景。

中文教师需要具备良好的教学能力和教学方法。教学能力是中文教师完成教学任务的重要保障，中文教师应该具备教学设计、教学组织、教学实施和教学评估等方面的能力。中文教师还应该灵活运用各种教学方法，如讲授法、讨论法、示范法、案例法等，根据学生的特点和学习需求，设计合适的教学活动，激发学生的学习兴趣和积极性。

中文教师需要具备良好的师德师风和职业操守。作为教育工作者，中文教师应该具备高尚的师德和职业道德，严格遵守教育法律法规，尊重学生的人格和权利，关心学生的成长和发展，倡导以人为本的教育理念，为学生树立良好的榜样。中文教师还应该注重教学效果和教学质量，不断提高教育教学水平，为学生提供优质的教育服务。

中文教师需要具备良好的沟通能力和团队合作精神。教育是一项团队工作，中文教师需要与学生、家长、同事等多方面进行有效的沟通和合作。中文教师应该注重与学生之间的情感沟通和心理沟通，关心学生的心理健康和情感需求，建立良好的师生关系。中文教师还应该与同事之间建立良好的合作关系，共同探讨教育教学问题，分享教学经验，推动教育教学工作的发展。

中文教师需要具备持续学习和不断进步的意识。教育是一项知识更新和不断进步的事业，中文教师应该不断学习和积累教育教学理论和实践经验，提高教学水平和专业素养。中文教师应该关注教育教学领域的最新动态和研究成果，参加各种教育培训和学术交流活动，不断提升自己的教育教学水平和专业素养，为学生提供更加优质的教育服务。

中文教师专业素养的要求包括扎实的语言基础和专业知识、良好的教学能力和教学方法、高尚的师德师风和职业操守、良好的沟通能力和团队合作精神、持续学习和不断进步的意识等多个方面。只有具备了这些素养，中文教师才能更好地完成教育教学工作，为学生的全面发展做出应有的贡献。

（二）教育理念与素养

1. 具有积极的教育理念和教育情怀

具有积极的教育理念和教育情怀是中文教师专业素养的重要组成部分。教育理念反映了教师对教育的认识和态度，而教育情怀则体现了教师对学生的关爱和责任。中文教师必须深刻理解自己的教育理念，坚守教育情怀，才能够更好地履行自己的教育使命。

积极的教育理念是中文教师专业素养的基石之一。教育理念不仅包括对教育价值、教育目标的认识，更体现了教师对学生的期望和信念。具有积极的教育理念意味着中文教师应该相信每个学生都有巨大的潜能和发展空间，应该积极倡导以学生为中心的教学理念，注重培养学生的自主学习能力和创新精神，努力激发学生的学习兴趣和潜能。

教育情怀是中文教师专业素养的另一重要体现。教育情怀是教师对学生的爱和责任感，是教师对教育事业的热情和执着。中文教师应该怀着一颗赤诚的心去关爱每一个学生，理解他们的困难和需求，给予他们无私的支持和鼓励。教育情怀也包括对教育事业的热爱和责任感，中文教师应该将教育事业视为自己的使命和责任，不断提升自己的教育水平和教学能力，为学生的成长和发展贡献自己的力量。

中文教师专业素养的要求还包括扎实的学科知识和教育技能。作为中文教师，除了具备扎实的语言知识和文学素养外，还应该具备教学设计、课堂管理、学生评价等方面的专业技能。只有具备了这些基本素养，中文教师才能够胜任自己的教育工作，为学生提供高质量的教育服务。

中文教师还应该具备不断学习和专业成长的意识和能力。教育是一个不断发展变化的领域，作为中文教师，应该保持敏锐的学习意识，不断更新自己的教育理念和教学方法，不断提升自己的教育水平和专业素养。只有不断学习和专业成长，中文教师才能够与时俱进，不断提高自己的教育能力和教学水平，更好地为学生的成长和发展服务。

积极的教育理念和教育情怀、扎实的学科知识和教育技能、不断学习和专业成长的意识和能力，是中文教师专业素养的重要组成部分。中文教师应该以这些要求为指导，不断提升自己的教育水平和教学能力，为学生的成长和发展贡献自己的力量。

2. 具备良好的师德师风和职业道德

作为中文教师，具备良好的师德师风和职业道德是至关重要的。这不仅关系到教师个人的声誉和职业素养，更直接影响到学生的成长和教育的质量。以下是中文教师专业素养的要求。

良好的师德是中文教师专业素养的重要组成部分。教师应该以身作则，言传身教，做到言行一致，严于律己，尊重学生，平等对待，与学生建立良好的师生关系，成为学生的良师益友。

中文教师应具备高尚的情操和人文素养。教师应该热爱中文教育事业，具有高度的责任感和使命感，关心学生的成长和发展，培养学生的人文情怀和审美情趣，引导学生树立正确的人生观和价值观。

中文教师应具备丰富的教学经验和专业知识。教师应该不断提高自己的教学水平和专业素养，积极参加教学培训和学术交流，不断学习和更新教学理念和方法，不断提升自己的教学能力和水平。

中文教师应具备良好的沟通能力和表达能力。教师应该能够清晰准确地表达自己的思想和观点，与学生建立起良好的沟通和交流机制，关注学生的心理变化和情感需求，及时解决学生的问题和困扰。

中文教师应具备创新精神和实践能力。教师应该不断探索和尝试新的教学方法和手段，灵活运用教学资源和工具，创设丰富多彩的教学环境，激发学生的学习兴趣和创造力，提高教学效果和效率。

中文教师应具备团队合作和领导能力。教师应该与同事密切合作，共同探讨和解决教学中的问题，共享教学资源和经验，形成良好的教学氛围和团队精神，提高教学质量和效益。

中文教师应具备较强的自我管理和职业发展能力。教师应该认真履行职责，恪守教育法律法规和职业道德准则，不断提升自己的教学水平和专业素养，积极参加教师资格考试和评优评先活动，为个人的职业发展和教育事业的进步做出贡献。

中文教师专业素养要求教师具备良好的师德师风和职业道德，高尚的情操和人文素养，丰富的教学经验和专业知识，良好的沟通能力和表达能力，创新精神和实践能力，团队合作和领导能力，自我管理和职业发展能力等多方面的素养。只有不断提高专业素养，才能更好地为学生的成长和教育的发展做出积极的贡献。

二、中文教师专业素养的培养

（一）教育培训

教育培训是中文教师专业素养培养的重要途径之一。通过系统的教育培训，中文教师可以不断提升自身的专业素养，适应日新月异的教育环境和教学需求。

培训中注重理论知识的传授。中文教师在培训中需要系统学习教育理论、语言学理论等相关知识，从而深入理解教学的本质和规律。这种理论知识的传授可以帮助中文教师建立起科学的教学观念和方法论，提升教学的专业水平。

培训还应重视实践经验的分享和交流。在教育培训中，中文教师可以与同行分享教学经验、教学案例等，相互学习、相互启发。通过实践经验的分享和交流，中文教师可以积累宝贵的教学经验，拓展自己的教学思路和方法，提高教学的实效性和针对性。

培训还应注重教师的自我反思和专业发展。中文教师在培训中应该学会对自己的教学进行深入反思和评估，发现存在的问题和不足，并努力改进和提升。中文教师还应该不断学习新知识、新技术，提升自己的综合素养和竞争力，实现个人的专业发展和职业成长。

培训也应该注重中文教师的教育情感培养。中文教师在培训中不仅需要学习专业知识和技能，还需要培养良好的教育情感和师德修养。培训可以通过案例分析、角色扮演等方式，引导中文教师关注学生的情感需求和心理健康，培养教育爱心、责任心和耐心，促进中文教师的全面发展。

培训还应该注重中文教师的跨文化素养培养。在当今全球化的背景下，中文教师需要具备跨文化交际能力和跨文化理解能力。培训可以通过国际交流、文化体验等方式，帮助中文教师了解不同文化背景下的教学需求和教学方式，提升跨文化教学能力和素养。

培训还应注重中文教师的教学创新能力培养。随着时代的发展和社会的变迁，教学方式和方法也在不断更新和变化。培训应该通过教学案例分析、教学设计等方式，激发中文教师的创新意识和创新能力，鼓励中文教师尝试新的教学方法和手段，提高教学的吸引力和效果。

总之，教育培训是培养中文教师专业素养的重要途径之一。通过系统的培训，中文教师可以不断提升自身的专业水平和素养，适应教育发展的需要，为学生提供更加优质的教育服务。因此，在教育培训中应注重理论知识的传授、实践经验的分享、教师自我反思和专业发展、教育情感的培养、跨文化素养的培养、教学创新能力的培养等方面，全面提升中文教师的专业素养。

（二）实践经验积累

1. 实习实践

实习实践是中文教师专业素养培养的重要途径之一。通过实习实践，中文教师借助于真实的教学环境和实践机会，能够全面提升自己的教学能力、专业知识和教育理念，从而更好地适应教育工作的需要，为未来的教学生涯做好准备。

在实习实践中，中文教师可以通过观摩和模仿来提升自己的教学能力。通过观摩优秀教师的课堂教学，中文教师能够学习到各种教学方法和策略，了解教学过程中的技巧和窍门。中文教师还可以模仿优秀教师的教学行为和风格，逐步形成自己的教学风格和特点，提升教学效果和水平。

在实习实践中，中文教师可以通过反思和总结来提升自己的专业知识。通过反思自己的教学实践，中文教师能够发现自己的教学问题和不足，总结经验和教训，及时调整教学策略和方法。中文教师还可以利用实习实践的机会，学习相关的教育理论和教学方法，提升自己的专业知识水平，为今后的教学工作做好准备。

在实习实践中，中文教师可以通过与学生和家长的互动来提升自己的沟通能力和人际交往能力。通过与学生的互动，中文教师能够更好地了解学生的需求和特点，调整教学方法和策略，提高教学效果。通过与家长的沟通和交流，中文教师能够建立良好的家校关系，形成良好的教育合作氛围，共同关注学生的成长和发展。

在实习实践中，中文教师可以通过参与教学团队和教育项目来提升自己的团队合作能力和项目管理能力。通过参与教学团队，中文教师能够与其他教师共同探讨教育教学问题，交流教学经验，共同改进教学方法和教学质量。通过参与教育项目，中文教师能够学习项目管理技能，了解项目运作流程，提升项目管理能力，为今后的教学工作做好准备。

在实习实践中，中文教师可以通过参与社会实践和社会服务来提升自己的社会责任感和服务意识。通过参与社会实践，中文教师能够了解社会的需求和问题，思考教育的社会责任和使命，积极参与社会服务活动，为社会发展和进步贡献自己的力量。通过参与社会服务，中文教师能够与社会各界建立良好的联系和合作关系，拓展教育服务领域，提高教育服务水平，实现教育的社会价值和意义。

实习实践是培养中文教师专业素养的重要途径，通过实习实践，中文教师能够提升教学能力、专业知识、沟通能力、团队合作能力、项目管理能力、社会责任感和服务意识等多方面的素养，为今后的教学生涯奠定良好的基础。因此，应该重视实习实践的作用，为中文教师专业素养的培养提供更多的支持和机会。

2. 教学反思

教学反思是培养中文教师专业素养的重要途径之一。通过反思教学过程和教学效果，中文教师可以发现自己的不足之处，总结经验教训，不断提升自己的教育水平和教学能力。

教学反思有助于中文教师认识自己的教学行为和教学效果。在教学反思的过程中，中文教师可以客观地审视自己的教学行为，了解自己的教学特点和风格，发现自己的优点和不足，从而更加全面地认识自己的教学水平和教学效果。

教学反思可以帮助中文教师发现教学中存在的问题和难点。通过对教学过程和教学效果的反思，中文教师可以及时发现教学中存在的问题和难点，找出解决问题的方法和途径，从而提高教学的针对性和有效性，更好地促进学生的学习和发展。

教学反思有助于中文教师提高自我认知和自我管理能力。通过反思教学过程和教学效果，中文教师可以深入了解自己的教学特点和风格，认识自己的教学优势和不足，从而更加清晰地确定自己的教学目标和发展方向，提高自我管理和自我调节能力。

教学反思有助于中文教师不断完善自己的教学理念和教学方法。通过对教学过程和教学效果的反思，中文教师可以及时调整自己的教学理念和教学方法，不断丰富和完善自己的教学手段和策略，提高教学的灵活性和适应性，更好地满足学生的学习需求和教育要求。

教学反思有助于中文教师建立良好的教师形象和教师品牌。通过对教学过程和教学效果的反思，中文教师可以不断提升自己的教育水平和教学能力，建立起良好的教师形象和教师品牌，赢得学生和家长的认可和信任，从而更好地推动学校和教育事业的发展。

教学反思是培养中文教师专业素养的重要途径之一。中文教师应该充分认识到教学反思的重要性，不断加强对自己教学行为和教学效果的反思，不断提升自己的教育水平和教学能力，为学生的成长和发展贡献自己的力量。

第二节　教师发展与教育研究

一、教师发展

(一) 教师职业发展路径

教师职业发展路径是一个复杂而多样化的过程，它涉及教师个人的学历背景、专业技能、职业经验等多个方面。而教师的职业发展也是一个持续不断的过程，需要教师不断地提升自己的能力和素养，适应教育领域的变化和发展。以下是关于教师职业发展路径和发展方向的一些思考。

教师职业发展的第一步是获得教师资格和相关的学历背景。教师应该具备相应的教育学、心理学、教育技术等方面的专业知识和技能，通过教师资格考试或者其他相关考试取得教师资格证书，成为合格的教师。

教师职业发展的第二步是不断提升教学能力和专业素养。教师应该积极参加教学培训和学术交流，学习和掌握先进的教学理念和方法，不断改进和提高教学水平，成为优秀的教学者。

教师职业发展的第三步是积累丰富的教学经验和教育实践。教师应该积极参与教学实践和教育活动，不断积累教学经验和教育实践，提高自己的教学能力和经验水平，成为有经验的教育工作者。

教师职业发展的第四步是不断拓展教育领域的知识和技能。教师应该关注教育领域的最新发展和热点问题，积极参与教育研究和学术探讨，拓展自己的教育视野和专业领域，提高自己的综合素质和竞争力。

教师职业发展的第五步是积极参与教育管理和领导工作。教师可以通过担任班主任、年级组长、学科组长等职务，参与学校管理和领导工作，提升自己的管理和领导能力，为学校的发展和进步做出贡献。

教师职业发展的第六步是探索和发展教育领域的新兴职业。教师可以通过参与教育科技、教育咨询、教育培训等领域的工作，拓展自己的职业发展路径，实现个人的职业目标和追求。

教师职业发展是一个综合性的过程，需要教师不断提升自己的教学能力和专业素养，积累丰富的教学经验和教育实践，拓展教育领域的知识和技能，积极参与教育管理和领导工作，探索和发展教育领域的新兴职业，实现个人的职业目标和追求。只有不断学习和进步，教师才能在教育领域中发展得更加成功和有价值。

（二）教师发展的支持与保障

1. 培训与培养

培训与培养是教师发展过程中不可或缺的两个重要方面。通过培训和培养，教师可以不断提升自身的专业水平和素养，实现个人的职业发展和成长。

培训是指通过系统的学习和培训活动，获取新知识、新技能，提高教学水平和教育能力。教师在培训中可以接收专业知识的更新和拓展，学习教育理论、教学方法、课程设计等相关内容，从而提高自己的专业素养和教学水平。

培养则是指通过各种途径和方法，培养教师的综合素质和教育情感，使其成为德、智、体全面发展的教育工作者。培养注重教师的思想道德、教育情感、教育技能等方面的培养，促进教师的全面发展和个人成长。

培训和培养相辅相成，相互促进，共同推动教师的发展。通过培训，教师可以获取新的知识和技能，提高自身的专业水平和竞争力；通过培养，教师可以培养良好的教育情感和师德修养，增强教育使命感和责任感。因此，培训和培养是教师发展过程中不可或缺的两个方面，应该同时进行，相辅相成，共同推动教师的个人发展和职业成长。

在教师发展中，培训可以通过不同形式和渠道进行，包括集中培训、专题讲座、研讨会、研修班等。这些培训活动可以由学校、教育机构、行业协会等组织开展，涵盖教学、教育管理、课程设计、教学评估等方面的内容，满足教师不同层次、不同领域的培训需求。

培养可以通过教育实践、教师交流、专业导师指导等途径进行。教师在实践中可以不断积累经验，感悟教育本质，提升教育情感和师德修养；教师之间可以开展教学交流、教育研究，相互启迪、相互促进；专业导师可以给予教师指导和支持，帮助教师解决教学中的问题，提高教学水平。

在培训与培养中，需要重视教师的主体地位和个性化需求。不同教师在教育背景、教学经验、专业特长等方面存在差异，因此，培训与培养应该针对教师的具体情况和需求，实施个性化的培训和指导计划，促进教师因材施教、因人施策。

培训与培养还需要与时俱进，不断适应教育发展的需要。随着社会的变革和科技的发展，教育形势和教学需求也在不断变化，教师的培训与培养工作应该紧密结合教育改革和发展实际，及时调整培训内容和方法，促进教师的持续发展。

总之，培训与培养是教师发展的两个重要方面，通过培训和培养，可以不断提升教师的专业水平和素养，实现个人的职业发展和成长。因此，教育机构、学校、教育行政部门等应该加强对教师的培训与培养工作，为教师的发展提供有力支持和保障。

2. 激励与奖励

激励与奖励在教师发展中扮演着至关重要的角色。通过有效的激励和奖励机制，可以激发教师的工作动力和积极性，促进其个人成长和职业发展。以下将从多个方面探讨激励与奖励对教师发展的意义和作用。

激励与奖励可以提高教师的工作积极性和教学质量。当教师获得来自学校或社会的激励与奖励时，他们会感到被认可和重视，从而更加投入到教学工作中，提高教学效果和教育质量。激励与奖励可以激发教师的工作热情和创造力，激励他们不断追求教育教学的卓越，为学生的成长和发展贡献力量。

激励与奖励可以促进教师的个人成长和职业发展。教师在工作中付出了辛勤的劳动和汗水，如果能够获得相应的激励与奖励，将会增强其对工作的满足感和幸福感，激发其进一步提升个人能力和职业素养的愿望。激励与奖励不仅可以激发教师的工作激情，还可以为教师提供更多的学习和发展机会，促进其不断提升自己的专业水平和教学能力。

激励与奖励可以增强教师的凝聚力和团队合作意识。当教师在工作中获得激励与奖励时，他们会感到自豪和荣耀，增强对学校团队的归属感和认同感，更加愿意与同事共同合作，共同为学校的发展和进步努力。激励与奖励可以增强教师之间的交流和合作，促进教师团队的凝聚力和向心力，共同推动学校事业的蓬勃发展。

激励与奖励可以塑造良好的教育文化和教师形象。通过对优秀教师的激励与奖励，可以树立良好的教育典范和先进典型，弘扬教育正能量，引领教育教学的风气和氛围。激励与奖励可以激励更多的教师投身到教育事业中，树立教师的良好形象和社会地位，提升教育事业的社会声誉和影响力。

激励与奖励可以促进教育教学改革和创新。通过对教师的激励与奖励，可以鼓励教师在教育教学领域探索创新，开展教育教学改革，推动教育教学工作的不断创新和进步。激励与奖励可以激发教师的创新意识和创造力，激励他们勇于探索教育教学的新模式和新方法，为教育事业的发展注入新的活力和动力。

二、中文教育研究

（一）研究内容与方向

1. 语言教学方法

语言教学方法在中文教育研究中占据着重要地位。随着全球对汉语学习需求的增加，越来越多的研究致力于探讨有效的语言教学方法，以提高学生的语言水平和交际能力。中文教育研究不断深入，不断创新，为语言教学方法的发展提供了重要的理论支撑和实践指导。

传统的语言教学方法强调语法规则和词汇记忆，忽视了语言的交际功能和语境应用。而现代的语言教学方法则更加注重学生的语言运用能力和交际能力的培养，强调语言学习的情境化和真实性。这种转变得到了中文教育研究的支持和倡导，为语言教学方法的创新提供了重要的思路和方向。

语言教学方法的研究涉及语言学、教育学、心理学等多个学科领域。中文教育研究致力于将这些学科领域的理论知识和研究成果与语言教学实践相结合，探索适合中文教学的有效方法。通过理论研究和实践探索的结合，中文教育研究为语言教学方法的改进和创新提供了重要的理论基础和实践支持。

中文教育研究强调语言教学方法的多样性和灵活性。由于学生的学习需求和学习背景的多样性，中文教育研究倡导教师根据不同的教学目标和学生特点，灵活选择和运用不同的语言教学方法。这种个性化和差异化的教学方法能够更好地满足学生的学习需求，提高教学效果。

中文教育研究强调语言教学方法的有效性和实用性。在语言教学方法的选择和运用中，中文教育研究注重方法的有效性和实用性，即选择那些在实践中被证明有效的教学方法，并通过实践验证其在中文教学中的适用性。这种基于实践的研究方法为语言教学方法的改进和优化提供了可靠的经验依据。

中文教育研究在语言教学方法的研究中发挥着重要作用。通过理论探索和实践探索的结合，中文教育研究为语言教学方法的改进和创新提供了重要的理论支撑和实践指导。随着中文教育研究的不断深入和发展，我们相信在不久的将来会有更多更有效的语言教学方法被提出和应用，为推动中文教育事业的发展做出更大的贡献。

2. 课程设计与教材开发

在中文教育领域中，课程设计与教材开发是至关重要的环节，直接影响着教学效果和教育质量。因此，进行深入的中文教育研究，对于优化课程设计和教材开发至关重要。以下是关于中文教育研究的一些思考。

中文教育研究应该立足于对教育教学实践的深入观察和分析。研究者可以通过课堂观察、问卷调查、访谈等方式，了解学生的学习需求和教师的教学实践，从而确定研究方向和目标，指导课程设计和教材开发。

中文教育研究应该注重理论与实践相结合。研究者既要关注教育理论和教学原理，又要关注实际教学中的具体情况和问题，通过理论的指导和实践的检验，不断优化课程设计和教材开发，提高教学效果和质量。

中文教育研究应该关注学生的学习特点和需求。研究者应该从学生的学习习惯、兴趣爱好、认知水平等方面出发，了解学生的学习特点和需求，设计符合学生实际情况的课程和教材，提高学习的针对性和有效性。

中文教育研究应该注重教学内容和方法的创新。研究者应该积极探索和尝试新的教学内容和方法，引入现代科技手段和多媒体资源，丰富教学内容，提高教学效果，激发学生的学习兴趣和创造力。

中文教育研究应该促进教师专业发展和教学能力提升。研究者可以通过教师培训和研修、教学观摩和交流等方式，帮助教师了解最新的教育理论和教学方法，提高教师的专业素养和教学水平，推动中文教育事业的发展和进步。

中文教育研究应该关注教材的编写和开发。研究者可以通过对教材的评估和反馈，不断改进和完善教材内容和结构，提高教材的质量和适用性，为教师和学生提供更好的教学资源和工具。

中文教育研究应该注重教学评价和效果反馈。研究者可以通过教学评价和效果反馈，了解教学过程和效果，发现问题和不足，及时调整和改进教学策略和方法，提高教学效果和质量，实现教育目标和要求。

中文教育研究应该立足于教育教学实践，注重理论与实践相结合，关注学生的学习特点和需求，促进教师专业发展和教学能力提升，关注教材的编写和开发，注重教学评价和效果反馈，为中文教育事业的发展和进步做出积极的贡献。

（二）研究方法与途径

1. 实证研究

实证研究在中文教育领域的应用日益广泛，为了深入了解中文教育的实际情况、问题和解决方案，许多研究人员积极进行实证研究。以下将探讨实证研究在中文教育领域的重要性和应用。

实证研究在中文教育领域的重要性不言而喻。通过实证研究，研究人员可以基于真实的数据和事实，客观地了解中文教育的现状和问题，发现其中存在的挑战和瓶颈。这有助于制订更为科学、有效的教育政策和教学方案，提高中文教育的质量和水平。

实证研究可以帮助解决中文教育领域的现实问题。通过对中文教育实践的观察、调查和分析，研究人员可以找出存在的问题和矛盾，提出解决问题的具体方案和策略。例如，可以通过实证研究探讨中文教学中的教学方法、教材设计、评估制度等方面的问题，为教师提供改进教学实践的建议和指导。

实证研究有助于促进中文教育的创新和发展。通过对中文教育实践的深入研究，可以发现新的教学理念、方法和工具，推动教育教学模式的创新和改革。例如，可以通过实证研究探索基于信息技术的中文教育模式，探讨如何利用数字化资源提升中文教学效果。

实证研究还可以促进中文教育的国际交流与合作。通过对不同国家和地区的中文教育实践进行比较和分析，可以了解各国在中文教育领域的优势和特点，促进教育资源的共享和交流。这有助于推动中文教育的国际化进程，促进中文教育的全球发展。

实证研究需要不断加强方法论和技术手段的研究与应用。在中文教育领域，实证研究需要结合教育学、心理学、语言学等学科的理论和方法，运用科学的研究设计和统计分析技术，确保研究结果的客观性和可靠性。还需要注重跨学科合作，利用跨学科的优势，推动中文教育研究的深入发展。

实证研究还需要关注中文教育实践中的具体问题和需求。在进行实证研究时，研究人员应该结合中文教育的实际情况和需求，选取有代表性的研究对象和研究课题，确保研究结果对中文教育实践具有指导意义和实际应用价值。

实证研究在中文教育领域具有重要的意义和应用前景。通过深入研究中文教育实践，可以为解决中文教育面临的问题提供科学依据和有效策略，促进中文教育的创新和发展。因此，需要进一步加强实证研究的开展和应用，为中文教育的持续改进和提升提供坚实支撑。

2. 文献研究

中文教育研究是教育领域的一个重要分支，它致力于探讨如何有效地教授、学习和传承中文。在全球化的今天，中文教育的重要性日益凸显，不仅对中国文化的传播起着关键作用，也为跨文化交流提供了桥梁。本部分内容将从多个角度探讨中文教育的研究现状及未来发展。

中文教育的历史渊源丰富多彩。随着中国文化的发展演变，中文教育也在不断演进。古代的儒家文化注重经典诵读和文学修养，而现代的中文教育更加注重实用性和应用性，涵盖了语言、文学、文化等多个方面。了解中文教育的历史，有助于我们更好地把握其发展脉络和特点。

中文教育在全球范围内的推广与实践也备受关注。随着中国经济和文化的崛起，越来越多的国家开始将中文纳入其教育体系，以培养学生的跨文化沟通能力和全球视野。例如，孔子学院的建立和汉语水平考试的推广，为中文教育的国际化提供了重要平台。

中文教育面临的挑战和问题也不容忽视。随着社会的变革和科技的进步，传统的教学模式和教材内容可能无法满足现代学生的需求。因此，如何创新中文教育的方法和手段，提高教学效果，成为当前研究的重要议题之一。

未来中文教育的发展方向是多元化和个性化。随着人工智能和在线教育的发展，个性化学习和定制化教学将成为可能，学生可以根据自己的兴趣、能力和学习节奏进行学习。中文教育也应更加注重跨文化交流和全球合作，促进不同文化间的理解与尊重。

中文教育研究既有历史积淀又面临着新的挑战和机遇。只有不断创新和完善教育体系，才能更好地传承和发扬中华文化，促进世界各国之间的友好交流与合作。

第三节 教师教学能力提升的路径与方法

一、教师教学能力提升的路径

（一）参加专业培训课程

参加专业培训课程是提升教师教学能力的重要路径之一。教师作为教育事业的重要组成部分，其教学能力的提升直接关系到教育质量和学生的学习效果。通过参加专业培训课程，教师可以不断学习更新的教育理念和教学方法，提高自身的教育水平和教学能力。

专业培训课程为教师提供了系统的教育培训和学习机会。通过参加专业培训课程，教师可以系统地学习相关的教育理论和教学方法，了解最新的教育政策和教学要求，掌握先进的教学技能和教学策略，从而更好地指导学生学习，提高教学效果。

专业培训课程为教师提供了与其他教师交流和分享的平台。在专业培训课程中，教师可以与来自不同学校和不同地区的教师进行交流和互动，分享教学经验和教学方法，共同探讨教育问题和教学难点，相互启发，相互学习，共同进步。

专业培训课程为教师提供了反思和成长的机会。通过参加专业培训课程，教师可以反思自己的教学实践和教学效果，总结经验和教训，找出不足和改进的方向，不断提高自己的教育水平和教学能力，实现个人教育事业的成长和发展。

专业培训课程为教师提供了专业认证和职业发展的支持。参加一些权威的专业培训课程，教师可以获得相应的教育专业认证，提升自己的职业地位和职业声望，为自己的教育事业打下坚实的基础，为未来的职业发展提供更广阔的空间和更多的机会。

参加专业培训课程是提升教师教学能力的重要路径之一。通过系统学习和交流分享，反思成长和职业认证，教师可以不断提高自己的教育水平和教学能力，为教育事业的发展做出更大的贡献，为学生的成长和发展提供更好的指导和支持。

（二）自主学习

教师教学能力的提升是一个持续不断的过程，需要教师不断地进行自主学习和专业发展。自主学习是指教师利用自身的时间和资源，主动地进行学习和提升，以提高教学水平和专业素养。以下是关于自主学习在教师教学能力提升中的路径。

自主学习的第一步是明确学习目标和需求。教师应该对自己的教学工作进行全面的分析和评估，确定自己的教学优势和不足，找准自己的学习方向和重点，明确学习的目标和需求，为自主学习制订合理的计划和目标。

自主学习的第二步是积极探索和利用学习资源。教师可以通过阅读专业书籍、参加教育培训、观摩优秀课程、参与教学研讨等方式，获取各种形式的学习资源，拓宽教学视野，丰富教学知识，提高教学水平。

自主学习的第三步是灵活运用学习方法和工具。教师应该根据自己的学习习惯和特点，选择适合自己的学习方法和工具，如阅读、听讲座、观看视频、写教学反思等，灵活运用各种学习方式，提高学习效率和质量。

自主学习的第四步是反思和总结教学实践。教师应该结合自己的教学实践，不断进行教学反思和总结，分析教学过程中的成功经验和失败教训，及时调整和改进教学方法和策略，提高教学效果和质量。

自主学习的第五步是与他人交流和分享学习经验。教师可以通过与同事交流、参加教学研讨、加入教育社群等方式，与他人分享自己的学习经验和心得体会，借鉴他人的教学经验和方法，共同促进教学能力的提升。

自主学习的第六步是持续跟进和评估学习效果。教师应该定期跟进自己的学习进度和效果，对学习过程进行及时评估和调整，发现问题和不足，及时改进和提高，保持学习的持续性和积极性。

自主学习是教师教学能力提升的重要途径和路径，教师应该积极主动地进行自主学习，明确学习目标和需求，积极探索和利用学习资源，灵活运用学习方法和工具，反思和总结教学实践，与他人交流和分享学习经验，持续跟进和评估学习效果，不断提高自己的教学水平和专业素养。只有不断地进行自主学习，教师才能在教学工作中不断进步，提高教学质量和效果，实现个人的教育目标和职业发展。

二、教师教学能力提升的方法

（一）创新教学手段

教育领域一直在不断追求创新，尤其是教学手段的创新。如何提升教师的教学能力，使其更好地适应现代学生的需求，成为当前教育研究的重要议题。本部分内容将探讨创新教学手段以及提升教师教学能力的方法。

在当今数字化时代，利用科技手段开展教学已成为一种趋势。例如，教师可以利用互联网资源、多媒体课件和在线学习平台等工具，为学生提供更加生动、直观的教学内容。这些新技术不仅可以激发学生的学习兴趣，还可以提高教学效率，因此教师需要不断学习和掌握这些技能。

除了技术手段，创新的教学方法也是提升教师教学能力的关键。例如，启发式教学、问题解决式教学和合作学习等方法，能够培养学生的思维能力、创造力和团队合作精神。教师应该灵活运用这些方法，根据不同学生的特点和学科内容设计教学方案，实现个性化教学。

教师的专业发展也是提升教学能力的重要途径。持续的专业培训和学习可以帮助教师不断更新知识和教学理念，提高教学水平。学校和教育机构应该为教师提供丰富多样的专业发展机会，包括参加研讨会、培训课程和学术交流活动等，以激励教师不断进步。

教师间的合作与交流也是教学能力提升的重要途径。教师可以通过定期组织教学观摩、教学研讨会和教学团队合作等形式，分享教学经验、借鉴他人的优点，共同探讨教学中的难题，从而提升整个团队的教学水平。

建立有效的评估机制也是提升教师教学能力的关键。学校可以通过学生评价、同行评审和教学成果评估等方式，对教师的教学质量进行评估和反馈，帮助教师发现不足之处，并及时调整教学策略，不断改进教学效果。

创新教学手段和提升教师教学能力密不可分，只有教师不断学习和创新，才能更好地适应教育变革的需求，为学生提供优质的教育服务。因此，教育部门、学校和教师个人都应该重视教学能力的提升，共同推动教育事业的发展。

（二）设计教学方案

提升教师教学能力是教育工作中的永恒主题，而设计有效的教学方案则是实现这一目标的关键之一。本部分内容将探讨几种提升教师教学能力的方法，并提供一个综合性的教学方案。

培训是提升教师教学能力的基础。针对不同层次的教师，可以设计系统的培训课程，包括教学理论、教学方法、课堂管理等内容。培训可以通过专家讲座、研讨会、教学示范等形式进行，从而帮助教师不断提升自身的教学水平。

反思与分享是提升教师教学能力的重要途径。教师应该定期对自己的教学进行反思，总结经验、找出问题，并与同事进行分享交流。通过与他人的互动与碰撞，教师可以拓展思路、吸取他人的经验，从而提升自己的教学水平。

注重实践是提升教师教学能力的有效手段。教师可以通过参加教学观摩、实地教学实习等活动，将理论知识与实际教学相结合，提升自己的实践能力。教师还可以通过开展课题研究、参与校本课程开发等方式，加深对教学内容的理解，提升教学的深度和广度。

利用现代技术手段也是提升教师教学能力的重要途径。教师可以利用互联网资源、教育软件等现代技术手段，丰富教学内容，提高教学效率。例如，利用多媒体技术进行课堂教学，利用在线教育平台进行课后作业布置与批改，都能有效提升教学效果。

建立良好的教学氛围也是提升教师教学能力的重要条件。学校领导和教师应共同努力，营造尊重教师、重视教学的良好氛围，给予教师足够的支持与鼓励。只有在这样的氛围中，教师才能感受到自己的工作得到认可，从而更有动力投入到教学工作中去。

评估与反馈是提升教师教学能力的必要环节。学校可以建立完善的教学评估机制，对教师的教学进行定期评估，及时发现问题并给予反馈。学校还可以通过学生评价、家长反馈等途径获取更多信息，为教师提供改进的机会，帮助其不断提升教学水平。

提升教师教学能力是一个系统工程，需要教师、学校和社会各方的共同努力。通过培训、反思与分享、实践、利用现代技术手段、营造良好的教学氛围以及评估与反馈等多种途径的综合应用，才能有效提升教师的教学能力，推动教育事业的不断发展。

第四节　教师自我成长与职业发展规划

一、教师自我成长的重要性

（一）培养自我学习能力

培养自我学习能力，对于当今社会中的每个人都至关重要。尤其对于教师而言，自我学习能力更是必不可少的素质。教师自我成长的重要性在于，只有不断地学习、提升自我，才能更好地适应日新月异的教育环境。

教师自我成长的重要性体现在其对教育实践的积极影响上。随着社会的不断发展，教育领域也在发生着翻天覆地的变化。只有保持持续的学习状态，教师才能紧跟时代潮流，不断更新自己的教学理念和方法，为学生提供更为优质的教育服务。

另一方面，教师自我成长也能够激发学生的学习兴趣和动力。教师作为学生的榜样和引路人，其自身的学习态度和成长经历将直接影响学生。当学生看到教师勇于学习、不断进步的精神时，也会受到鼓舞，更加积极地投入到学习中去，形成良性的学习氛围。

教师自我成长还能够提升教师的职业满意度和教学效能。通过不断的学习和成长，教师能够不断提升自己的教育水平和专业能力，从而更加自信地面对工作中的挑战和困难，取得更好的教学效果，获得更高的职业成就感。

要想实现教师自我成长，需要教育系统和个人共同努力。教育系统应该为教师提供良好的学习环境和学习资源，鼓励教师参加各种培训和学习活动，不断提升自己的专业素养。而教师个人则应该保持一颗渴望学习的心，不断反思和总结自己的教育实践，不断追求进步和提升。

教师自我成长对于教育事业的发展和学生的成长至关重要。只有通过不断的学习、提升自我，教师才能在教育实践中发挥更大的作用，为学生的未来奠定坚实的基础。因此，我们应该高度重视教师自我成长，为教师的学习提供更多的支持和帮助，共同推动教育事业的发展。

（二）意识到自我成长的必要性

1. 紧跟教育发展

紧跟教育发展，教师自我成长的重要性不言而喻。在当今飞速变化的社会环境下，教育也呈现出了多样化、复杂化的发展趋势。作为教育的实践者，教师的成长不仅是对个人职业发展的需求，更是适应教育变革、推动教育进步的关键所在。

随着社会的发展，教育的形式和内容也在不断更新。因此，教师自我成长显得尤为重要。只有不断学习新知识、掌握新技能，才能够跟上时代的步伐，更好地满足学生的需求，促进教育事业的发展。

在日常的教学实践中，教师们常常面临各种挑战和困难。只有通过自我成长，不断提升自己的教育水平和专业素养，才能够更加从容地应对各种教学场景，为学生创造更好的学习环境和条件。

教育的本质在于引导学生发展，而教师的成长是为了更好地完成这一使命。通过不断地自我反思和学习，教师可以更加准确地把握学生的需求和特点，更好地发挥自己的教育作用，从而提高教育的效果和质量。

教师作为学生的榜样和引路人，其自身的成长也会对学生产生积极的影响。当教师不断地追求进步和完善自己时，必将激发学生的学习动力，引导他们积极参与到学习中来，形成良好的学习氛围和习惯。

教师自我成长是教育事业不可或缺的一环。只有不断地提升自己的素质和能力，才能够更好地适应教育的发展需求，更好地为学生的成长和发展服务。因此，教师应该重视自我成长，不断地学习和进步，为教育事业的发展贡献自己的力量。

2. 提高教学质量

提高教学质量是教育工作者永恒的追求，而教师自我成长则是实现这一目标的重要途径。教师作为教育的主体和灵魂，其自身的成长和发展对于提升教学质量具有至关重要的意义。本部分内容将就教师自我成长的重要性展开讨论。

教师自我成长是提高教学质量的内在动力。教师在教学过程中，常常会面临各种挑战和问题，例如学生的学习兴趣、教学方法的选择等。而只有通过不断地自我反思和学习，教师才能不断提升自身的教学水平，更好地应对各种教学挑战，从而实现教学质量的不断提升。

教师自我成长能够激发教师的专业热情和教学创新。随着社会的不断发展和教育理念的更新，传统的教学方法和教学理念可能已经无法适应时代的需求。而只有通过不断地自我成长，教师才能不断吸收新知识、掌握新技能，从而开展更加富有创造性和活力的教学工作，为学生提供更加优质的教育服务。

教师自我成长也有助于提升教师的职业素养和教学能力。教师的职业素养包括教育理念、道德品质、专业技能等多个方面，而只有通过不断地自我学习和反思，教师才能不断提升自身的职业素养，更好地履行教育使命，为学生的全面发展提供更加有力的支持。

教师自我成长也有助于提升教师的心理素质和情绪管理能力。教师工作压力大，工作环境复杂，而只有通过不断地自我成长和提升，教师才能更好地应对各种挑战和困难，保持良好的心态和情绪，从而更好地投入到教学工作中，实现教学质量的不断提升。

教师自我成长也是教育改革的重要保障。教育改革需要有高素质的教师队伍来支撑，而只有通过不断地自我成长和提升，教师才能更好地适应教育改革的需要，积极参与到教育改革的实践中，推动教育事业的不断发展和进步。

教师自我成长对于提高教学质量具有不可替代的重要性。教师应该不断地自我反思和学习，不断地提升自身的教学水平和专业素养，从而更好地实现教育的使命，为学生的全面发展提供更加优质的教育服务。

二、教师职业发展规划

（一）规划职业发展目标

制订职业发展目标是每位教师必不可少的一项任务，良好的职业发展规划可以帮助教师更好地实现个人价值、提升职业素养，进而为学生提供更优质的教育服务。在这部分内容中，我们将探讨教师职业发展规划的重要性以及如何规划职业发展目标。

明确职业发展方向是制订规划的第一步。教师可以根据自身的兴趣、专业素养和职业抱负，确定未来的职业发展方向。例如，有些教师可能希望通过进修学位或参与教育管理工作，晋升为学校的中层管理人员；而有些教师可能更倾向于深耕学科知识，成为该领域的专家和领军人物。明确职业发展方向有助于教师更加有针对性地制订职业发展计划。

设定具体的职业发展目标是规划的关键。教师可以将职业发展目标分为短期目标、中期目标和长期目标，每个阶段都设定具体、可衡量的目标。例如，短期目标可以包括提升教学技能、参加专业培训等；中期目标可以包括完成硕士、博士学位等；长期目标可以包括担任学校领导岗位、开展教育研究等。设定具体的职业发展目标有助于教师明确未来的发展方向和努力方向。

制订合理的职业发展计划是实现目标的关键。教师可以根据自身的现状和目标，制订详细的职业发展计划，包括学习计划、工作计划、实践计划等。例如，教师可以参加相关的专业培训和学习课程，提升教学技能和专业素养；积极参与学校的教研活动和学科竞赛，丰富教学经验和实践能力；定期进行自我评估和反思，不断调整和完善职业发展计划。制订合理的职业发展计划有助于教师有序地实现目标，提高职业发展效率。

不断提升自我素质和能力也是实现职业发展目标的重要途径。教师应该注重自身的综合素质和职业能力的提升，包括专业知识水平、教学技能、沟通能力、领导能力等方面。教师可以通过阅读专业书籍、参加学术讲座、交流学习等方式，不断扩展知识面、提高专业水平；积极参与教学实践和课堂教学，提升教学技能和实践能力；注重团队合作和协作能力的培养，提高团队协作和领导能力。只有不断提升自我素质和能力，教师才能更好地适应教育改革的需要，实现个人职业发展目标。

教师职业发展规划对于提升教师的职业素养和教学水平具有重要意义。教师应该根据自身的兴趣和职业抱负，明确职业发展方向，设定具体的职业发展目标，并制订合理的职业发展计划，不断提升自我素质和能力，实现个人职业发展目标。只有如此，教师才能更好地发挥自己的专业优势，为学生的成长和发展提供更加优质的教育服务。

（二）建立职业发展网络

建立职业发展网络对于教师职业发展规划至关重要。这一网络可以包括各种资源和机制，旨在帮助教师实现个人职业目标、提升专业水平、拓展职业发展路径。以下将探讨建立职业发展网络的必要性以及教师职业发展规划的重要性。

在建立职业发展网络的过程中，首先需要提供全面的职业发展资源。这包括但不限于专业培训、学术研究支持、教学资源共享等。通过提供这些资源，教师可以不断学习、成长，从而提升自己的教学水平和职业竞争力。

建立职业发展网络需要建立起有效的交流平台。这个平台可以是线上的教育社区、专业论坛，也可以是线下的教研组、学术会议等。通过这些平台，教师可以与同行进行交流、分享经验、共同探讨问题，从而促进个人和集体的职业发展。

建立职业发展网络也需要建立起健全的评价机制。这个评价机制可以包括教学评估、学术成果评价、职业发展评价等。通过对教师工作的评价，可以及时发现问题、指导改进，从而更好地推动教师的职业发展。

建立职业发展网络需要注重个性化的指导和支持。不同的教师有着不同的职业发展需求和目标，因此需要有针对性地提供指导和支持。这可以通过导师制度、个人职业规划指导等方式实现，帮助教师制订符合自身发展需求的职业规划。

建立职业发展网络还需要注重跨界合作和资源整合。教师的职业发展不仅仅是教育领域内的事情，还涉及其他领域的交叉和融合。因此，需要加强与行业、企业、社会组织等的合作，整合各方资源，为教师的职业发展提供更广阔的空间和更多的机遇。

建立职业发展网络还需要注重长期发展和可持续性。职业发展是一个持续不断的过程，需要不断地学习、调整、进步。因此，建立职业发展网络不仅要关注眼前的需求和问题，还要着眼于长远的发展目标，确保网络的健康运行和持续发展。

建立职业发展网络对于教师的职业发展至关重要。通过提供全面的资源、建立有效的交流平台、健全的评价机制、个性化的指导和支持、跨界合作和资源整合，以及注重长期发展和可持续性，可以更好地推动教师的职业发展，提升教育事业的质量和水平。

第九章 中文教育国际化与全球视野

第一节 中文国际化教育的现状与发展趋势

一、中文国际化教育的定义及现状

（一）国际化教育的定义

国际化教育的定义涉及跨越国界、促进全球视野和跨文化交流的教育理念。在当今全球化的背景下，国际化教育不再局限于传统的学科知识传授，而是更加注重培养学生的跨文化沟通能力、全球意识和国际竞争力。

中文国际化教育的现状呈现出多样性和复杂性。一方面，随着中国在全球舞台上的崛起和国际地位的提升，对于国际化教育的需求与日俱增。越来越多的学校和教育机构开始意识到国际化教育的重要性，积极探索和实践国际课程、国际交流等形式，以满足学生和家长的需求。

另一方面，中文国际化教育仍面临一些挑战和问题。首先是教育资源不均衡的现状，一线城市的国际化教育资源相对较丰富，但在二三线城市及农村地区，国际化教育资源匮乏，导致教育机会不均等。其次是教师队伍建设的不足，缺乏具备国际化教育理念和能力的教师，制约了国际化教育的发展。

值得鼓励的是，近年来中国政府和教育部门对国际化教育的重视程度不断提高。一系列政策和措施的出台，为中文国际化教育的发展提供了有力支持。例如，国家对国际学校的审批和管理进行了规范，加强了国际课程的认证和监管，提升了国际教育的质量和水平。

中国与世界各国之间的教育交流与合作也日益频繁。通过国际教育交流项目、合作办学项目等形式，中国学生有更多机会接触到国际化的教育资源和学习环境，增强了他们的国际视野和跨文化交流能力。

中文国际化教育在迈向全球化的进程中，面临着机遇和挑战。政府、教育机构、学校以及教育者都应该共同努力，加强资源整合、促进师资培训、拓展国际交流合作，推动中文国际化教育迈上新的台阶，为培养具有国际竞争力的人才做出积极贡献。

（二）中文国际化教育的现状

1. 在海外学校和机构中开设中文课程

在海外学校和机构中开设中文课程已经成为一种趋势，这反映了中文国际化教育的兴起和发展。中文国际化教育是指在海外学校和机构中，以中文为外语或第二语言进行教学和学习的一种形式。这种教育形式不仅促进了中文语言文化的传播，也为世界各国的学生提供了更多选择和机会。

中文国际化教育的现状呈现出蓬勃发展的态势。随着中国经济的崛起和中国文化的影响力不断扩大，越来越多的海外学校和机构开始重视中文教育，纷纷开设中文课程。在许多国家，中文已经成为重要的第二外语，吸引了大量本地学生和外国学生学习。

中文国际化教育的教学内容和方法也在不断创新和完善。与传统的中文教育相比，国际化中文教育更加注重实用性和跨文化交流。教学内容不仅包括语言知识和技能，还涉及中国文化、历史、艺术等多个方面。教学方法也更加灵活多样，例如通过游戏、音乐、影视等形式吸引学生的注意力，激发学习兴趣。

中文国际化教育的师资队伍也在逐渐壮大和专业化。越来越多的海外学校和机构开始注重中文教师的招聘和培训，提高他们的教学水平和专业素养。也吸引了一大批来自中国的中文教师和教育专家前往海外从事中文教育工作，丰富了中文教育的教学资源。

中文国际化教育也面临着一些挑战和问题。例如，师资队伍的不足、教材资源的匮乏、教学质量的参差不齐等都是当前中文国际化教育所面临的困难。解决这些问题需要各方共同努力，加大对中文教育的支持和投入，提高教学质量和效果。

中文国际化教育对于促进跨文化交流和人文交流具有重要意义。通过学习中文，海外学生不仅可以更好地了解中国的语言和文化，也能够促进中外学生之间的交流与合作，增进彼此之间的理解和友谊。因此，中文国际化教育不仅是中文教育的发展趋势，也是世界文化多样性的重要体现和推动者。

中文国际化教育已经成为世界教育领域的一种重要形式，呈现出蓬勃发展的态势。尽管面临一些挑战和问题，但随着中文教育的不断发展和完善，相信中文国际化教育将为促进文化交流、增进世界各国之间的友好合作做出更大的贡献。

2. 针对国际学生编写中文教材

针对国际学生编写中文教材是当前中文国际化教育的一项重要举措。随着中国在全球舞台上的地位日益重要，越来越多的国际学生选择学习中文，这也催生了对中文教育的国际化需求。下文将探讨针对国际学生编写中文教材的意义。

中文国际化教育的现状呈现出蓬勃发展的态势。近年来，越来越多的国际学校、语言培训机构开始提供中文课程，吸引了来自世界各地的学生。一些国际学校还通过设立中文 IB 课程、开设 AP 中文课程等方式，进一步促进了中文国际化教育的发展。

在中文国际化教育的过程中，编写针对国际学生的中文教材具有重要意义。这些教材可以根据国际学生的语言水平和文化背景进行定制，更贴近学生的学习需求，提高教学效果。这些教材可以融入更多国际化元素，包括世界各地的文化、历史、时事等内容，帮助学生更好地理解中国文化，并培养跨文化交际能力。

编写针对国际学生的中文教材还可以促进中文教育的国际交流与合作。通过与国际学校、教育机构合作，共同编写教材、开展教学研究，可以分享教学资源、交流教学经验，促进中文教育的国际化发展。

中文国际化教育还面临一些挑战和问题。如何平衡中国文化传统与国际化需求是一个重要课题。在编写教材和设计课程时，需要考虑如何既传承中国传统文化，又吸收其他文化元素，使学生既能学到地道的中文，又能了解世界各地的文化。师资队伍的建设也是一个关键问题。培养一支既懂中文教学又了解国际教育的师资队伍，需要长期的投入和持续的培训。

因此，要推动中文国际化教育的发展，需要政府、学校、教育机构和社会各界的共同努力。政府可以出台相关政策，支持中文国际化教育的发展；学校和教育机构可以加强师资队伍建设，提高教学质量；社会各界可以提供更多支持和资源，促进中文教育的国际交流与合作。只有这样，才能推动中文国际化教育不断迈向新的高度，为培养全球化人才做出更大的贡献。

二、中文国际化教育的发展趋势

(一) 教学资源共享与合作

教学资源共享与合作，是推动中文国际化教育发展的重要路径。随着全球化进程的不断深入，中文国际化教育在世界范围内得到了越来越广泛的关注和认可。在这一发展趋势下，教学资源的共享与合作成为促进中文国际化教育蓬勃发展的必然选择。

中文国际化教育的发展，需要依托广泛的教学资源。而这些资源往往分散在不同的地区、机构和个人手中。通过资源的共享与合作，可以充分利用各方的优势，实现资源的互补和优化配置，从而更好地满足不同地区、不同群体的中文教育需求。

教学资源的共享与合作，不仅可以丰富中文国际化教育的内容和形式，还可以提升教学质量和效果。通过与不同背景、不同经验的教育者合作，可以开拓教学思路，引入新的教学理念和方法，促进教学水平的提升，推动中文教育走向更加多元化、个性化的发展道路。

在推动中文国际化教育发展的过程中，教学资源的共享与合作还可以促进跨文化交流与理解。通过与国际教育机构和教育者的合作，可以增进不同文化之间的相互了解和尊重，促进世界各国之间的友好合作关系，为构建人类命运共同体做出积极贡献。

教学资源的共享与合作，也有助于促进中文国际化教育的可持续发展。通过共享和合作，可以降低教育资源的重复建设和浪费，提高资源利用效率，从而实现教育资源的可持续利用，为中文国际化教育的长期发展奠定坚实的基础。

教学资源的共享与合作是推动中文国际化教育发展的关键之举。只有通过充分利用各方的资源优势，实现资源的共享与合作，才能够更好地满足不同地区、不同群体的中文教育需求，推动中文国际化教育走向更加广阔的发展道路。

（二）技术应用与创新教学

技术应用与创新教学是中文国际化教育发展的重要驱动力之一。随着科技的不断进步和全球信息的快速传播，技术应用已经成为促进教育国际化的关键手段之一。在这一背景下，中文国际化教育呈现出了一系列发展趋势，这些趋势不仅改变了教学方式和内容，也深刻影响着学生的学习方式和态度。

技术创新将推动中文国际化教育向更加个性化、多样化的方向发展。通过互联网、人工智能等技术的应用，教师可以根据学生的学习特点和需求，量身定制教学内容和方式，实现个性化教学。学生也可以通过在线学习平台、教育 App 等多样化的学习资源，选择适合自己的学习路径和方法，提高学习效率。

跨文化交流将成为中文国际化教育的重要组成部分。随着全球化的深入发展，跨文化交流能力已经成为学生应具备的重要素质之一。中文国际化教育将通过国际课程设置、国际交流项目等形式，促进学生跨文化沟通能力的培养，增强他们的全球视野和国际竞争力。

创新教学模式将助力中文国际化教育实现更高水平的发展。传统的教学模式已经难以满足当今社会和经济的需求，需要不断创新教学理念和方法。中文国际化教育将借鉴国际先进教育理念和经验，探索符合中国国情的创新教学模式，提升教育质量和效果。

教育技术的广泛应用将推动中文国际化教育实现数字化转型。随着信息技术的普及和应用，教育已经逐渐从传统的纸质教材向数字化教育资源转变。中文国际化教育将通过建设在线教育平台、开发数字化教学资源等方式，提升教育教学的便捷性和效率，实现教育的全面发展。

技术应用与创新教学将深刻影响中文国际化教育的发展方向和路径。未来，中文国际化教育将更加注重个性化教学、跨文化交流、创新教学模式以及数字化转型，致力于培养具有国际竞争力和跨文化素养的人才，为中国乃至全球的发展做出积极贡献。

第二节　中文教育走出去的策略与举措

一、中文教育走出去的策略

（一）国际化课程设置

国际化课程设置是中文教育走出去的重要策略之一，它旨在促进中文教育的国际化发展，满足全球范围内学生对中文学习的需求，进一步推动中文教育的国际传播。在这部分内容中，我们将探讨国际化课程设置的重要性以及中文教育走出去的策略。

国际化课程设置有助于吸引更多海外学生学习中文。随着中国的崛起和中国文化的影响力日益扩大，越来越多的外国学生对学习中文表现出浓厚的兴趣。通过在海外学校和机构设置国际化中文课程，可以为这些学生提供更加便捷和高效的学习途径，吸引更多的学生学习中文。

国际化课程设置有助于提升中文教育的教学质量和水平。国际化课程设置要求教师具备更高的专业水平和教学能力，设计更加符合国际标准和学生需求的课程内容和教学方法。这不仅有助于培养学生的语言能力，还能够促进学生对中国文化的深入了解，提升中文教育的国际影响力和竞争力。

国际化课程设置有助于推动中文教育与国际教育接轨。随着全球化的进程，越来越多的学生需要具备跨文化交流和跨国合作的能力。通过学习国际化的中文课程，学生不仅可以掌握中文语言技能，还能够了解中国文化、历史和社会，增进对中国的理解和认知，为未来的国际交流和合作打下良好的基础。

国际化课程设置还有助于促进中文教育的多样化发展。在国际化的背景下，中文教育不再局限于传统的语言教学，还可以涵盖文化、艺术、商务等多个领域。通过设置丰富多样的国际化中文课程，可以满足不同学生的学习需求和兴趣，激发学生的学习动力和热情，推动中文教育的全面发展。

国际化课程设置也需要注重与国际教育机构和组织的合作与交流。通过与国际教育机构和组织的合作，可以共享教学资源和经验，开展联合项目和交流活动，促进中文教育的国际传播和交流。也可以吸引更多国际学生来华学习，推动中文教育的国际化发展。

国际化课程设置是推动中文教育走出去的重要策略之一。通过设置国际化中文课程，可以吸引更多海外学生学习中文，提升中文教育的教学质量和水平，促进中文教育与国际教育接轨，推动中文教育的多样化发展，促进与国际教育机构和组织的合作与交流。相信随着国际化课程设置的不断深化和完善，中文教育将在全球范围内得到更广泛的认可和推广。

（二）国际化教材编写与推广

国际化教材编写与推广是中文教育走出去的重要策略之一，它旨在为海外学生提供符合国际标准、具有跨文化特色的中文学习教材，促进中文教育的国际传播和推广。

编写国际化教材能够满足海外学生学习中文的需求。随着中国的崛起和中国文化的影响力日益扩大，越来越多的外国学生对学习中文表现出浓厚的兴趣。编写国际化的中文教材，可以根据不同国家和地区的学生特点和需求，设计符合国际标准、贴近实际生活、具有跨文化特色的教材内容，满足海外学生的学习需求。

编写国际化教材有助于提高中文教育的教学质量和水平。国际化的教材应该注重语言的实用性和交际能力的培养，既包括语言知识的讲解，也包括实际语境下的语言运用。通过编写符合国际标准的教材，可以提高中文教育的教学效果和竞争力，促进学生的语言能力和跨文化交流能力的全面提升。

编写国际化教材还有助于推动中文教育的国际传播和推广。通过推广国际化的中文教材，可以吸引更多海外学校和机构引进和使用这些教材，促进中文教育在海外的普及和推广。也可以吸引更多海外学生来华学习中文，增进对中国文化的了解和认知，推动中文教育的国际化发展。

编写国际化教材还需要注重跨文化交流和合作。在编写国际化的中文教材时，应该充分考虑不同国家和地区的文化差异和学生需求，注重跨文化交流和合作，借鉴和吸收国际化教育的先进经验和理念，不断完善教材内容和教学方法，提高教学质量和效果。

国际化教材推广需要注重多种渠道和方式。除了通过学术会议、教育展览等渠道推广教材外，还可以利用互联网和社交媒体等新媒体平台进行推广，扩大教材的影响力和知名度。也可以与国际教育机构和组织合作，开展联合推广活动，共同推动国际化教材在海外的推广和应用。

国际化教材编写与推广是促进中文教育走出去的重要策略之一。通过编写符合国际标准、具有跨文化特色的教材，可以满足海外学生学习中文的需求，提高中文教育的教学质量和水平，促进中文教育的国际传播和推广。相信随着国际化教材编写与推广工作的不断深化和完善，中文教育将在全球范围内得到更广泛的认可和推广。

二、中文教育走出去的举措

（一）建立合作机制

建立合作机制是推动中文教育走出去的重要举措之一。随着中国在国际舞台上的崛起和影响力的增强，越来越多的人希望学习中文，了解中国文化。建立合作机制可以促进中文教育的国际化发展，推动中文教育走向世界。

一种重要的合作机制是与国际学校和教育机构合作开设中文课程。通过与国际学校合作，可以利用其资源和平台，开设中文课程，吸引更多的学生学习中文。还可以借助国际学校的品牌和影响力，推广中文教育，提升中文教育的国际形象。

另一种合作机制是与外国高校和研究机构开展合作项目。可以通过与外国高校签订合作协议，开展学生交流、教师互访、联合科研等活动，促进中文教育与外国高等教育的融合与发展。还可以与外国研究机构合作，共同开展中文教学研究和项目合作，推动中文教育的创新与发展。

建立中外合作办学机构也是一种重要的合作机制。可以通过与外国教育机构合作，共同建立中外合作办学机构，在海外设立中文学校或中文课程，为当地学生提供优质的中文教育服务。这种合作机制可以结合当地的教育资源和需求，更好地满足当地学生学习中文的需求。

可以加强与国际组织和非政府组织的合作，推动中文教育的国际交流与合作。可以通过与联合国教科文组织、国际汉语教师协会等国际组织合作，共同举办中文教学培训、学术交流等活动，促进中文教育在国际上的认可和传播。还可以与国际汉语教师志愿者组织合作，共同开展中文教学志愿服务，推动中文教育的全球普及。

除了以上合作机制，还可以通过加强与海外华文教育机构和中国文化中心的合作，推动中文教育走出去。可以与海外华文教育机构开展师资培训、教材编写等合作，共同提升中文教育的水平和质量。可以与中国文化中心合作，共同举办中文文化活动、展览等，增强中文教育的吸引力和影响力。

建立合作机制是推动中文教育走出去的重要举措。通过与国际学校、外国高校和研究机构、中外合作办学机构、国际组织和非政府组织、海外华文教育机构和中国文化中心等各方开展合作，可以共同推动中文教育的国际化发展，为培养更多的中文人才做出贡献。

（二）培训国际化教师

培训国际化教师是推动中文教育走出去的重要举措之一。随着中国在国际舞台上的日益崛起，对外交流与合作日益频繁，中文教育的国际化需求也与日俱增。而培养符合国际标准的中文教师，则成了实现中文教育走出去的必然选择。

国际化教师培训的重要性在于提升教师的跨文化交流能力。通过专业的培训课程，教师可以更好地理解不同文化背景下学生的学习需求和心理特点，更加灵活地应对跨文化教学挑战，从而提升教学效果和教学质量。

培训国际化教师还可以促进中文教育的创新与发展。通过引入国际化的教学理念、方法和技术，培训教师具备更加开放、包容的教育思维，激发其教学创新的潜力，推动中文教育不断适应时代需求，走向更加多元化、个性化的发展道路。

培训国际化教师还可以提升中文教育的国际竞争力。随着中国在全球经济和文化领域的影响力不断扩大，对中文教育的需求也在国际范围内迅速增长。培训具备国际视野和竞争力的中文教师，不仅可以满足国际市场对中文教育的需求，还可以提升中文教育在国际舞台上的地位和影响力。

培训国际化教师还可以促进中外教育交流与合作。通过开展国际化的教师培训项目，可以吸引更多外国教育者来华学习、交流，促进中外教育资源的共享与互补，推动中文教育与世界各国的教育体系更加紧密地融合和交流。

培训国际化教师是中文教育走出去的重要举措之一。只有通过培养具备国际视野、跨文化交流能力和创新精神的中文教师，才能够更好地适应全球化发展的趋势，推动中文教育在国际舞台上拥有更加广阔的发展空间。

第三节　跨国合作与交流的中文教育项目

一、跨国合作与交流的意义

（一）促进文化交流

促进文化交流、跨国合作与交流项目对于当今世界的意义不言而喻。这些项目不仅有助于促进各国之间的友好交往与理解，还能够推动文化的传承与创新，促进世界各地的经济发展与社会进步。

跨国合作与交流项目的意义首先体现在促进文化交流与理解方面。通过这些项目，不同国家的人们有机会互相了解彼此的文化、历史、习俗等，增进相互间的认知和理解。这有助于消除文化隔阂与偏见，促进世界各国之间的和谐共处与友好互动。

跨国合作与交流项目对于推动经济全球化具有重要意义。在当今全球化的背景下，各国之间的经济联系日益紧密，跨国合作项目为各国提供了更多的合作机会与资源共享平台。这不仅有助于优化资源配置、提升生产效率，还能够促进全球贸易与投资的发展，推动世界经济的繁荣与稳定。

跨国合作与交流项目还能够促进科技创新与人才培养。在全球化的背景下，各国之间的科技合作与交流已经成为推动科技发展的重要力量。通过跨国合作项目，不同国家的科研机构和企业可以共同开展科技研究与创新，分享技术资源与成果，推动全球科技领域的进步与发展。这些项目也为青年人才提供了广阔的国际交流平台与机会，有助于培养具有国际视野与创新精神的人才队伍。

跨国合作与交流项目还能够促进世界各国之间的和平与稳定。通过促进各国之间的友好合作与交流，增进相互间的信任与互动，有助于缓解国际紧张局势与冲突。这有助于构建一个更加和平与稳定的国际环境，为世界各国的共同发展与繁荣创造更加有利的条件。

跨国合作与交流项目对于促进文化交流、推动经济全球化、促进科技创新与人才培养以及维护世界和平与稳定等方面都具有重要意义。各国应当加强合作，共同推动这些项目的发展与实施，为构建一个和谐、稳定、繁荣的世界做出积极贡献。

（二）提升教学质量

提升教学质量是教育事业的永恒追求，而跨国合作与交流项目则被视为实现这一目标的重要途径之一。这些项目涉及跨越国界的学术合作与交流，为教育工作者提供了宝贵的机会，有助于共享资源、借鉴经验、拓宽视野，进而提升教学质量。

跨国合作与交流项目为教育工作者提供了共享资源和互相学习的平台。通过与国外教育机构或教育专家的合作，教师可以获取来自不同国家和地区的优质教育资源和教学经验，从而丰富自己的教学内容和教学方法。这种资源共享和经验借鉴有助于教师更好地满足学生的学习需求，提升教学质量。

跨国合作与交流项目能够拓宽教育工作者的视野和思维方式。通过参与国际性的教育合作项目，教师可以了解不同国家和地区的教育体系、教学理念和教学方法，深入了解不同文化背景下的教育问题和挑战。这种跨文化的交流与合作有助于拓宽教师的视野，提高跨文化交流与合作能力，从而更好地应对多样化的教学环境和学生需求。

跨国合作与交流项目有助于促进教育资源的配置优化和有效利用。在全球化的背景下，各国教育资源具有互补性和可替代性。通过跨国合作与交流项目，可以实现教育资源的共享和优化，避免资源浪费和重复建设，提高教育资源的利用效率，从而为教学质量的提升创造更加有利的条件。

跨国合作与交流项目还有助于促进教育改革和创新。在参与跨国合作与交流项目的过程中，教育工作者可以借鉴和吸收国外先进的教育理念和教学方法，结合本国实际情况进行改革和创新。这种国际性的合作与交流有助于促进教育改革的深化和推进，推动教育质量的持续提升。

跨国合作与交流项目有助于培养学生的国际视野和跨文化能力。通过参与国际性的教育项目，学生可以接触到来自不同国家和地区的教育资源和教学内容，了解不同文化背景下的学习方式和思维模式，提高跨文化交流和合作能力。这种国际化的教育体验有助于培养学生的全球意识和国际竞争力，为他们的未来发展打下坚实的基础。

跨国合作与交流项目对于提升教学质量具有重要意义。它为教育工作者提供了共享资源、拓宽视野、促进资源配置优化、推动教育改革创新以及培养学生国际视野与跨文化能力的机会。因此，各国教育机构和教育工作者应该积极参与跨国合作与交流项目，共同推动教育事业的发展与进步。

二、跨国合作与交流的中文教育项目实施

（一）学生交换计划

学生交换计划是促进跨国合作与交流的重要方式之一，在中文教育项目中具有特殊的意义。通过学生交换计划，可以促进不同国家和地区的学生相互交流、学习，增进其对中文和中国文化的了解，推动中文教育项目的国际化发展。

学生交换计划为学生提供了了解不同文化、拓宽视野的宝贵机会。通过参与跨国学生交流项目，学生可以亲身体验不同国家和地区的文化、生活方式，增强跨文化交流能力，培养国际视野和全球意识，从而更好地适应和融入全球化社会。

学生交换计划还可以促进中外学校之间的合作与交流。通过与国外学校建立学生交换合作关系，可以促进教师间的交流与合作，共同探讨中文教育的教学理念、教学方法和课程设计，提高中文教育的质量和水平。

学生交换计划还可以促进中文教育项目与国际学术界的交流与合作。通过与国外高校合作举办学生交换项目，可以促进中文教育项目与国际学术界的交流与合作，共同开展中文教学研究、教材编写、教学评估等活动，推动中文教育的国际化发展。

学生交换计划还可以促进中外学生之间的友谊与互信。通过参与学生交换项目，学生可以结识来自不同国家和地区的朋友，建立长久的友谊，增进相互之间的理解与信任，为未来的国际合作与交流打下良好的基础。

学生交换计划还可以促进中文教育项目的国际化发展。通过与国外学校合作举办学生交换项目，可以扩大中文教育项目的影响力和知名度，吸引更多国际学生来华学习中文，推动中文教育项目的国际化发展。

学生交换计划是促进跨国合作与交流的重要方式，在中文教育项目中具有重要意义。通过学生交换计划，可以促进学生之间的文化交流与友谊，促进中外学校和学术界的合作与交流，推动中文教育项目的国际化发展，为培养具有国际视野和跨文化交流能力的中文人才做出贡献。

（二）教师合作项目

1. 教师互访交流

教师互访交流是促进跨国合作与交流的重要方式之一，在中文教育项目中具有不

可替代的作用。通过教师互访交流，可以实现不同国家、地区的教师之间的直接接触和深度交流，促进经验共享、教学互助，推动中文教育项目的发展与壮大。

教师互访交流项目的开展，有助于拓展中文教育的国际视野。通过走出国门，了解不同国家、地区的教育实践和文化特点，教师们可以更深入地理解中文教育在全球范围内的地位和影响，提升对中文教育国际化发展的认识和理解。

教师互访交流还可以促进中文教育项目之间的合作与共赢。通过与国际合作伙伴建立联系，共同开展教师互访交流项目，可以促进中文教育资源的共享与合作，搭建起跨国合作的平台，推动中文教育项目在全球范围内实现资源配置优化和互利共赢。

教师互访交流项目的开展，还可以促进中外教育者之间的跨文化交流与理解。通过亲身体验不同国家、地区的教育环境和文化氛围，教师们可以增进对他国文化的认知和理解，拓宽自己的视野，提升跨文化交流的能力和素养，为中文教育的跨文化传播打下坚实基础。

教师互访交流项目的开展，还可以为中文教育项目的质量提升提供有力支撑。通过与国际先进教育机构和教育者的交流互动，教师们可以借鉴和吸收国外先进的教育理念、方法和技术，不断提升自身的教学水平和专业素养，为中文教育项目的持续发展注入新的活力和动力。

教师互访交流是推动跨国合作与交流的重要方式，在中文教育项目中具有重要的推动作用。只有通过教师之间的深度交流与合作，才能够实现中文教育项目的国际化发展目标，为促进中文教育在全球范围内的繁荣和发展做出积极贡献。

2. 联合课题研究

联合课题研究是跨国合作与交流中的重要形式之一，而跨国合作与交流的中文教育项目则是这一形式中的重要组成部分。这些项目不仅有助于促进各国中文教育领域的交流与合作，还能够推动中文教育的国际化进程，为世界各国的语言交流与文化交流搭建桥梁。

跨国合作与交流的中文教育项目有助于促进教育资源的共享与优化。通过联合课题研究等形式，各国中文教育机构可以共同开展教学资源开发、课程设计等活动，实现资源共享与优势互补，提高教学质量与效果。

这些项目还能够促进教学方法与理念的交流与创新。不同国家的中文教育机构在教学方法、教学理念等方面存在差异，通过跨国合作与交流项目，可以互相借鉴、交流经验，共同探索适合各自国情的教学模式与方法，推动中文教育的不断发展与创新。

跨国合作与交流的中文教育项目还能够促进师资队伍的培养与交流。教师是中文教育事业的重要组成部分，而跨国合作项目为不同国家的教师提供了互访、培训等机会，有助于提升他们的教学水平与专业素养，增强他们的国际化视野与交流能力。

这些项目还有助于促进学生间的交流与合作。通过跨国合作项目，学生可以有机会与来自不同国家的学生交流合作，共同学习中文语言与文化，增进彼此间的友谊与理解，拓展自己的国际视野与交流能力。

跨国合作与交流的中文教育项目还有助于推动中文教育的国际化进程。随着中国在世界舞台上的崛起与影响力的增强，越来越多的外国学生希望学习中文，了解中国文化。跨国合作项目为他们提供了学习中文的机会与平台，有助于推动中文教育向国际化发展，增强中国文化的国际影响力。

跨国合作与交流的中文教育项目具有重要的意义与价值。各国中文教育机构应当加强合作，共同推动这些项目的开展与发展，为促进世界各国中文教育事业的发展与繁荣做出积极贡献。

第四节　国际化背景下的中文教师培养与交流

一、国际化背景下的中文教师培养

（一）培养国际化视野

培养具有国际化视野的中文教师是适应全球化背景下中文教育发展的迫切需求，他们不仅需要具备扎实的中文教学技能，更需要具备广阔的国际视野和跨文化交流能力。在这部分内容中，我们将探讨国际化背景下的中文教师培养的重要性以及相关策略。

具有国际化视野的中文教师需要具备扎实的中文教学技能。他们应该熟练掌握中文语言知识、教学方法和教学技巧，能够有效地进行语言教学和文化传播。只有具备扎实的中文教学技能，中文教师才能够胜任在国际化背景下的中文教育工作，为学生提供优质的教育服务。

　　具有国际化视野的中文教师需要具备广阔的国际视野和跨文化交流能力。他们应该了解不同国家和地区的教育体系、教学理念和文化背景，能够与来自不同文化背景的学生进行有效的交流与合作。在教学实践中，中文教师应该注重培养学生的跨文化意识和跨文化能力，帮助他们适应多元化的社会环境。

　　具有国际化视野的中文教师需要具备开放的心态和积极的学习态度。他们应该持续关注国际教育领域的最新发展和趋势，不断学习和积累相关知识和经验，提升自身的国际竞争力和专业水平。只有保持开放的心态和积极的学习态度，中文教师才能够不断适应国际化背景下的中文教育工作。

　　具有国际化视野的中文教师需要加强国际交流与合作。他们可以通过参加国际性的教育会议、学术研讨会等活动，与国外教育专家和同行进行交流与合作，分享教学经验和教学资源，拓宽国际视野和学术视野。也可以利用国际合作项目和交流计划，到国外学校和机构进行短期访问和交流，互相学习和借鉴经验，提升教学水平和国际化能力。

　　培养具有国际化视野的中文教师需要注重语言与文化的融合教学。在中文教学过程中，他们应该注重教授语言知识，也应该传授中国文化、历史、传统等相关知识，培养学生对中国文化的理解和认知。通过语言与文化的融合教学，中文教师可以更好地实现对学生的教育目标，促进学生的全面发展和国际化素养的提升。

　　培养具有国际化视野的中文教师对于适应全球化背景下中文教育发展具有重要意义。他们需要具备扎实的中文教学技能、广阔的国际视野和跨文化交流能力，持开放心态和积极的学习态度，加强国际交流与合作，注重语言与文化的融合教学。相信随着具有国际化视野的中文教师队伍的不断壮大和成熟，中文教育将在全球范围内得到更加广泛的认可和推广。

（二）实践教学经验

　　在国际化背景下，培养具有优秀实践教学经验的中文教师具有极其重要的意义。这些教师不仅需要具备扎实的中文语言基础和教育专业知识，还需要具备跨文化交流能力、教学创新能力和国际视野，以满足全球范围内对中文教育的不断增长需求。以下将探讨在国际化背景下培养中文教师的实践经验。

　　为培养国际化背景下的中文教师，首先需要提供全面的教育培训。这种培训应该不仅包括中文语言、文化知识和教学技能，还应该注重跨文化沟通和国际教育理念的传授。通过系统的培训，可以帮助教师更好地理解国际学生的需求和背景，提升跨文化教学能力。

除了理论培训，实践教学经验也是培养国际化中文教师的关键。学校可以通过实习、教学实践等方式，为教师提供丰富的实践机会，让他们在真实的教学环境中积累经验，锻炼教学能力。通过实践教学，教师可以更加深入地理解教学过程中的挑战和机遇，提升自己的教学水平。

国际化背景下的中文教师培养还需要注重师资队伍建设。学校可以加强与国外教育机构和教育专家的合作，邀请国外教育专家来华交流讲学、指导实践，引进国际化的教学理念和方法。学校还可以鼓励教师参加国际学术会议、教学研讨会等活动，不断提升自身的学术水平和教学能力。

培养国际化中文教师还需要注重教学创新和教育技术应用。在国际化背景下，教学内容和方法需要不断创新，以适应不同国家和地区学生的学习需求。因此，学校可以加强教师的教学方法培训，鼓励教师运用现代教育技术，如多媒体教学、在线教育等，提升教学效果和吸引力。

除了教学能力，国际化背景下的中文教师还需要具备良好的跨文化沟通能力和国际视野。学校可以通过开设跨文化交流课程、组织国际交流活动等方式，帮助教师增强跨文化交流能力，拓宽国际视野，提升国际竞争力。

学校还可以加强对中文教育项目的国际化规划和管理。通过制定国际化发展战略、建立国际化教育项目管理机制等措施，推动中文教育项目向国际化方向发展，为培养更多国际化背景下的中文教师提供更好的平台和机会。

培养具有优秀实践教学经验的中文教师是国际化背景下中文教育的关键。通过全面的教育培训、丰富的实践教学经验、师资队伍建设、教学创新和教育技术应用、跨文化沟通能力和国际视野的培养，可以为中文教育的国际化发展提供有力支持，为培养更多具有国际竞争力的中文教师奠定坚实基础。

二、国际化背景下的中文教师交流

(一) 学术交流会议

学术交流会议在国际化背景下扮演着举足轻重的角色，尤其是对于中文教师交流而言。这些会议不仅为中文教师提供了一个展示自身研究成果、分享教学经验的平台，更是促进中文教育跨国合作与交流的桥梁。在这样的国际化背景下，中文教师们的交流会议具有重要的意义与价值。

学术交流会议为中文教师提供了一个相互学习、交流经验的宝贵机会。通过参与会议，中文教师们可以倾听来自世界各地的优秀学者和教育者的讲座和分享，了解不同国家、地区的中文教育发展现状和最新研究成果，从中获得启发和借鉴，提升自身的教学水平和学术能力。

学术交流会议也为中文教师搭建了一个与国际同行交流合作的平台。通过会议期间的讨论交流和合作洽谈，中文教师们有机会结识来自世界各地的教育专家和同行，建立起长期稳定的合作关系，共同探讨中文教育领域的热点问题，共同推动中文教育在国际舞台上的发展。

学术交流会议还可以促进中文教师的专业成长和学术交流。通过参与会议报告、研讨和论文征集等环节，中文教师们有机会展示自己的研究成果和教学实践经验，分享自己的见解和思考，获得同行的反馈和建议，不断完善自己的教学理念和方法，提升自身的学术声誉和影响力。

学术交流会议也有助于加强中文教师之间的团队合作和协作精神。在会议的组织和参与过程中，中文教师们需要相互配合、相互支持，共同完成会议议程和活动安排，从而增进彼此之间的信任和友谊，形成团结合作的良好氛围，为中文教育的发展凝聚更多的智慧和力量。

学术交流会议在国际化背景下对中文教师交流的促进作用不可忽视。只有通过这样的交流平台，中文教师们才能够加强学术研究与实践的交流合作，不断提升自身的教学水平和学术能力，为中文教育在国际舞台上的发展做出更大的贡献。

（二）跨国合作项目

1. 教师交换计划

教师交换计划是国际化背景下促进中文教师交流的重要方式之一。在当今全球化的背景下，中文教育的国际化发展势头迅猛，而教师交换计划则为中文教师提供了一个拓宽视野、增长经验、提升教学水平的宝贵机会。

教师交换计划有助于促进中文教师的专业成长与发展。通过参与国际交流项目，中文教师可以与来自不同国家的教师交流经验、分享教学方法、学习教育理念，从而拓宽自己的教育视野，提升自己的教学水平和专业素养。

教师交换计划能够促进中外文化的交流与融合。中文教师在国外学校的交流经历不仅可以帮助他们更深入地了解当地文化、习俗和教育体系，还可以向外国学生介绍中国文化、历史、语言等，促进中外文化的交流与融合。

教师交换计划也有助于提升中文教师的教学能力和国际竞争力。在国际化的教学环境中，中文教师需要适应不同的教学方式、面对不同背景的学生，这无疑对他们的教学能力提出了更高的要求。通过参与教师交换计划，中文教师可以锻炼自己的跨文化沟通能力、教学技能和领导能力，提升自己在国际教育领域的竞争力。

教师交换计划还有助于促进中外学校之间的合作与交流。通过教师交换计划，中外学校可以建立起长期稳定的合作关系，共同开展教育项目、交流教学资源、开展联合研究等活动，促进教育事业的共同发展与进步。

教师交换计划也有助于增进中外学校之间的友谊与理解。教师作为学校的重要组成部分，他们的交流与合作不仅可以促进学校间的合作与发展，还可以增进教师之间的友谊与理解，为中外学校建立起更加紧密的合作伙伴关系奠定坚实基础。

教师交换计划在国际化背景下对中文教师交流的意义重大。各国中文教育机构应当加强交流合作，积极开展教师交换计划，为中文教育的国际化发展和教师的专业成长搭建更加广阔的平台。

2. 联合研究项目

在国际化的背景下，中文教师之间的交流与合作至关重要，尤其是通过联合研究项目这样的平台，可以促进不同国家和地区中文教育的共同发展，推动中文教育走向世界舞台。

通过联合研究项目，中文教师可以共同探讨中文教育的最新发展趋势和教学方法。在不同国家和地区的中文教学实践中，可能存在着各自的优势和特点，通过开展联合研究项目，可以将这些优势和特点进行有效整合和分享，共同探讨如何更好地推进中文教育的发展，提升教学质量和水平。

通过联合研究项目，中文教师可以加强国际交流与合作。在研究项目的过程中，中文教师可以与来自不同国家和地区的教育专家和同行进行深入交流与合作，分享教学经验和教学资源，拓宽国际视野和学术视野，促进中文教育的国际化发展。

通过联合研究项目，中文教师可以共同解决中文教育面临的共同挑战和问题。在全球化的背景下，中文教育面临着诸多挑战和难题，例如教学资源的匮乏、教学方法的单一、教学质量的参差不齐等。通过开展联合研究项目，中文教师可以共同研究这些问题的根源和解决方案，共同推进中文教育的改革和创新。

通过联合研究项目，中文教师可以促进跨文化交流与理解。在研究项目的过程中，中文教师可以深入了解来自不同国家和地区的文化背景和教育体系，增进彼此之间的理解和尊重，促进跨文化交流与合作。这有助于培养中文教师的跨文化交流能力和跨文化合作意识，为中文教育的国际化发展打下良好的基础。

通过联合研究项目，中文教师可以共同推动中文教育走向世界舞台。随着中国的崛起和中国文化的影响力不断扩大，中文教育在全球范围内的需求也在不断增加。通过联合研究项目，中文教师可以共同探索中文教育的国际化发展路径，共同推动中文教育在世界范围内的传播和推广，为世界各国的学生提供更多选择和机会。

通过联合研究项目，中文教师之间的交流与合作具有重要意义。它有助于共同探讨中文教育的发展趋势和教学方法，加强国际交流与合作，共同解决中文教育面临的共同挑战和问题，促进跨文化交流与理解，共同推动中文教育走向世界舞台。相信随着联合研究项目的不断深化和拓展，中文教育将在全球范围内得到更加广泛的认可和推广。

第十章 面向未来的中文教育发展战略

第一节 新时代中文教育发展的挑战与机遇

一、新时代中文教育发展面临的挑战

(一) 文化差异问题

在新时代背景下，中文教育发展面临着诸多挑战，其中文化差异问题是一个重要的挑战。随着全球化进程的加速，不同国家和地区的文化差异逐渐凸显，而中文教育的推广与发展也面临着与之相关的挑战。

文化差异问题对中文教育的影响体现在多个方面。不同文化背景下的学生对中文的接受程度和学习需求存在差异。一些学生可能对中国文化和语言产生兴趣，积极主动学习中文，而另一些学生可能由于文化差异等因素对中文学习缺乏兴趣或者存在困难。

文化差异也会影响到中文教学的内容和方式。在跨文化背景下，教师需要根据学生的文化背景和特点，调整教学内容和方法，注重文化差异的融合与对接。这对教师的教学能力和教育理念提出了更高的要求。

文化差异还可能导致教学与学习的沟通障碍。在教学过程中，教师和学生可能因为文化差异而产生理解上的偏差或者误解，影响教学效果和学习成果。因此，如何有效地解决文化差异问题，加强教学与学习的沟通与交流，成为中文教育发展面临的重要挑战之一。

除了文化差异问题，新时代中文教育发展还面临着其他挑战。例如，教学资源的不均衡分配、教师队伍建设的不足、教育技术应用的局限性等问题都在一定程度上影响着中文教育的质量和效果。全球化背景下，中文教育也需要更加注重培养学生的跨文化交流能力、国际视野和创新精神，以适应世界多元化的发展趋势。

面对这些挑战，我们需要采取一系列措施，促进中文教育的健康发展。加强跨文化教育与交流，提升学生的文化素养和跨文化交流能力。加强教师培训与队伍建设，提高教师的教学水平和跨文化教育能力。借助教育技术的力量，推动中文教育的数字化转型，提升教学效率和质量。

需要加强国际间的合作与交流，共同探讨解决中文教育面临的挑战，共同推动中文教育的发展。只有通过全球范围内的合作与努力，才能更好地应对新时代中文教育发展面临的挑战，推动中文教育向更高水平迈进。

（二）教学资源的限制

1. 教材匮乏

教材匮乏是新时代中文教育发展面临的一项严峻挑战，这一问题不仅影响着中文教学的质量和水平，也制约着中文教育的国际化进程。

教材匮乏影响着中文教学的多样化和个性化发展。由于教材的匮乏，许多中文教师在教学过程中往往只能依赖传统的教材内容，缺乏新颖、生动的教学资源和教学方法。这种情况下，学生的学习兴趣和动力可能会降低，教学效果和教学质量也难以得到保障，制约了中文教育的多样化和个性化发展。

教材匮乏制约了中文教育的国际化进程。在国际化的背景下，越来越多的外国学生对学习中文表现出浓厚的兴趣，由于教材的匮乏，许多海外学校和机构在开设中文课程时面临着教材选择的困难。这不仅影响了中文教育在海外的推广和普及，也阻碍了中文教育走向世界的步伐。

教材匮乏也制约了中文教育的创新和发展。在信息时代，教育教学手段和方式不断创新，教材内容也需要与时俱进，贴近学生的实际需求和兴趣。由于教材的匮乏，许多中文教师在教学过程中往往缺乏灵活性和创造性，无法有效地调动学生的学习积极性和创造力，制约了中文教育的创新和发展。

教材匮乏也给中文教师带来了教学压力和负担。在教学过程中，中文教师需要不断寻找和筛选教材资源，进行教材编写和整理，这不仅耗费时间和精力，也增加了教师的教学负担和压力。长期以来的教材匮乏问题可能导致中文教师的教学疲劳和倦怠，影响教学效果和教学质量。

教材匮乏也影响了中文教育的可持续发展。在缺乏优质教材资源的情况下，中文教育难以吸引更多学生学习中文，也难以培养学生对中文语言和文化的兴趣和热爱。这将影响中文教育的长远发展，制约中文教育的可持续性和发展前景。

教材匮乏是新时代中文教育发展面临的重要挑战之一。为了有效应对这一挑战，我们需要加强教材开发与研究，积极探索多元化的教材资源和教学方法，推动中文教育的国际化进程，促进中文教育的创新和发展，减轻中文教师的教学压力和负担，保障中文教育的可持续发展。相信在全社会的共同努力下，教材匮乏这一挑战将得到有效应对，中文教育将迎来更加美好的发展前景。

2. 师资不足

师资不足是新时代中文教育发展面临的严峻挑战之一。随着中文国际化的进程不断加快，越来越多的学生选择学习中文，但是中文教师的数量却无法满足日益增长的需求。师资不足给中文教育的发展带来了一系列的挑战和问题，需要采取有效措施加以解决。

师资不足导致中文教育资源分配不均衡。在一些地区和国家，由于中文教师数量不足，学生面临着学习资源匮乏的问题，影响了中文教育的普及和质量。这种资源不均衡现象严重制约了中文教育的全面发展，需要采取措施加强资源配置，提高中文教育的覆盖面和质量。

师资不足影响了中文教育的教学质量。由于中文教师数量不足，一些学校和教育机构只能聘请不具备足够教学经验和专业素养的人员从事中文教育工作，导致教学质量参差不齐，影响了学生的学习效果和教育体验。要提高中文教育的教学质量，必须加强中文教师队伍建设，提升教师的专业水平和教学能力。

师资不足也制约了中文教育的创新和发展。在师资短缺的情况下，学校和教育机构很难开展教学研究和教学改革，无法及时掌握和应用最新的教育理念和教学技术，导致中文教育的发展缺乏动力和活力。要推动中文教育的创新和发展，必须加强师资队伍建设，培养更多具有创新精神和实践能力的中文教师。

师资不足也给中文教育的国际化发展带来了挑战。随着中国在国际舞台上的影响力不断增强，越来越多的学生选择学习中文，但是中文教师的数量却无法满足国际学生的需求，限制了中文教育在国际上的发展。要推动中文教育的国际化发展，必须加强中文教师的培养和国际合作，提高中文教师的国际竞争力。

师资不足也影响了中文教育的可持续发展。在师资短缺的情况下，学校和教育机构很难保持教学队伍的稳定和持续发展，导致中文教育的发展缺乏长期规划和持续推进。要实现中文教育的可持续发展，必须加强师资队伍建设，建立健全的中文教育人才培养体系，保障中文教育的长期发展。

师资不足是新时代中文教育发展面临的重大挑战。要解决这一问题，必须加强中文教师队伍建设，提高教师的数量和质量，促进中文教育的全面发展。只有这样，才能推动中文教育走向更加广阔的未来。

二、新时代中文教育发展的机遇

（一）加强国际合作

加强国际合作是新时代中文教育发展的重要途径之一，也为中文教育的发展带来了新的机遇。在当今全球化的背景下，国际合作不仅可以促进中文教育资源的共享与优化配置，还可以推动中文教育向更广泛、更深入的领域发展，为中文教育的未来打开新的发展空间。

随着中国经济的快速崛起和国际地位的提升，越来越多的国家和地区开始重视学习中文。加强国际合作，可以促进中文教育在国际范围内的传播与推广，满足不同地区、不同群体学习中文的需求，为中文教育的全球化发展创造有利条件。

在国际合作的框架下，中文教育可以借鉴和吸收国外先进的教育理念、方法和技术，不断提升教学水平和教育质量。通过与国际教育机构和教育专家的合作交流，中文教育可以吸收外部的优秀资源，不断丰富和完善教育内容和形式，推动中文教育向更加国际化、多元化的方向发展。

加强国际合作还可以促进中文教育项目之间的互利合作和共同发展。通过建立起与国际教育机构和教育者的合作关系，可以共同开展中文教育项目，分享教学资源和经验，搭建起跨国合作的平台，推动中文教育项目在全球范围内实现资源共享和优势互补，实现合作共赢的局面。

加强国际合作还可以推动中文教育的创新与发展。在与国际合作伙伴的交流互动中，中文教育可以接触到来自不同文化背景和教育体系的新思想、新理念和新技术，激发教育改革与创新的动力，推动中文教育不断适应时代发展的需求，实现教育的持续发展与进步。

加强国际合作为新时代中文教育发展带来了丰富的机遇。只有通过加强国际合作，才能够实现中文教育的全球化发展目标，为中文教育在国际舞台上赢得更大的话语权和影响力，推动中文教育不断迈向新的高度。

（二）信息技术的发展

1. 创新教学模式

创新教学模式是新时代中文教育发展的重要推动力之一，它为中文教育带来了诸多机遇。随着社会的发展和科技的进步，传统的教学模式已经难以满足学生的需求，而创新教学模式的引入，则为中文教育注入了新的活力，为其发展开辟了更加广阔的空间。

创新教学模式为中文教育带来了个性化学习的机会。传统的教学模式往往是以教师为中心，注重知识的传授，而创新教学模式则更加注重学生的个性化需求和学习兴趣。通过引入个性化学习平台、智能化教学工具等，可以更好地满足学生不同层次、不同背景的学习需求，提高教学的针对性和灵活性。

创新教学模式促进了跨文化交流与合作。在全球化背景下，不同国家和地区的中文教育机构可以通过创新教学模式，开展跨国合作项目、教师交流计划等活动，促进跨文化教育交流与合作，丰富教学资源，提高教学水平，为学生提供更广阔的学习空间和机会。

创新教学模式还促进了教育技术的应用与发展。在数字化时代，教育技术已经成为推动教育发展的重要力量。通过创新教学模式，可以引入虚拟现实、人工智能、在线教育等新技术，拓展教学手段和途径，提升教学效果和质量，激发学生的学习兴趣和创新潜力。

创新教学模式还为中文教育带来了更加广泛的国际化发展机遇。随着中国在国际舞台上的影响力不断增强，越来越多的外国学生希望学习中文，了解中国文化。创新教学模式为国际学生提供了更多选择和机会，吸引他们来华学习，推动中文教育走向世界，促进中文国际化。

创新教学模式还有助于提升中文教师的教学水平和专业素养。教师是教育事业的中坚力量，他们的教学水平直接关系到教育质量和效果。创新教学模式为教师提供了更多的教学工具和方法，激发了他们的创新精神和教学热情，提高了他们的教学效率和质量。

创新教学模式为新时代中文教育发展带来了诸多机遇。我们应当充分利用这些机遇，不断探索创新教学模式，促进中文教育的发展与进步，为培养具有国际视野、创新精神和综合素质的人才做出积极贡献。

2. 扩大教学范围

在新时代，随着全球化进程的不断加速和信息技术的飞速发展，中文教育迎来了前所未有的发展机遇。其中，扩大教学范围被认为是新时代中文教育发展的重要机遇之一。

扩大教学范围为中文教育提供了更广阔的市场空间。随着中国的崛起和中国文化的影响力日益增强，越来越多的外国学生对学习中文表现出浓厚的兴趣。通过扩大教学范围，可以满足不同国家和地区学生的学习需求，促进中文教育的国际传播和推广，拓展中文教育的市场空间。

扩大教学范围有助于提升中文教育的国际影响力。在全球化背景下，中文教育作为一门重要的外语教育，对促进跨文化交流与理解、增进不同国家和地区人民之间的友谊和合作具有重要意义。通过扩大教学范围，可以将中文教育推广到更多的国家和地区，增强中文在国际舞台上的影响力和竞争力。

扩大教学范围有助于提升中文教育的教学质量和水平。在扩大教学范围的过程中，可以吸收和借鉴国外先进的教育理念和教学方法，促进中文教育的创新和发展。也可以拓宽中文教师的国际视野和增强其跨文化交流能力，提升教师的教学水平和专业素养。

扩大教学范围也有助于促进中文教育的多元化发展。在不同国家和地区，学生的学习需求和文化背景可能存在着差异，因此需要根据不同的教学环境和学生需求开展差异化教学。通过扩大教学范围，可以推动中文教育向多元化方向发展，为学生提供更加丰富多彩的学习体验和学习资源。

扩大教学范围也有助于促进中文教育与其他学科的融合与发展。在全球化的背景下，中文教育与其他学科之间的交叉融合日益密切，例如中文与科技、商务、文化等领域的交叉融合。通过扩大教学范围，可以促进中文教育与其他学科的深度合作与交流，推动中文教育的跨学科发展，为学生提供更加全面的教育服务。

扩大教学范围给新时代中文教育带来了重要的发展机遇。它为中文教育提供了更广阔的市场空间，提升了中文教育的国际影响力，促进了教学质量和水平的提升，推动了中文教育的多元化发展，促进了中文教育与其他学科的融合与发展。相信随着各方面的共同努力，中文教育将在新时代迎来更加美好的发展前景。

第二节　中文教育改革与创新的方向与路径

一、中文教育改革与创新的方向

（一）拓展教学内容

拓展教学内容是中文教育改革与创新的重要方向之一。随着社会的发展和时代的变迁，传统的中文教育内容已经不能满足学生的需求，而拓展教学内容则为中文教育注入了新的活力，为学生提供了更加丰富多样的学习体验。

拓展教学内容可以丰富学生的知识面和视野。传统的中文教育内容主要围绕语言学习和文学阅读展开，而拓展教学内容则可以将更多的知识领域引入教学，如历史、地理、文化、科技等，让学生全面了解中国的社会、文化、发展和变革，拓展他们的知识结构和认知范围。

拓展教学内容可以激发学生的学习兴趣和潜能。传统的中文教育内容往往枯燥乏味，缺乏吸引力和挑战性，容易使学生产生学习倦怠和厌学情绪。而通过引入更加生动、实用、有趣的教学内容，如文学名著解读、中国传统文化体验、科技创新成果展示等，可以激发学生的学习兴趣，增强他们的学习动力和自信心。

拓展教学内容还可以培养学生的综合能力和创新精神。传统的中文教育内容主要以语言文字为主，缺乏对学生综合能力的培养，而拓展教学内容则可以结合语言文字教学，注重学生的综合素养和能力培养，如阅读理解、写作表达、口语交流、团队合作、创新思维等，培养学生的综合能力和创新精神，提升他们的竞争力和适应能力。

拓展教学内容还可以促进跨学科融合和跨文化交流。传统的中文教育内容往往局限于语言文字和文学艺术，与其他学科和领域的融合较少，而拓展教学内容可以打破学科界限，引入更多的跨学科内容和跨文化元素，如艺术、科技、经济、政治等，促进学科间的融合与交叉，增强学生的综合素养和跨文化交流能力。

拓展教学内容还可以促进中文教育的国际化发展。传统的中文教育内容主要侧重于中国文化和语言的传承和发展，而拓展教学内容则可以更加注重世界各国和地区的文化和语言交流，引入更多的国际化元素和跨文化内容，使中文教育更加贴近国际化发展的需要，提升中国文化的国际影响力和传播力。

拓展教学内容是中文教育改革与创新的重要方向之一。我们应当加强对教学内容的研究与创新，不断丰富和拓展教学内容，使之更加符合学生的需求和时代的要求，为中文教育的发展注入新的活力和动力。

（二）引入现代教育技术和教学手段

引入现代教育技术和教学手段被视为推动中文教育改革与创新的重要方向之一，这不仅能够提升教学效果，还能够激发学生学习兴趣，培养他们的创新精神和实践能力。

引入现代教育技术和教学手段有助于提升中文教育的教学质量和效果。随着信息技术的不断发展，各种现代教育技术和教学手段如智能化教具、在线学习平台、虚拟实验室等不断涌现，这些技术和手段可以为中文教育提供更加丰富多样的教学资源和教学工具，满足学生个性化学习需求，提升教学效果和教学质量。

引入现代教育技术和教学手段有助于拓展中文教育的教学内容和教学方法。传统的中文教学往往以纸质教材和课堂讲授为主，教学内容和教学方法相对单一，难以激发学生的学习兴趣和创新能力。而引入现代教育技术和教学手段可以通过多媒体教学、网络课程、虚拟实验等方式，丰富教学内容，灵活运用多种教学方法，激发学生的学习热情，提升教学效果。

引入现代教育技术和教学手段有助于促进中文教育的个性化和差异化发展。每个学生的学习特点和学习需求都有所不同，传统的一刀切式教学往往难以满足学生的个性化学习需求。而现代教育技术和教学手段可以通过智能化教学系统和个性化学习平台，根据学生的学习水平和学习兴趣，提供量身定制的教学内容和教学方案，促进中文教育的个性化和差异化发展。

引入现代教育技术和教学手段还有助于促进中文教育的国际化进程。在全球化的背景下，各国之间的文化交流与合作日益密切，学习中文的需求也越来越大。通过引入现代教育技术和教学手段，可以实现跨国教育资源的共享和交流，促进中文教育在国际上的传播和推广，为更多外国学生提供学习中文的机会和平台。

引入现代教育技术和教学手段还有助于培养学生的创新精神和实践能力。现代教育技术和教学手段不仅可以为学生提供更加丰富多样的学习资源和学习工具，还可以通过项目式学习、实践性任务等方式，激发学生的创新意识和实践能力，培养他们的综合素养和应用能力，为他们未来的发展打下坚实的基础。

引入现代教育技术和教学手段是推动中文教育改革与创新的重要方法之一。它有助于提升教学质量和效果，拓展教学内容和教学方法，促进教育个性化和差异化发展，推动中文教育的国际化进程，培养学生的创新精神和实践能力。相信随着现代教育技术和教学手段的不断完善和应用，中文教育将迎来更加广阔的发展空间和更加美好的未来。

二、中文教育改革与创新的路径

（一）教师专业发展与培训

教师专业发展与培训是推动中文教育改革与创新的关键路径之一。随着时代的发展和社会的变迁，中文教育需要不断地进行改革与创新，以适应新时代的需求和挑战。而教师的专业发展与培训则是促进中文教育改革与创新的基础和保障，下文将就此展开讨论。

教师专业发展与培训应当与中文教育改革的目标和方向相一致。教育改革的目标是促进学生的全面发展和个性成长，因此，教师的专业发展与培训应当围绕这一目标展开，注重培养教师的教育理念和教学方法，培养其适应新时代教育需求的能力。

教师专业发展与培训应当注重教师的跨学科能力和终身学习能力。在新时代，教师不仅需要具备扎实的中文教学知识和技能，还需要具备跨学科的综合素养和终身学习的能力，以应对不断变化的教育环境和学生需求。

教师专业发展与培训应当注重教师的创新意识和实践能力。在中文教育改革与创新过程中，教师应当积极探索新的教学理念和方法，不断尝试和实践，以促进教育教学的不断发展和提高。

教师专业发展与培训还应当注重教师的团队合作和交流分享能力。在教师专业发展与培训过程中，应该鼓励教师之间加强合作，共同探讨教育教学的问题，分享教学经验，相互学习借鉴，促进教师队伍的整体素质提升。

教师专业发展与培训还应当注重教师的国际视野和跨文化交流能力。随着全球化的进程，中文教育也面临着国际化的挑战与机遇，教师应当具备跨文化交流的能力，了解国际教育的发展动态，积极参与国际教育交流与合作。

教师专业发展与培训还应当注重教师的人文关怀和情感教育能力。在中文教育改革与创新过程中，教师不仅是知识的传授者，更应该是学生的引导者和关怀者，注重培养学生的人文素养和情感素质，促进学生全面发展和健康成长。

教师专业发展与培训是推动中文教育改革与创新的重要路径。只有加强教师的专业发展与培训，培养具有跨学科能力、创新意识、团队合作能力、国际视野和人文关怀的中文教师队伍，才能更好地推动中文教育不断向前发展，适应新时代的需求和挑战。

（二）教材编写与资源建设

1. 多元化教材编写

多元化教材编写是中文教育改革与创新的关键路径之一，它为学生提供了更广泛、更丰富的学习资源，有助于激发学生的学习兴趣和提高学习效果。在当前快速变化的时代背景下，多元化的教材编写不仅能够满足学生多样化的学习需求，还能够促进中文教育的创新与发展。

多元化的教材编写可以更好地反映社会多样性和文化多样性。通过引入不同国家、地区、民族的文学作品、历史故事、传统文化等内容，可以帮助学生更全面地了解世界各地的文化，培养学生的跨文化意识和全球视野，为他们的成长和发展提供更为丰富的素材和资源。

多元化的教材编写还可以促进教学内容的个性化和差异化。针对不同学生的学习特点和需求，编写不同风格、不同水平的教材，可以更好地满足学生的学习需求，提高教学的针对性和灵活性，激发学生的学习兴趣和积极性，从而提高教学效果和质量。

多元化的教材编写还有助于拓展教学内容和方法的创新空间。通过引入新颖的教学内容、新型的教学方法和技术，可以丰富教学形式，激发学生的学习动力，提高教学的趣味性和互动性，从而促进中文教育的创新与发展。

在多元化教材编写的过程中，教师们需要不断提升自己的编写能力和水平，注重教材内容的科学性、严谨性和实用性，保证教材的质量和效果。教师还应该注重与其他学科、其他领域的教师合作，共同探索多元化教材编写的新途径和新方法，不断推动中文教育的改革与创新。

多元化教材编写是中文教育改革与创新的重要路径之一，它为学生提供了更为广泛、更为丰富的学习资源，有助于促进学生的综合素养和跨文化能力的提升，推动中文教育朝着更加多元化、个性化的发展方向迈进。

2. 教学资源共享

教学资源共享是中文教育改革与创新的重要路径之一。在当前信息时代，教育资源的共享已经成为推动教育改革和提升教育质量的重要手段，而在中文教育领域，实现教学资源的共享可以有效促进中文教育的发展与创新。

教学资源共享有助于提高教育资源的利用效率。当前，许多中文教育机构拥有丰富的教学资源，但这些资源往往局限于特定学校或机构内部使用，无法发挥最大的效益。通过教学资源的共享，可以将优质的教学资源共享给更多的教师和学生，实现资源的共享和优化配置，提高教学效果和质量。

教学资源共享有助于拓展教学内容和方法。中文教育领域存在着丰富多样的教学资源，如教材、课件、教学视频、在线课程等，这些资源可以为教师提供丰富多样的教学内容和方法，激发学生的学习兴趣和创造力。通过教学资源的共享，可以让教师更加灵活地选择和运用教学资源，开展多样化、个性化的教学活动，满足学生的多样化学习需求。

教学资源共享有助于促进教师间的交流与合作。在教学资源共享平台上，教师可以分享自己的教学资源和教学经验，学习他人的教学方法和经验，开展教学研讨和合作，共同提高教学水平和教育质量。这不仅有助于教师间的专业成长和交流，还可以促进教育教学改革的深入推进。

教学资源共享还有助于促进跨区域、跨学科的教育合作。通过教学资源的共享，不同地区、不同学校、不同学科的教师可以共享教学资源，开展跨区域、跨学科的教育合作项目，共同开发教学资源、设计教学活动，丰富学生的学习体验，提高教育教学的质量和效果。

教学资源共享有助于推动中文教育的国际化发展。在全球化背景下，中文教育不仅仅局限于中国国内，越来越多的外国学生希望学习中文，了解中国文化。通过教学资源的共享，可以让更多的外国学生接触到优质的中文教学资源，促进中文教育的国际化发展，增强中国文化的国际影响力和传播力。

教学资源共享是中文教育改革与创新的重要路径之一。我们应当积极推动教学资源的共享，建设更加开放、共享的教育资源平台，促进教育资源的共享和优化配置，为中文教育的发展与创新提供更好的支持和保障。

第三节　未来中文教育的发展战略规划

一、未来中文教育的发展战略

（一）加强跨学科和跨文化内容的融入

加强跨学科和跨文化内容的融入被视为未来中文教育发展的重要战略之一。这不仅可以拓展中文教育的教学内容，丰富学生的学习体验，还能够促进跨学科学习和跨文化交流，培养学生的综合素养和全球化视野。

加强跨学科和跨文化内容的融入有助于提升中文教育的教学质量和效果。传统的中文教育往往以语言和文化知识为主，缺乏与其他学科和文化领域的联系和交叉。而加强跨学科和跨文化内容的融入可以将中文教育与其他学科如科学、技术、艺术等进行有机结合，促进学科之间的相互渗透和交流，拓展学生的知识面，提升教学质量和效果。

加强跨学科和跨文化内容的融入有助于培养学生的跨学科思维和能力。在现实生活中，各种问题往往是跨学科性质的，需要综合运用不同学科的知识和方法进行解决。通过加强跨学科和跨文化内容的融入，可以培养学生的综合素养和跨学科思维能力，提高他们解决问题的能力和水平，增强他们的综合竞争力和创新能力。

加强跨学科和跨文化内容的融入有助于促进跨文化交流与理解。在全球化的背景下，各国之间的文化交流与合作日益频繁，跨文化交流与理解成为当今世界的重要课题。通过加强跨学科和跨文化内容的融入，可以引导学生了解和尊重不同文化的差异与特点，培养他们的跨文化交流能力和跨文化合作意识，为构建人类命运共同体做出贡献。

加强跨学科和跨文化内容的融入有助于促进中文教育的国际化进程。在全球化的背景下，学习中文已经不再局限于中国国内，越来越多的外国学生对学习中文表现出浓厚的兴趣。通过加强跨学科和跨文化内容的融入，可以为海外学生提供更加丰富多彩的中文学习体验，促进中文教育在国际上的传播和推广，推动中文教育走向世界。

加强跨学科和跨文化内容的融入还有助于推动中文教育的创新和发展。跨学科和跨文化内容的融入能够激发教师的创新意识和教学热情，促进教学方法和教学资源的更新和升级，推动中文教育向更加开放、多元、创新的方向发展，为学生提供更加丰富多彩的学习体验和学习资源。

加强跨学科和跨文化内容的融入是未来中文教育发展的重要战略之一。它有助于提升教学质量和效果，培养学生的跨学科思维和能力，促进跨文化交流与理解，推动中文教育的国际化进程，促进教育创新和发展。相信随着这一战略的不断深入实施，中文教育将迎来更加广阔的发展空间和更加美好的未来。

（二）推广混合式教学模式

推广混合式教学模式是未来中文教育发展的重要战略之一。随着科技的不断进步和教育理念的不断更新，传统的面对面教学模式已经不能完全满足学生的需求，而混合式教学模式则能够有效地结合传统教学和现代科技手段，提高教学效果，增强学生的学习体验。以下将探讨推广混合式教学模式的意义和未来中文教育的发展战略。

推广混合式教学模式可以提高中文教育的教学效果。传统的面对面教学模式存在时间和空间的限制，而混合式教学模式可以通过网络平台、多媒体资源等手段，将教学内容延伸到更广泛的学习群体，让学生在任何时间、任何地点都能够接触到优质的教育资源，提高学习效率和学习成果。

推广混合式教学模式可以增强学生的学习体验。通过引入多样化的教学资源和互动形式，混合式教学模式能够激发学生的学习兴趣，提高学生的学习积极性和主动性。学生可以根据自己的学习节奏和学习习惯进行学习，增强了个性化学习的可能性，提升了学生的学习体验。

推广混合式教学模式可以促进教学资源的共享和交流。在混合式教学模式下，教师可以通过网络平台将自己的教学资源分享给其他教师和学生，同时也可以借鉴他人的教学经验和教学方法，促进教育资源的共享和交流，提高教学水平和质量。

推广混合式教学模式还可以促进中文教育的国际化发展。通过网络平台和在线课程，可以将中文教育资源推广到全球各地，吸引更多的国际学生学习中文。也可以借鉴国外先进的教育理念和教学方法，促进中文教育的创新和发展。

推广混合式教学模式还可以促进中文教育的跨学科发展。在混合式教学模式下，可以引入跨学科的教学资源和教学内容，将中文教育与其他学科相结合，培养学生的综合素养和跨学科能力，提高学生的综合竞争力。

推广混合式教学模式是未来中文教育发展的重要战略之一。通过结合传统教学和现代科技手段，提高教学效果，增强学生的学习体验，促进教学资源的共享和交流，推动中文教育的国际化和跨学科发展，将为中文教育的未来发展带来新的机遇和挑战。

二、未来中文教育的发展规划

（一）加强中文教师的培训和专业发展

加强中文教师的培训和专业发展是未来中文教育发展规划中的重要一环。随着全球对中文学习需求的增加以及中文教育国际化的趋势，培养高素质的中文教师成了当务之急。通过加强中文教师的培训和专业发展，可以不断提升教师的教育水平和教学能力，为未来中文教育的发展奠定坚实基础。

中文教师的培训和专业发展应该注重培养教师的教学理念和教育思维。教师需要具备丰富的教学经验和深厚的学科知识，同时还应具备跨文化交流能力和创新意识，以更好地适应不同学生的需求和教学环境，为中文教育的发展提供坚实支撑。

中文教师的培训和专业发展还应该注重教师的教学技能和教学方法的提升。通过系统的培训和实践教学，教师可以不断掌握最新的教学技术和方法，提高课堂教学的效果和质量，激发学生的学习兴趣和主动性，实现教育的双赢。

中文教师的培训和专业发展还应该注重教师的个人发展和职业规划。教师应该根据自身的兴趣和特长，选择适合自己的发展路径和方向，不断提升自己的教学水平和专业素养，实现个人价值和职业目标的最大化，为中文教育的长期发展贡献自己的力量。

在未来中文教育的发展规划中，应该加强中文教师的培训和专业发展的政策支持和资源投入。政府应该加大对中文教育的资金投入和政策扶持，建立完善的中文教师培训体系和专业发展机制，为中文教师的培训和发展提供更加有力的保障和支持。

学校和教育机构也应该加强对中文教师的培训和专业发展的组织和管理。通过举办各类培训活动和专业发展项目，为中文教师提供更广阔的学习空间和发展平台，激发教师的学习热情和工作积极性，不断提升教师的教育水平和教学能力。

加强中文教师的培训和专业发展是未来中文教育发展规划的重要内容之一。只有通过不断提升教师的教育水平和教学能力，才能够更好地满足学生的学习需求，推动中文教育朝着更加科学、更加人性化的方向迈进。

（二）编写符合国际标准、贴近学生需求的中文教材

设计符合国际标准的未来中文教育发展规划是至关重要的。在全球化的背景下，中文教育面临着新的机遇和挑战，而制订科学合理的规划，有助于促进中文教育的国际化发展，提升中文教育的质量和影响力。

未来中文教育的发展规划应当注重推动教学内容的多样化和国际化。随着社会的进步和时代的变迁，传统的中文教育内容已经不能满足学生的需求，而未来的中文教育应当紧跟时代的步伐，拓展教学内容，引入更多与现代社会和国际社会相关的内容，如科技、经济、环境等，培养学生的综合素养和国际视野。

未来中文教育的发展规划应当注重提升教师队伍的专业水平和国际化水平。教师是教育事业的中坚力量，他们的教学水平和专业素养直接关系到教育质量和效果。未来的中文教育发展规划应当加强教师培训与队伍建设，提高教师的语言能力、教学技能和跨文化交流能力，打造一支高素质、国际化的中文教师队伍。

未来中文教育的发展规划应当注重推动教学技术的应用和创新。随着信息技术的发展和应用，教育技术已经成为推动教育改革和提升教育质量的重要手段。未来的中文教育发展规划应当充分利用教育技术的优势，引入数字化教学资源、在线教学平台、智能化教学工具等，拓展教学手段和途径，提高教学效果和质量。

未来中文教育的发展规划应当注重促进中外教育合作与交流。中文教育不仅仅局限于中国国内，越来越多的外国学生希望学习中文，了解中国文化。未来的中文教育发展规划应当积极推动中外教育机构之间的合作与交流，开展中文教育项目、教师交流计划、学生交流项目等，促进中文教育的国际化发展，增强中国文化的国际影响力和传播力。

未来中文教育的发展规划应当注重提升中文教育的服务水平和品质。中文教育机

构应当加强教育管理与服务，优化教育资源配置，提高教学质量和效果，满足学生和社会的需求，为中文教育的可持续发展创造良好的环境和条件。

未来中文教育的发展规划应当紧密围绕多样化、国际化、科技化、合作化、服务化等五大方向展开，制定出一系列科学合理的政策和措施，促进中文教育的全面发展和提升，为培养具有国际视野、创新精神和综合素养的人才做出积极贡献。

贴近学生需求的中文教材有助于提升中文教育的教学效果和教学质量。传统的中文教材往往以内容繁杂、难度较大为特点，难以满足学生的实际学习需求。而贴近学生需求的中文教材可以根据学生的年龄、学习水平、兴趣爱好等因素进行量身定制，使教学内容更加贴近学生的实际需求，提升学生的学习兴趣和学习动力，从而达到更好的教学效果和教学质量。

贴近学生需求的中文教材有助于促进中文教育的个性化和差异化发展。每个学生的学习特点和学习需求都有所不同，传统的一刀切式教学往往难以满足学生的个性化学习需求。而贴近学生需求的中文教材可以根据学生的个性化学习需求，提供个性化的学习内容和学习方式，帮助学生更好地发展自己的学习潜能，促进学生的全面发展。

贴近学生需求的中文教材有助于促进中文教育的创新和发展。随着时代的发展和科技的进步，学生的学习方式和学习习惯也在不断变化，传统的中文教材往往无法满足学生的学习需求。而贴近学生需求的中文教材可以借助现代化技术手段，如互联网、智能手机、人工智能等，开发多样化、个性化的学习资源和学习工具，拓展学生的学习渠道，促进中文教育的创新和发展。

贴近学生需求的中文教材还有助于促进中文教育的国际化进程。在全球化的背景下，越来越多的外国学生对学习中文表现出浓厚的兴趣，传统的中文教材往往无法满足不同国家和地区学生的学习需求。贴近学生需求的中文教材可以根据不同国家和地区学生的学习特点和学习需求进行定制，提供个性化的学习内容和学习服务，促进中文教育在国际上的传播和推广，推动中文教育的国际化进程。

贴近学生需求的中文教材还有助于促进中文教育与其他学科的融合与发展。中文教育不仅是语言教育，还涉及文化、历史、文学等多个学科领域，贴近学生需求的中文教材可以与其他学科进行有机结合，拓展中文教育的教学内容和教学方法，促进中文教育与其他学科的交叉融合和共同发展。

贴近学生需求的中文教材是未来中文教育发展的重要战略之一。它有助于提升教学效果和教学质量，促进中文教育的个性化和差异化发展，推动中文教育的创新和发展，促进中文教育的国际化进程，促进中文教育与其他学科的融合与发展。相信随着贴近学生需求的中文教材不断完善和应用，中文教育将迎来更加美好的未来。

第四节　中文教育的国家政策与支持措施

一、中文教育的国家政策

（一）制定中文教育发展规划

制定中文教育发展规划是中文教育发展的关键步骤，而国家政策则是推动中文教育发展的指导性文件，对中文教育的发展方向、政策措施、资源保障等方面都有重要影响。

国家政策应当明确中文教育的发展目标和任务。中文教育的发展目标应当与国家的教育发展目标相一致，既要注重提高中文教育的普及率和质量，又要注重培养学生的中文语言能力、文化素养和国际竞争力，以推动中文教育的全面发展。

国家政策应当加强中文教育的体制机制建设。应当完善中文教育的管理体制和运行机制，加强政府、学校、社会等各方的合作与协调，形成推动中文教育发展的良好环境和氛围。

国家政策应当加大对中文教育的投入和支持。中文教育的发展需要政府的政策支持和资金保障，应当加大对中文教育的投入，优化资源配置，提升中文教育的硬件设施和教学条件。

国家政策应当加强对中文教育的规范和监管。应当建立健全中文教育的课程标准和教学评估体系，加强对中文教育教学质量的监督和评估，提升中文教育的教学水平和质量。

国家政策应当推动中文教育的国际交流与合作。中文教育是中国文化的重要传播渠道，应当加强对外汉语教学的国际交流与合作，扩大中文教育的国际影响力和知名度，提升中文教育的国际竞争力。

国家政策应当促进中文教育的创新与发展。应当鼓励中文教育教学方法的创新和教学资源的共享，提升中文教育的创新能力和核心竞争力，推动中文教育不断迈向新的发展阶段。

国家政策对中文教育的发展具有重要影响。只有通过明确发展目标和任务、加强体制机制建设、增加投入和支持、规范监管、推动国际交流与合作、促进创新与发展等多方面的政策措施，才能够促进中文教育的健康发展，推动中文教育走向更加广阔的未来。

（二）法律法规

法律法规与国家政策在中文教育的发展中扮演着至关重要的角色。随着中国的国际地位和影响力不断提升，中文教育逐渐成了国家发展战略中的重要组成部分。因此，制定和实施相关的法律法规和政策，对于促进中文教育的健康发展、保障中文教育的质量和效果具有重要意义。

中国政府一直高度重视中文教育，并采取了一系列政策措施来促进中文教育的发展。中国政府加大了对中文教育的支持力度，通过增加中文教育的投入和资源，建立健全中文教育体系，完善教育设施和教学条件，提升中文教育的教育质量和教学水平。

中国政府积极推动中文教育的国际化发展。通过出台相关政策和措施，支持中文教育机构在国外设立分支机构或合作办学，拓展中文教育的国际市场，提升中文教育在国际舞台上的影响力和竞争力，促进中文教育的跨国合作与交流。

中国政府还加强了对中文教育的监管和评估。通过建立健全中文教育的评估体系和监管机制，加强对中文教育机构和教师的管理和监督，规范中文教育的教学行为和教学质量，保障中文教育的合法权益，维护中文教育的良好发展环境。

中国政府还通过加强中文教育的国际交流与合作，促进中文教育的创新与发展。通过举办国际性的中文教育会议、论坛和展览等活动，加强与其他国家和地区的中文教育机构和教育者的交流与合作，推动中文教育资源的共享与互利共赢，促进中文教育的跨文化交流与传播。

法律法规和国家政策在中文教育的发展中起着至关重要的作用。只有通过制定和实施相关的法律法规和政策，才能够有效促进中文教育的健康发展，保障中文教育的质量和效果，为中文教育的未来发展奠定坚实的基础。

1. 中文教育法规体系建设

中文教育法规体系的建设是中文教育发展的重要保障，国家政策在其中扮演着至关重要的角色。在中文教育法规体系建设方面，国家政策应当立足于保障中文教育的基本权利，促进中文教育的均衡发展，提升中文教育的质量和水平。

国家政策应当加强对中文教育的立法和法规制定。制定相关法律法规，明确中文教育的基本原则、目标和任务，明确中文教育的组织管理机构和职责权限，规范中文教育的各项活动和行为，为中文教育的发展提供法律保障和制度保障。

国家政策应当加强对中文教育的政策引导和支持。通过出台政策文件和规划方案，明确中文教育的发展目标和任务，制定相关政策措施，促进中文教育资源的合理配置和优化配置，鼓励社会各界积极参与中文教育事业，推动中文教育向更高水平迈进。

国家政策应当加强对中文教育的监督和评估。建立健全中文教育的监督评估机制，加强对中文教育的监督管理，及时发现和解决中文教育中存在的问题和困难，提高中文教育的质量和效果，保障中文教育的合法权益。

国家政策还应当加强对中文教育的国际交流与合作。积极推动中文教育国际化发展，加强与外国相关机构的合作与交流，共同开展中文教育项目、教师交流计划、学生交流项目等，促进中文教育向外延伸、向深度发展，增强中国文化的国际影响力和传播力。

国家政策应当加强对中文教育的宣传和推广。加强中文教育的宣传推广工作，提高社会对中文教育的认识和重视程度，增强广大人民群众对中文教育的支持和参与意识，营造良好的社会氛围和舆论环境，为中文教育的发展提供良好的社会条件和舆论支持。

国家政策在中文教育法规体系建设中发挥着重要的作用。国家应当加强立法、政策引导、监督评估、国际交流与合作、宣传推广等方面的工作，全面推进中文教育法规体系的建设，为中文教育的发展提供有力保障和支持。

2. 推动中文教育国际合作

推动中文教育国际合作是中国中文教育发展的重要方向之一。随着中国的崛起和国际地位的提升，越来越多的国家和地区对学习中文表现出了浓厚的兴趣。在国家层面，中国制定了一系列政策和施策，以推动中文教育的国际合作，促进中文教育的全球传播与发展。

中国政府出台了一系列鼓励和支持中文教育国际合作的政策。这些政策包括设立专项资金支持海外中文教学机构的建设与发展、设立奖励机制鼓励中文教师到海外进行教学交流与合作、加强中外教育部门的沟通与合作等。这些政策为中文教育的国际合作提供了政策保障和资金支持，为中文教育的国际化发展打下了良好的基础。

中国积极推动建立中文教育国际交流与合作机制。中国政府通过举办国际性中文教育论坛、召开中外教育合作研讨会等活动，促进中文教育领域的国际交流与合作，推动中文教育的国际标准化和规范化。中国还积极参与国际中文教育组织，如国际汉语教学学会、世界华文教育学会等，加强与国际组织的合作与交流，推动中文教育的国际化进程。

中国大力支持海外中文教学机构的建设与发展。中国政府通过设立中国文化中心、孔子学院等机构，在海外设立中文教学点，向海外学生提供中文学习机会，促进中文教育的国际传播与推广。中国还鼓励和支持中外合作办学，与外国高校和教育机构合作开设中文专业或中文辅修专业，为外国学生提供更加丰富多样的中文教育资源和学习机会。

中国政府还加强了对外汉语教师队伍的建设与培养。中国通过设立汉语国际教育专业硕士（MTCSOL）项目、汉语国际教育本科专业等，培养高素质的对外汉语教师，为海外中文教育的发展提供人才支持。中国还鼓励和支持对外汉语教师到海外进行教学交流与合作，为外国学生提供优质的中文教育服务。

中国政府还加强了中文教育国际交流与合作的宣传推广。中国通过举办中文教育文化周、举办中文教师培训班、举办中文教材展销会等活动，向国际社会展示中国中文教育的成就和优势，吸引更多的外国学生来华学习中文，促进中文教育的国际化发展。

中国政府通过一系列政策，积极推动中文教育的国际合作，促进中文教育的全球传播与发展。这不仅有助于推动中文教育的国际化进程，也有助于提升中国在国际教育领域的影响力和竞争力，为构建人类命运共同体做出了积极贡献。

二、中文教育的支持措施

（一）教学资源支持

教学资源的支持是中文教育发展的关键之一，而支持措施则是确保中文教育顺利进行、提升教学质量的保障。以下将就中文教育的支持措施进行探讨。

政府应当加大对中文教育的财政投入。作为公共服务领域之一，中文教育应当得到政府的大力支持，政府可以通过财政补助、专项资金等方式，增加对中文教育的资金投入，优化教学资源配置，提高中文教育的教学质量和覆盖范围。

政府可以制定相关政策和法规，加强对中文教育的指导和管理。通过建立健全的政策体系和法规制度，明确中文教育的发展目标和任务，规范中文教育的教学内容和教学方法，加强对中文教育的监督和评估，提升中文教育的管理水平和质量。

政府可以建立中文教育的专门机构或部门，负责中文教育的组织协调、政策制定和资源配置等工作。通过建立中文教育的专门机构或部门，可以提高中文教育的专业化水平和管理效率，为中文教育的发展提供有力支持和保障。

政府可以鼓励社会力量参与中文教育，拓展教学资源来源。通过鼓励企业、社会组织、个人等各方参与中文教育，可以丰富中文教育的教学资源，提供更多元化、专业化的教育服务，满足不同学生的学习需求。

政府可以加强对中文教育师资队伍的培训和支持。中文教育的质量和效果与教师的水平和能力密切相关，政府可以通过举办培训班、开展教学研讨、提供奖励政策等方式，加强对中文教育教师的培训和支持，提高其教学水平和专业素养。

政府可以加强对中文教育的国际交流与合作。中文是中国的重要文化传承和国际交流的桥梁，政府可以通过举办国际汉语教育论坛、推动中文教材国际化、建立中文教育合作项目等方式，加强对外汉语教学的国际交流与合作，提升中文教育的国际影响力和竞争力。

政府的支持措施对中文教育的发展至关重要。只有通过加大财政投入、制定政策法规、建立专门机构、鼓励社会参与、加强教师培训和支持、推动国际交流与合作等多方面的支持措施，才能够有效提升中文教育的质量和水平，促进中文教育的全面发展。

1. 教材编写与研发

教材编写与研发是中文教育的重要组成部分，对于提高教学质量、推动中文教育的创新和发展具有重要意义。为了支持教材编写与研发工作，中国政府和相关部门采取了一系列支持措施，以促进中文教育事业的蓬勃发展。

中国政府出台了一系列政策和法规，明确了对中文教育教材编写与研发工作的支持与指导。这些政策和法规为教材编写与研发提供了法律保障和政策支持，为教材编写与研发工作提供了良好的政策环境和发展空间。

中国政府加大了对中文教育教材编写与研发工作的资金投入和支持力度。通过向中文教育教材编写与研发项目提供专项资金支持，鼓励和引导教育机构、学者和专家积极参与教材编写与研发工作，提高教材编写与研发的质量和效率。

中国政府还建立了相关的机构和平台，专门负责中文教育教材编写与研发工作的组织和管理。通过设立教材编写与研发专门机构、建立教材编写与研发专门部门，统筹规划、组织实施中文教育教材编写与研发工作，推动中文教育教材编写与研发工作的有序开展。

中国政府还鼓励和支持中文教育教材编写与研发的国际合作与交流。通过加强与其他国家和地区的中文教育机构和教育者的合作与交流，吸收国外先进的教育理念和经验，促进中文教育教材编写与研发工作的国际化发展，不断提高教材编写与研发的水平和质量。

中国政府和相关部门在支持中文教育教材编写与研发方面采取了一系列措施，为中文教育教材编写与研发工作的开展提供了有力支持和保障。相信在政府的引导和支持下，中文教育教材编写与研发工作将不断取得新的成就，为中文教育的发展做出更大的贡献。

2. 教学设施建设

教学设施建设是支持中文教育发展的重要措施之一，为提升中文教育的教学条件和环境提供了必要保障。在支持中文教育方面，国家和地方政府应采取一系列措施，积极推动教学设施的建设，提高中文教育的教学质量和水平。

加大对中文教育设施建设的投入力度。国家和地方政府应加大对中文教育设施建设的投入，增加财政资金投入，扩大建设规模，完善中文教育设施建设的配套政策，提高教学设施的建设标准和质量，确保中文教育设施的安全、舒适和便利。

优化中文教育设施建设的布局结构。根据中文教育的发展需要和地区特点，科学规划中文教育设施的布局结构，合理确定中文教育设施的建设位置和规模，统筹规划教学楼、实验室、图书馆、活动场所等，形成合理的教育设施布局，提高教学设施的利用效率和服务水平。

加强对中文教育设施建设的政策支持和指导。国家和地方政府应出台相关政策文件和规划方案，明确中文教育设施建设的指导原则和政策措施，为中文教育设施建设提供政策支持和指导，推动中文教育设施建设工作向着科学规划、合理布局、高效建设的方向发展。

加强中文教育设施建设的监督管理和质量控制。国家和地方政府应加强对中文教育设施建设项目的监督管理，加强对中文教育设施建设过程中的质量监控和安全管理，及时发现和解决建设中存在的问题和隐患，确保中文教育设施建设工作的顺利推进和高质量完成。

加强对中文教育设施的后期维护和管理。国家和地方政府应加强对中文教育设施的后期维护和管理，建立健全中文教育设施的日常维护机制和管理制度，加强设施设备的保养维修和更新改造，延长设施设备的使用寿命，保障中文教育设施的长期稳定运行。

中文教育设施建设是支持中文教育发展的重要措施之一。国家和地方政府应加大对中文教育设施建设的投入力度，优化建设布局结构，加强政策支持和指导，加强监督管理和质量控制，加强后期维护和管理，共同推动中文教育设施建设工作向着高质量、高水平、可持续发展的方向迈进。

（二）出台奖励政策，鼓励中文教师参与教学创新和教育研究

出台奖励政策是中国支持中文教育发展的重要措施之一。在中国政府的支持下，各级政府和相关部门纷纷出台了一系列奖励政策，旨在鼓励和促进中文教育的健康发展，提升中文教育的质量和水平。

出台奖励政策有助于激发中文教育的活力和创新力。通过设立各种奖励机制，如中文教师奖、中文教育成果奖、中文教育研究奖等，鼓励中文教育工作者在教学、研究、推广等方面取得突出成绩，激发他们的教学热情和创新意识，促进中文教育的不

断进步和发展。

出台奖励政策有助于提升中文教育的教学质量和水平。通过设立中文教学奖励政策，鼓励优秀中文教师加强教学研究和教学实践，提高教学水平和教学质量；通过设立中文教育成果奖励政策，鼓励中文教育机构和团队在教材编写、课程设计、教学模式创新等方面取得突出成绩，推动中文教育的创新和发展。

出台奖励政策有助于吸引更多的人才投身中文教育事业。中国政府通过设立各种奖学金、津贴和补贴等政策，为中文教育人才提供更好的发展环境和发展条件，吸引更多的优秀人才从事中文教育工作，促进中文教育队伍的壮大和壮实，推动中文教育事业的持续发展。

出台奖励政策还有助于促进中文教育的国际化进程。中国政府通过设立各种奖励机制，鼓励中文教育工作者到海外进行教学交流和合作，推动中文教育在国际上的传播和推广；中国政府还鼓励中外合作办学，设立奖励政策鼓励外国高校和教育机构与中国合作开设中文教育项目，为外国学生提供更好的中文学习机会，促进中文教育的国际化发展。

出台奖励政策还有助于提升中文教育的社会认可度和影响力。通过设立各种奖励机制，表彰和奖励在中文教育领域取得突出成绩的个人和机构，提高中文教育的社会地位和声誉，增强社会对中文教育的认可和支持，推动中文教育事业的健康发展。

出台奖励政策是中国支持中文教育发展的重要措施之一。它有助于激发中文教育的活力和创新力，提升教育质量和水平，吸引更多人才投身中文教育事业，促进中文教育的国际化进程，提升社会认可度和影响力。相信随着奖励政策的不断完善和落实，中国中文教育将迎来更加美好的发展前景。

鼓励中文教师参与教学创新和教育研究是促进中文教育发展的重要举措之一。中文教育的质量和水平与教师的专业素养和创新能力密切相关，因此，需要采取一系列支持措施，激发教师的创新热情，推动中文教育不断向前发展。

政府可以建立专门的教育基金，用于支持中文教师的教学创新和教育研究。通过设立专项资金，政府可以向中文教师提供资金支持，用于开展教学创新项目、教育研究课题等，鼓励教师深入教育教学实践，积极探索新的教学方法和教育理念，推动中文教育的创新和发展。

政府可以举办教育研讨会、学术论坛等活动，提供交流和合作的平台，鼓励中文教师积极参与。通过组织各类学术活动，政府可以促进中文教师之间的交流与合作，分享教学经验，交流教育思想，共同探讨教育问题，推动中文教育的发展。

政府可以加强对中文教师的培训和指导，提升其教学创新和教育研究能力。通过举办培训班、开展指导活动等方式，政府可以帮助中文教师提升教学技能，了解最新的教育理论和方法，培养其教学创新和教育研究能力，推动中文教育的不断创新和提高。

政府可以建立中文教育的专业组织或学术机构，为中文教师提供专业服务和支持。通过建立专业组织或学术机构，政府可以为中文教师搭建交流和合作的平台，提供专业指导和咨询服务，促进中文教师的专业成长和发展，推动中文教育的创新和提高。

政府可以加强对中文教育研究的支持和引导，鼓励中文教师参与教育研究项目，提升其教育研究水平和能力。通过支持教育研究项目，政府可以为中文教师提供研究资源和平台，促进其开展教育研究，探索中文教育的规律和发展方向，为中文教育的改革和发展提供理论支持和指导。

鼓励中文教师参与教学创新和教育研究是促进中文教育发展的重要举措。只有通过建立专项资金、举办学术活动、加强教师培训、建立专业组织、支持教育研究等多方面的支持措施，才能够激发中文教师的创新热情，推动中文教育不断向前发展，适应新时代的需求和挑战。

参考文献

［1］李步军，潘玉华．老挝中文教育现状、困境及发展策略［J］．云南师范大学学报（对外汉语教学与研究版），2022，20（03）：54-62.

［2］刘伟生，李帅奇．中文类专业书目导学教育研究论略［J］．文学教育（下），2020（05）：13-15.

［3］刘海玲．中文何为？：创意写作专业教育改革的实践与思考［J］．写作，2019（02）：14-16.

［4］李佳芳．文化产业振兴背景下高职院校中文专业教育实践与管理创新研究［J］．科教文汇（上旬刊），2017（28）：96-97.

［5］张惠．高等院校中文师范专业教育与中学语文教学接轨问题研究［J］．柳州师专学报，2012，27（06）：81-83.

［6］肖康舒．地方高等师范院校中文专业师范教育改革初探［J］．肇庆学院学报，2012，33（03）：93-96.

［7］丁永强．论非形式逻辑课程在地方高校中文专业素质教育中的功能［J］．绥化学院学报，2012，32（02）：156-157.

［8］刘汉光．回归大文学传统，重铸中文专业学科理念［J］．广东技术师范学院学报，2012，33（01）：104-106，140.

［9］罗燕，周鸾飞．试论大学中文专业学生创业教育的实施［J］．湘潮（下半月），2011（11）：127.

［10］张志平．何谓"自由"教育：马克范多伦（Mark Van Doren）的人文教育理念简论［J］．教育文化论坛，2011，3（01）：78-82.

［11］肖灵．高师院校中文专业教育实习改革的思考［J］．教育与职业，2009（12）：149-151.

［12］赵国锋．他山之石与自家之玉：浅论英语专业教育中中文的重要性［J］．山西农业大学学报（社会科学版），2009，8（02）：194-197.

［13］罗燕．试论大学中文专业的创业教育［J］．当代教育论坛（下半月刊），

2009（02）：40-42.

［14］赵颖．对中文学科背景下文秘专业教育的反思［J］．秘书之友，2007（09）：28-32.

［15］南志刚．以创新为导向深化专业改革：创新教育体制下地方性综合大学中文专业改革初探［J］．宁波大学学报（教育科学版），2007（01）：87-91.

［16］金常德．中文型秘书专业教育反思［J］．秘书之友，2006（10）：28-30.

［17］刘代霞．高等师范院校中文专业教育与现代影视艺术［J］．毕节学院学报（综合版），2006（02）：43-47.

［18］刘赤符．高师中文专业教育与中学语文素质教育的对接［J］．湖南文理学院学报（社会科学版），2006（02）：98-101.

［19］董天策．我国新闻教育的四大缺失［J］．新闻记者，2005（09）：65-67.

［20］刘珊珊．《国际中文教师专业能力标准》的变化及培养导向研究［J］．汉字文化，2024（04）：90-92.